AF371078

VIE

DE

MATHIEU MOULLART

Mathieu MOULLART

VIE

DE

MATHIEU MOULLART

ÉVÊQUE D'ARRAS

PAR

L'abbé Pierre DEBOUT

ARCHIVISTE DE L'ÉVÊCHÉ D'ARRAS

SUEUR-CHARRUEY

IMPRIMEUR - LIBRAIRE - ÉDITEUR

ARRAS   PARIS

10, rue des Balances   rue de Vaugirard. 41

A SA GRANDEUR

Monseigneur WILLIEZ

Évêque d'Arras

DIGNE ET BIEN-AIMÉ SUCCESSEUR

DE

Mathieu MOULLART

HOMMAGE

RESPECTUEUX ET FILIAL

DE L'AUTEUR

Arras, 25 octobre 1900.

INTRODUCTION

Il y a bientôt un quart de siècle l'Académie d'Arras,
à l'occasion du troisième centenaire de la nomination
de Mathieu Moullart à l'Evêché d'Arras, mettait au concours l'éloge du grand Évêque. Personne ne répondit à
cette invitation. L'un de ses membres, M. le chanoine
Robitaille, pour combler cette lacune, publiait l'année suivante, en 1876, dans les *Mémoires de l'Académie d'Arras*,
plusieurs documents concernant Mathieu Moullart.
L'œuvre de M. Robitaille devait être nécessairement in-
complète, les publications facilitant les recherches sur
cet évêque d'Arras n'ayant pas encore vu le jour. Depuis cette époque, des travaux importants ont rendu
beaucoup plus facile un travail sur Mathieu Moullart. En
1894, la *Revue bénédictine* de Maredsous faisait paraître
un article biographique remarquable sur Mathieu Moullart. L'auteur, don Ursmer Berlière, mettant à profit les
Annales de Saint-Ghislain, de dom Baudry, la correspondance du cardinal de Granvelle, que fait imprimer la
Société royale de Bruxelles, les travaux de Gachart sur
les États généraux, donnait sur l'abbé Saint-Ghislain un
travail complet auquel nous n'avons eu presque rien à

ajouter. Malheureusement la partie concernant l'épiscopat de Moullart n'est, pour ainsi dire, que la reproduc-
tion du travail de M. Robitaille. Cela se comprend, la
Revue bénédictine n'ayant pas sous la main nos riches
Archives départementales et les nombreux manuscrits
de la bibliothèque d'Arras. L'inventaire des archives de
Saint-Vaast, publié dans ces dernières années par
M. Loriquet, n'était pas non plus connu de don Ursmer
Berlière. Outre cet inventaire, qui nous a mis sur la
trace d'une infinité de documents, nous avons trouvé
dans les archives du chapitre de l'Évêché, du Séminaire et dans les registres des États d'Artois, comme
dans ceux du Conseil d'Artois, une quantité de faits
nouveaux. A la bibliothèque communale nous avons eu
la bonne fortune de découvrir, dans un manuscrit de don
Adrien Pronier, de nombreux récits concernant Mathieu Moullart.

Aux archives départementales du Pas-de-Calais nous
avons retrouvé dans une chronique des Évêques d'Arras,
et à Douai, dans les manuscrits de François de Bar, de
nouveaux et curieux renseignements. La fable du Père
Ignace, par M. de Cardevacque, nous a permis de relire
tout ce que cet illustre capucin nous a laissé sur cet
ancien Évêque d'Arras. Enfin les histoires des abbayes
d'Anchin par l'Escalier, et celle d'Arrouaise par don
Gosse, comme l'*Histoire ecclésiastique des Pays-Bas* par
Guillaume Gazet et son *Histoire des Évêques d'Arras*.

Enfin, les *Affaires ecclésiastiques de la province de Reims*, par Mgr Gousset, la *Réforme en Artois*, par M. l'abbé Bled et son *Histoire des Évêques de Saint-Omer* nous ont fourni aussi la matière de plus d'un chapitre de cette biographie. Grâce à tous ces travaux antérieurs, notre travail sur Mathieu Moullart a été singulièrement facilité. Nous ne prétendons pas néanmoins avoir tout dit sur ce grand homme qui fut Moullart et il est à souhaiter que cette étude en fasse surgir d'autres plus complètes remettant en pleine lumière les services rendus par cet illustre Évêque, trop longtemps laissé dans l'oubli.

Mathieu Moullart, dont nous nous proposons de ramener le souvenir par trop oublié, fut une des plus grandes
figures de la dernière partie du XVIᵉ siècle et, sans vouloir diminuer en aucune façon la valeur des autres grands
Évêques qui illustrèrent le siège d'Arras, on peut dire
sans témérité que Mathieu Moullart est un de ceux dont
notre diocèse a le droit de se glorifier davantage. Moullart fut à la fois un saint moine, un vaillant évêque, un
patriote ardent. Aucun acte de sa vie ne démentit jamais
une seule de ces trois qualités qui firent de lui le favori
du peuple et des rois. Le deuil immense qu'occasionna
sa mort nous montre la place qu'il avait conquise dans
l'estime de nos pères. Son âme, malgré un corps débile,
était si ardente par la puissance de sa foi que, dans la
prospérité comme dans le malheur, il conserva toujours
la même énergie et la même indépendance. Théologien
consommé, prédicateur de grand talent, il fut en même
temps un négociateur subtil, tenace et ingénieux. Il avait
toutes les vertus monacales et toutes les qualités de
l'homme d'État.

Il se montra toute sa vie pieux, hospitalier, tempérant,
désintéressé, laborieux à l'excès, infatigable dans ses
épuisants voyages sur des chemins primitifs ; conservant

parmi la lassitude, les épreuves et les maladies, une grande lucidité d'esprit, joignant à la modestie du religieux le sentiment très vif de la dignité épiscopale. Sa pensée, dominant de très haut les intrigues des cours et des partis, les ambitions rivales des peuples et des princes, cherchait uniquement ce qu'il considérait comme l'intérêt suprême du pays, la conservation de la foi catholique.

Homme d'église avant tout, il soutient avec fidélité, même avec obstination, mais sans ambition et sans calcul, la cause de la puissance spirituelle, ne sachant transiger ni sur le péché dont il deviendrait complice en le tolérant, ni sur la foi dès qu'il la croit engagée. Les conséquences d'un parti, une fois pris, le toucheront peu et un principe une fois posé il ne reculera plus, surpris qu'on lui résiste et qu'on le méconnaisse. Toujours prêt à se réconcilier et jamais à céder, n'ayant ni colère ni haine, voulant la paix et cherchant souvent en vain le moyen de la faire, nous le verrons ainsi entrer en lutte non seulement avec la royauté qu'il respecte et qu'il aime, mais encore avec toutes les autorités qui sembleraient vouloir empiéter sur les droits de son Église.

Puisse le récit de ses travaux ramener dans les âmes découragées de notre temps quelque chose de la foi et de l'énergie de Mathieu Moullart !

CHAPITRE I

L'humble village de Saint-Martin-sur-Cojeul, du canton de Croisilles, eut l'honneur de donner le jour à Mathieu Moullart. L'évêque d'Arras n'oublia jamais ni les sources du Cojeul avec leurs frais ombrages, ni la pauvre église témoin de son baptême. Toute sa vie Moullart resta l'enfant dévoué de Saint-Martin et dans son testament la plus belle place est pour son village natal.

Vers le commencement du xvie siècle vivait dans Saint-Martin une de ces chrétiennes et honorables familles qui font la force et l'honneur d'un pays. Quentin Moullart, le grand-père de notre héros, était déjà le principal fermier du hameau ; grâce à son énergie et à son travail, il fut admis au nombre des bourgeois d'Arras le 15 mars 1520. Un des fils de Quentin reçut au baptême le nom de Jean ; ce fut lui qui succéda à son père dans la ferme de Saint-Martin et qui hérita de son titre de bailli et de lieutenant de Saint-Martin. Lui aussi crut être de son intérêt de se faire inscrire au nombre des bourgeois d'Arras et nos vieux registres mentionnent son admission à la date du 22 octobre 1545. Les centièmes de 1569 nous donnent l'état exact de la fortune de cet honnête cultivateur. Jean Moullart possédait alors à Saint-Martin : « ...une maison, grange et héritage avec un jardin contenant cinq boistellées de terres avec quarante-six mencaudées

au terroir d'Héninel. Il occupait, en outre, en location
la grande ferme dudit lieu avec le moulin et trois cents
mencaudées de terres labourables appartenant au seigneur de Lameth (1). Jean Moullart tenait de plus à
ferme un dimage qu'il cœuillait et prenait sur lesdites
terres appartenant à monsieur le Révérendissime évêque
d'Arras. Il tenait encore en cense vingt-deux mencaudées
de terre labourable appartenant à l'hôpital Saint-Jean
d'Arras. Enfin, c'était encore lui qui louait en partie la
dîme du curé dudit lieu. » Marié en 1522 à Antoinette
Pronier, Jean Moullart eut une heureuse, féconde et
durable union. Antoinette Pronier et Jean Moullart eurent
en effet le rare bonheur de célébrer leurs noces d'or en
1572 à Saint-Ghislain, en l'abbaye de ce lieu dont leur
fils Mathieu était abbé. Antoinette Pronier y termina ses
jours le 5 janvier 1576 et y fut inhumée. Elle avait eu
de son mariage avec Jean Moullart dix enfants qui tous
eurent une carrière honorable sinon glorieuse. L'aîné de
cette belle famille, qui comptait sept garçons et trois
filles, fut Adrien, plus tard bailli de Saint-Ghislain et
enfin échevin de la cité d'Arras. Puis naquirent successivement Jean, qui succéda à son père dans la ferme de
Saint-Martin et épousa Adrienne Poulain. Jacques, volontaire au service du roi, tué à Bouchain, le 24 juin 1580,
Robert, dont on sait seulement qu'il termina ses études
à Rome, Guillaume, bénédictin à l'abbaye d'Auchin,
Antoine qui devint l'archidiacre de son frère et vécut
jusqu'en 1610 et enfin Mathieu, le futur évêque d'Arras.
Des trois filles d'Antoinette Pronier, deux se marièrent,
Marie et Antoinette, la première avec Jean Théry qui fut
receveur de l'évêché d'Arras, la seconde avec Hugues

(1) Seigneur français dont les biens sur Saint-Martin furent
confisqués par Philippe II.

de Gouy ; la troisième Marguerite se consacra au service de ses vieux parents et de son frère devenu évêque. Ferry de Locres nous apprend que le grand évêque d'Arras avait puisé, au sein de sa famille, l'amour des petits et des humbles et que Jean Moullart et Antoinette Pronier étaient à Saint-Martin la providence et le soutien de toutes les infortunes.

CHAPITRE II

Son baptême.

Le Père Ignace et Foppens qui font tous les deux mourir Moullart presque octogénaire, ont laissé planer le doute sur l'année précise de sa naissance. La plupart des auteurs s'imaginaient que le texte de l'oraison funèbre de Moullart, prononcée par Ferry de Locres, qui donne 64 ans à notre évêque à l'époque de sa mort, était une faute due à l'imprimeur. Il n'en est rien, car l'affirmation de Ferry de Locres est identique à celle de dom Pronier, contemporain de Moullart qui, dans un manuscrit conservé à la bibliothèque d'Arras, donne 62 ans à l'évêque lors de sa visite à l'abbaye de Saint-Vaast, le 1er avril 1598, pour procéder à l'élection du successeur de Jean Sarrazin, et un tableau funèbre de Moullart, conservé au secrétariat de l'évêché d'Arras, nous confirme ce double témoignage. On y lit, en effet, cette inscription qui forme l'encadrement : « Mathieu Moullart, abbé de Saint-Ghislain, évêque d'Arras, mort à 64 ans en 1600 ». C'est donc en 1536 qu'il faut placer

la naissance de Mathieu Moullart ; à quelle date précise, on
ne saurait l'affirmer sûrement (1). Le jeune Moullart fut
baptisé le jour même de sa naissance, selon le pieux
usage des siècles de foi. On lui donna pour patron saint
Mathieu, ce qui laisse croire qu'il naquit au jour de la
fête de cet évangéliste que l'Église célèbre le 21 septembre. On choisit pour son parrain le frère de sa mère,
Aleaume Pronier. Ceux qui assistèrent à la cérémonie de
son baptême, admirant la vigueur et la force peu ordinaires de ce nouveau-né, dirent entre eux comme d'un autre
saint Jean-Baptiste : « Que pensez-vous de l'avenir de cet
enfant ? » On crut, disent les annales de Saint-Ghislain
« que le nom de Mathieu, qui signifie donné à Dieu, rece-
vrait un jour sa réalisation dans la personne de ce nouveau-
né. L'événement prouva qu'on ne s'était pas trompé et que
cet enfant béni avait été donné d'en haut pour réprimer
l'insolence et les progrès des hérétiques, pour ramener à
l'obéissance du Souverain Pontife et du roi ceux qui s'en
étaient soustraits, et ce, au danger même de sa vie. »

CHAPITRE III

Son éducation.

Mathieu grandit quelque temps près de la maison paternelle, sa robuste constitution se fortifia encore au

(1) La bibliothèque Orsini à Rome seule pourrait nous l'apprendre, mais elle est sous séquestre depuis longtemps. Aussi
nous n'avons pas pu consulter le procès-verbal de l'information
canonique faite sur Moullart lors de sa nomination à l'évêché
d'Arras qui ne se trouve plus qu'à Rome.

grand air des plaines de l'Artois et il arriva à l'âge d'apprendre l'esprit vif et le corps plein de santé. Deux de ses oncles, bénédictins à l'abbaye d'Auchin, ne perdirent pas de vue leur jeune neveu qui, par la vive pénétration de son esprit, sa gravité prématurée jointe à une piété solide, donnait à l'Église les plus belles espérances. L'un de ces deux oncles, Leger Pronier, devenu successivement prieur d'Aymeries et abbé d'Hautmont, dans le Haynaut, demanda et obtint la garde et l'éducation de Mathieu. Le jeune enfant déjà plein de foi chrétienne fit joyeusement le sacrifice de son village et de sa famille, pour aller dans une abbaye lointaine poursuivre sous une règle sévère des études difficiles. Il se livra avec ardeur d'abord aux sciences profanes puis aux sciences religieuses. Ses condisciples ne pouvaient assez admirer les belles qualités de son âme et son éloignement pour les jeux et les amusements de son âge. Personne ne s'étonna quand arrivé au moment de se décider sur sa vocation, il choisit pour monastère l'abbaye de Saint-Ghislain, voisine de celle d'Hautmont, dont il connaissait l'abbé Charles de Croy. Par ce choix, Mathieu manifestait son amour pour la régularité ; l'abbaye de Saint-Ghislain suivait en effet la réforme sévère de Bursfeld, introduite dans ce monastère vers la fin du xv⁰ siècle et ses religieux donnaient l'exemple des plus belles vertus.

———

CHAPITRE IV

Premières années de vie religieuse.

Ce fut vers l'an 1553 que Mathieu Moullart âgé seulement de 17 ans entra dans cette ancienne abbaye de Saint-Ghislain dont le patron, le célèbre saint Ghislain, avait jeté les premiers fondements au VIIe siècle au lieu que lui désignèrent un aigle et un ours, et dont il ne reste plus aujourd'hui pierre sur pierre ; elle avait eu dès son origine une grande prospérité et compta comme celle d'Hautmont sa voisine, qui lui était contemporaine, jusqu'à trois cents moines. Elle atteignit son apogée sous son abbé Elephas, neveu de Charlemagne, pour tomber bientôt sous les coups des Normands. Néanmoins l'œuvre de saint Ghislain ne devait pas si vite disparaître et l'abbaye se releva un peu plus tard de ses ruines sous Regnier, comte du Haynaut, grâce à l'habile direction de saint Guard à qui l'évêque de Cambrai, Fulbert, avait confié le soin de cette restauration. A cette époque les religieux de Saint-Ghislain adoptèrent la règle de saint Benoît. Moullart connaissait cette règle dès avant son entrée pour l'avoir déjà suivie à Hautmont. Le noviciat ne lui fut pas pénible, malgré les austérités ajoutées à la règle déjà austère de saint Benoît par les religieux de Saint-Ghislain. L'abbé du monastère, Charles de Croy voyant dans le jeune Mathieu de si heureuses dispositions, ne tarda pas longtemps à le recevoir à la profession. Les talents et les vertus du jeune religieux déterminèrent son supérieur à avancer pour lui l'âge canonique de la prêtrise, et Mathieu Moullart fut ordonné prêtre par l'évêque de Cambrai, ordinaire du lieu, au mois de décembre 1557, à l'âge de 21 ans. Après son ordination, l'abbé de Saint-Ghislain lui confia la direction des novices et des jeunes profès, mission qu'il remplit pendant deux ans à la plus grande satisfaction de tous. Néanmoins l'abbé de Croy, considérant la jeunesse de Moullart et son aptitude pour l'étude, jugea utile de l'envoyer à Louvain pour prendre ses grades en théologie et en droit canon. Mathieu Moullart quitta Saint-Ghislain en février 1559, pour se rendre à la célèbre université. Le jeune religieux de Saint-Ghislain se rencontra à Louvain avec la plupart de ceux qu'il devait retrouver plus tard sur les divers sièges des Pays-Bas, pendant son épiscopat. Il se lia particulièrement avec un de ses compatriotes qu'il devait revoir plus tard à Arras comme abbé de Saint-Vaast et comme archevêque de Cambrai. C'était Jean Sarrazin. L'amitié qui unissait ces deux enfants de l'Artois était si grande que le jour des prémices de Sarrazin qui se célébrèrent le 8 octobre 1561, dans la chapelle des Dames Blanches à Louvain, Moullart, bien que déjà prêtre, tint à honneur d'accompagner comme diacre à l'autel son fidèle ami. Tous les professeurs de la faculté de Louvain, ainsi qu'un public nombreux, assistèrent à cette pieuse cérémonie. Mathieu Moullart se fixa d'abord à Louvain chez le docteur Gosse Baventeyn, puis chez le célèbre Martin Rithovius, ancien président du Saint-Esprist, doyen du chapitre de Saint-Pierre, homme aussi remarquable par sa vertu que par sa science, et qui mérita plus tard d'être élevé sur le nouveau siège d'Ypres. Moullart conserva longtemps le souvenir de ce maître éminent, et seize ans plus tard, c'est de lui qu'il recevra la consécration épiscopale. Moullart menait de front ses études de théologie et de droit canon. Déjà il avait brillamment conquis sa licence en théologie et se préparait à recevoir le bonnet de docteur, quand un événement inattendu et assez curieux le rappela à Saint-Ghislain. Charles de Croy, qui gouvernait l'abbaye de Saint-Ghislain en même temps que son évêché de Tournay, tomba si dangereusement malade au commencement de l'année 1564, que les médecins désespérèrent de le sauver. Comme il avait choisi sa sépulture à Saint-Ghislain où il était tombé malade, le prieur Dom Gilles Le Cocq prépara le plus secrètement possible un cercueil de plomb et le fit apporter au monastère afin que rien ne retardât la sépulture de l'évêque abbé. Charles Croy ayant recouvré la santé contre toute attente, Dom Gilles Le Cocq ordonna qu'on brisât le cercueil et qu'on employât le plomb à un autre usage. Ce qui n'empêcha pas que le fait parvînt aux oreilles de l'évêque convalescent. Croy soupçonnant son prieur d'avoir souhaité sa mort fut tellement irrité contre lui, qu'il rappela Mathieu Moullart de Louvain pour le mettre à sa place. Moullart plein de respect pour les ordres de son abbé, quitta Louvain le 3 février 1563, en regrettant de ne pouvoir terminer complètement ses études. Moullart n'avait pas encore 28 ans; malgré son jeune âge, Charles de Croy l'établit d'abord prieur de Saint-Ghislain, et un peu après coadjuteur avec future succession, du consentement de toute la communauté qui avait remarqué en lui une maturité au-dessus de son âge et une piété solide.

CHAPITRE V

L'abbé de Saint-Ghislain.

Charles de Croy était mort en 1564. Gilbert d'Oignies lui succéda sur le siège de Tournai. Mathieu Moullart en sa qualité d'abbé coadjuteur devenait de plein droit, par suite de la mort de Charles de Croy, abbé de Saint-Ghislain. Dans son humilité ne se croyant pas digne d'une charge aussi élevée, il refusa d'entrer en possession du siège abbatial, réclamant une nouvelle élection. L'espérance de Moullart fut vaine ; les moines de Saint-Ghislain reconnaissant les talents et les aptitudes du jeune coadjuteur comme administrateur, réunirent sur son nom la grande pluralité des suffrages et le contraignirent à accepter la charge à laquelle dans son humilité il aurait voulu se dérober. Les religieux craignant qu'on ne vînt à les contraindre d'accepter comme abbé un religieux étranger au monastère, enjoignirent à l'élu de se faire bénir au plus tôt. Pour répondre au vœu de son abbaye le jeune abbé s'empressa de faire à Bruxelles et à Cambrai les démarches nécessaires, et pria Maximilien de Berghes, archevêque de Cambrai, de venir lui conférer la bénédiction abbatiale dans l'église même de son monastère. La cérémonie eut lieu le 14 janvier 1565 avec tout l'éclat accoutumé ; elle fut présidée par l'archevêque de Cambrai, assisté de son suffragant Martin Cuypers, évêque de Chalcédoine et de Dom François de Behault, abbé de Saint-Denys-en-Broqueroie. Mathieu Moullart arrivait aux dignités à une époque où elles étaient non plus un honneur mais un lourd fardeau. Pour bien comprendre toute l'habileté que dut déployer le nouvel élu dans la direction de son monastère et dans ses fonctions de député aux États du Haynaut, dignité attachée à sa nouvelle position, il est nécessaire de jeter un rapide coup d'œil sur l'état politique des Pays-Bas à cette heure difficile. L'esprit de révolte et de nouveauté répandu en Allemagne par Luther, s'était étendu peu à peu jusque dans les Pays-Bas et y avait amené avec lui le fléau de la guerre; guerre d'autant plus terrible que les combattants étaient armés pour la défense de leur foi. Les troupes du cruel duc d'Albe rançonnaient le pays, aussi redoutées des catholiques, qu'elles prétendaient défendre, que les bandes indisciplinées du prince d'Orange; et comme si cette guerre intestine ne suffisait pas, la France envoyait dans les Pays-Bas ses légions dévastatrices qui avaient ordre de tout détruire sur leur passage.

———

CHAPITRE VI

Premières années de son gouvernement abbatial 1565-1568.

Aussitôt bénit, le nouvel abbé voulut remplir tous les devoirs de sa charge. Les États du Haynaut ayant été convoqués à Mons pour le 2 mars 1565. Moullart s'y rendit et dès cette première réunion fit voir la place prépondérante qu'il ne tarderait pas à prendre dans cette assemblée. De Mons l'abbé de Saint-Guislain gagna Tournay où les chanoines de cette ville tinrent à honneur de venir en cérémonie lui présenter les vins d'honneur.

Malheureusement un deuil bien douloureux pour le cœur de Moullart vint attrister les premières joies de son élection. Son oncle, Leger Pronier, qui gouvernait avec tant de prudence l'abbaye d'Hautmont depuis plus de 23 ans, rendit sa belle âme à Dieu en 1565. Moullart n'oublia pas en cette triste circonstance que c'était à cet oncle qu'il devait sa vocation religieuse et se dirigea en toute hâte à Hautmont pour rendre les derniers devoirs à celui qui était à la fois son oncle et son collègue. Ce triste événement fut une occasion qui permit à Mathieu Moullart de retrouver plusieurs membres de sa famille qu'il n'avait pas revus depuis son départ de Saint-Martin. Moullart voulut retenir les siens près de lui et décida son vieux père et sa vieille mère à venir s'établir à Saint-Ghislain avec ceux de leurs enfants qui vivaient encore avec eux. L'abbé de Saint-Ghislain confia à son frère Adrien le poste important de bailli de son abbaye, place devenue vacante par la mort de Jacques de Croy. Adrien n'avait pas toutes les qualités nécessaires pour remplir ses importantes fonctions. Le zèle ne lui manquait pas, mais son ardeur n'était pas toujours prudente et sa justice fut parfois trop rigoureuse. Rempli des idées de son siècle, il se mit à la poursuite des sorcelleries et des prétendus sorciers avec une sévérité exagérée que Moullart fut obligé de désavouer. Le 18 mai de cette même année 1565, Mathieu eut encore la joie de rencontrer un de ses compatriotes, Antoine Havet, dominicain, né à Blairville, qui après avoir été longtemps le confesseur de la reine de Hongrie était devenu le premier évêque de Namur.

Moullart le reçut à Saint-Ghislain avec l'honneur dû à son rang et la charité ordinaire aux abbayes bénédictines. Ensemble ils allèrent saluer le comte Jean d'Hennin, grand écuyer de Charles-Quint, doyen de la Toison d'Or,

époux d'Anne de Bourgogne. Il se trouvait alors en son
château de Boussu, village de la Prévôté de Mons.
Antoine Havet qui jouissait de la faveur de tous les
grands de son siècle, fut très gracieusement reçu, ainsi
que son compagnon. Vers le même temps Mathieu Moullart reçut une convocation pour le Concile provincial qui
devait s'ouvrir le 24 juin à Cambrai. Le Concile de Trente
venait de se clôturer, il s'agissait pour la province de
Cambrai de publier ses décrets. Maximilien de Berghes,
pour rendre cette publication plus solennelle et aussi
pour obéir aux prescriptions du Concile de Trente, assem-
bla à Cambrai non seulement les évêques de sa province
François Richardot, évêque d'Arras, Gérard d'Haméri-
court, de Saint-Omer, Antoine Havet, évêque de Namur,
Martin Cayper, évêque de Calchedoine, suffragant de
Cambrai, mais encore tous les abbés, prévosts et chanoines
se trouvant sous sa juridiction. Le Concile se réunit le
24 juin, les délibérations se continuèrent jusqu'au 25
juillet. La principale préoccupation des prélats fut la
recherche des moyens pratiques pour assurer dans la
province l'exécution des décrets de Trente. Le Concile de
Cambrai ordonna la publication des ordonnances du
Concile de Trente pour toute la province et engagea les
évêques à y procéder au plus tôt, chacun dans leur
diocèse. L'évêque d'Arras, François Richardot qui avait
joué à Trente un rôle important tint un des premiers
rangs au Concile provincial, il montra aux évêques de sa
province par l'exemple de ce qu'il avait déjà fait, que la
réforme du Concile de Trente était loin d'être imprati-
cable. Moullart écouta volontiers les avis de l'évêque
d'Arras et dès la clôture du Concile de Cambrai se mit
résolument à l'œuvre. Toute sa vie Mathieu Moullart se
montra l'infatigable exécuteur des volontés du Concile de

Trente et marcha constamment sur les traces de son illustre contemporain, saint Charles Borromée. Grâce à Mathieu Moullart le Haynaut et l'Artois acceptèrent les décrets de Trente avec la même fidélité que le Milanais. L'année 1565 se termina pour l'abbaye de Saint-Ghislain par la visite canonique de l'archevêque de Cambrai, Maximilien de Berghes. C'était la première visite épiscopale depuis la nomination de Moullart et la promulgation des décrets de Trente. Malgré tout le zèle déployé par le nouvel abbé dans son gouvernement, tout n'était pas conforme dans l'abbaye aux nouvelles prescriptions. L'archevêque néanmoins se montra satisfait et encouragea Moullart à continuer son œuvre réformatrice. L'église et l'abbaye tombaient en ruines, plusieurs biens du monastère avaient été aliénés sans observer les lois canoniques ; l'instruction des enfants du pays était peu soignée. L'archevêque attira l'attention de Moullart sur ces divers points, et le jeune abbé se mit courageusement au grand travail de la réforme. Avant de réparer les maux du passé, il fallait assurer la tranquillité du présent. Ce n'était pas chose aisée. Les guerres de religion, qui ravageaient les Pays-Bas depuis plusieurs années déjà, menaçaient de gagner le Haynaut et les pays voisins. Tournay, Mons, Valenciennes allaient devenir à leur tour les témoins attristés des ravages des partisans de Luther et de Calvin. Les calvinistes ne respectaient rien à Valenciennes ; non seulement les monastères y furent pillés, mais même l'église Notre-Dame, cette antique basilique où l'on conservait avec tant de respect le saint cordon apporté par la sainte Vierge pour préserver la ville du fléau de la peste, ne put échapper à leur aveugle colère. Il n'y avait plus un instant à perdre, ou c'en était fait de l'abbaye de Saint-Ghislain. Moullart le comprit. Il arme à la hâte tous les habitants de la ville, puis fait voter, le 26 juillet 1566, par les députés du clergé aux États du Haynaut, 40,000 florins pour la création d'une compagnie de gens de pied commandés par un capitaine de justice afin de parer au danger imminent où se trouvait le pays du Haynaut. Cette troupe grâce, aux armes et aux munitions envoyés le mois précédent par le seigneur de Noircarmes, grand bailli de la province, constituait une sérieuse défense qui, unie aux soldats équipés à Saint-Ghislain par les soins de Moullart, permettait à la ville de résister aux attaques de l'ennemi. Ces précautions ne furent pas inutiles, car le 27 août de cette année les huguenots, après une journée passée à Crespin où ils brisèrent, comme ils faisaient partout, les croix, les calices, les ciboires, sans même respecter le précieux corps de Jésus-Christ qu'ils foulèrent aux pieds, se présentèrent devant Saint-Ghislain pour y renouveler les mêmes pillages et sacrilèges. Grâce à Dieu, les huguenots ayant ouï dire, que tous les bourgeois et religieux de la ville encouragés par Moullart, étaient armés et résolus à se défendre, et à sacrifier s'il le fallait, leur vie pour la défense de la religion catholique, les réformés se retirèrent prudemment. En reconnaissance pour un aussi grand bienfait, Mathieu Moullart ordonna le chant du *Te Deum* dans l'église de l'abbaye.

CHAPITRE VII

Démarches de Moullart pour organiser la résistance aux violences calvinistes, et ramener les
calvinistes dans le giron de l'Église catholique
(année 1567).

Mathieu Moullart ne fut pas seulement comme saint
Charles Borromée un ardent propagateur des décrets de
Trente, il fut aussi comme saint François de Sales un
zélé missionnaire, courant après la brebis perdue. Comme
l'apôtre du Chablais, Moullart n'aura de repos qu'après
avoir ramené à la foi catholique tous les dissidents du
Haynaut et plus tard de l'Artois.

La tranquillité ayant été rétablie à Tournai et à Valenciennes par les armes de Noircarmes, Moullart en profita
pour aller porter des paroles de réconciliation aux coupables. La prédication fut ardente parce qu'elle était
convaincue, savante parce qu'elle était préparée. Nous
n'avons plus les discours de Moullart prêchés en ces circonstances, mais si l'on doit juger de l'arbre par les
fruits les paroles de Moullart furent bien belles. A sa
voix, Tournay et Valenciennes rentrèrent dans le sein
de l'Église catholique et grâce à son zèle, nous verrons dix ans plus tard les États du Haynaut se joindre à ceux de l'Artois pour refouler de nouveaux
envahissements de l'hérésie. L'abbé de Saint-Ghislain
ne se contenta pas d'évangéliser les villes, il alla
jusque dans les campagnes porter la bonne semence
de la vérité. Toutes les abbayes du Haynaut furent
visitées par lui ; on le voit tour à tour à Saint-Amand, à

Hautmont, à Lobbes, à Saint-Denis-les-Mons, à Auchin,
à Marchiennes, à Notre-Dame de Bonne-Espérance de
Bench, à Aulne, à Lierre ; partout il cherche à communiquer aux abbés et aux religieux le zèle qui le dévore
lui-même pour la défense de la foi et à les déterminer à
prendre les mesures les plus propres à arrêter le fléau
de l'hérésie. Il travaillait en outre à ramener la paix dans
les abbayes où des divisions avaient pu pénétrer. Partout il se montrait si généreux et si bon pour les coupables
qu'il réussissait toujours. Par ses bontés il ramène à
l'obéissance Dom Jacques de Rantu qui s'était mis à
Saint-Amand à la tête de l'opposition contre l'autorité
du cardinal de Grandvelle. Par ces diverses missions
Moullart acquit auprès des abbés du pays (1) une réelle
autorité et dans les réunions des États du Haynaut ils
écoutaient volontiers ses conseils et lui confiaient toujours
les missions les plus délicates et les plus importantes ;
aussi, quand en 1575 les troupes étrangères et espagnoles
eurent mis à bout la patience des Belges, les abbés du
Haynaut n'hésiteront pas à suivre Moullart dans la résolution énergique qu'il a prise d'imposer par la force au
roi d'Espagne le retrait des troupes espagnoles.

(1) Louis Blin, abbé de Sières ; Letailleur, abbé d'Auchin ; Michel
Duquesnoy, abbé d'Hainon ; Jean Tuffe, abbé de Notre-Dame de
Sainte-Espérance ; François Delebant, abbé de Saint-Denys-les-
Mons ; Martin Cuperus, abbé de Crespin ; Frédéric d'Yve, abbé de
Marolles ; Nicolas Fournier, abbé d'Hautmont.

CHAPITRE VIII

L'administration de l'abbaye.

Le duc d'Albe ayant un moment contraint le prince d'Orange à se retirer en Allemagne, Moullart profita de cette accalmie pour remédier aux maux causés à l'abbaye par une si longue guerre. Plein de respect pour la majesté du lieu saint, qu'il gémissait de voir en si malheureux état, Moullart se hâta de le restaurer et s'efforça d'enrichir l'église du monastère des objets les plus précieux. Le quartier abbatial n'avait pas encore de chapelle particulière. Il en fit construire une qu'il orna d'un magnifique reliquaire en bois doré, où il enferma une relique de saint Mathieu, son patron, auquel il avait une grande dévotion. Puis il releva plusieurs quartiers de l'abbaye qui tombaient en ruines : « et rendit, dit Dom Baudry, les eaux de notre grand étang, si claires et si fécondes en poissons, que l'on venait avec empressement de l'Artois, du Cambrésis et des Flandres en acheter les carpes qui étaient d'une grandeur prodigieuse, ce qui rapporta un profit considérable au monastère. » Non content d'assurer la prospérité matérielle de l'abbaye, Moullart chercha les moyens de reconstituer son histoire. Il rassembla les matériaux nécessaires pour un travail sur les reliques de sainte Léocadie, conservées avec honneur dans le monastère. Puis il rechercha les chartes etles manuscrits pouvant fournir les renseignements utiles pour l'histoire de l'abbaye ; mais ses différentes missions et son élévation à l'épiscopat ne permirent jamais à Moullart, de mettre la dernière main à ses travaux.

Lors de sa promotion à l'évêché d'Arras, il abandonna à un moine le fruit de ses recherches. Ce religieux continua le travail et en offrit la dédicace à l'évêque d'Arras. La vigilance de Moullart s'étendait plus loin encore ; fort de la bulle de Paul IV qui annulait toutes les aliénations de biens ecclésiastiques faites au préjudice des monastères et des églises, l'abbé de Saint-Ghislain rechercha pendant plusieurs années les moyens de rentrer en possession du prieuré d'Alemans, aliéné en 1548, par l'abbé Charles de Croy. Ce prieuré provenait d'une ancienne donation d'Elephas, neveu de Charlemagne, qui avait gouverné le monastère de Saint-Ghislain au commencement du ix⁰ siècle. Éléphas avant de mourir avait donné une partie de ses biens à l'abbaye de Saint-Ghislain pour établir un prieuré près de Soissons, dépendant de son monastère, qu'on nomma d'abord d'Alemans et emprunta par après le nom de Petit Saint-Ghislain. Cette donation avait été confirmée par Charlemagne, et depuis par le pape Urbain II. Ce prieuré avait eu ses jours de prospérité au xv⁰ siècle, malheureusement les religieux qu'on y envoya par la suite, administrèrent si mal cette maison que les revenus nécessaires à l'entretien ne suffisaient plus. C'était ce qui avait déterminé Charles de Croy à l'aliéner malgré les réclamations de quelques religieux. Cette revendication était difficile, car le prieuré n'était déjà plus entre les mains du premier acquéreur. Aussi Moullart voulut confier l'affaire aux avocats les plus habiles de son temps. Son choix se porta sur un avocat d'Arras fort célèbre, Nicolas Gosson, celui-là même qui paya de sa tête en 1578, les troubles qui agitèrent la ville d'Arras. (Disons de suite que Moullart ne fut pour rien dans cette répression sanglante, et qu'il est certain au contraire qu'il aurait tout fait pour sauver la tête de

Gosson, si les violences des calvinistes ne l'eussent obligé à se tenir bien loin de sa ville épiscopale). Quoi qu'il en soit, Nicolas Gosson, montra dans cette affaire difficile tout son talent et ses conclusions en faveur de la nullité de l'aliénation du prieuré d'Alemans furent si bien appuyées qu'elles furent ratifiées par le célèbre jurisconsulte Jean Richardot. Malheureusement Moullart dut abandonner la poursuite de cette affaire à cause des frais énormes qu'elle entraînait et le prieuré d'Alemans ne put jamais revenir à l'abbaye de Saint-Ghislain. Mathieu Moullart tout en s'occupant du temporel, travaillait à faire régner la plus grande régularité dans le monastère et pour assurer l'avenir, confia l'école de l'abbaye aux moines les plus pieux ; il fit davantage encore en gratifiant la ville de Saint-Ghislain d'un collège pour les enfants du pays. Grâce à la bienveillance des Magistrats de cette cité, le dessein de l'abbé put se réaliser, et le nouvel établissement fut confié à Nicolas Thevenart, curé d'Élonges, qui se montra toujours un régent agréable et zélé. L'abbé de Saint-Ghislain vit s'élever avec joie l'Université de Douai, contribua à sa fondation en versant tous les ans 250 florins pour son entretien, sans regretter ce sacrifice qui devait donner au pays, grâce aux nouvelles Facultés, une légion d'hommes remarquables. Plus tard, devenu évêque d'Arras, Moullart continuera ses bienfaits à la jeune Université, et c'est auprès d'elle qu'il fondera son séminaire.

———

CHAPITRE IX

L'ambassade en Espagne.

Depuis six ans, l'abbé de Saint-Ghislain prenait part aux délibérations des États du Haynaut. Son expérience et son habileté dans le maniement des affaires les plus difficiles, se faisaient chaque année remarquer davantage et ne se démentaient jamais, bien que la situation politique du pays se compliquât tous les jours. Le duc d'Albe, pour subvenir aux frais d'une guerre exterminatrice, avait imaginé un nouveau système d'impôts, connu sous le nom de centième, vingtième et dixième denier. En vertu du centième, on devait immédiatement payer la centième partie de la valeur de toutes les propriétés mobilières et immobilières. Le vingtième devait se payer par le vendeur à la vente de ses biens immeubles et le dixième à la vente de tous les biens meubles. Ces impôts nouveaux provoquèrent une vive résistance dans tous les Pays-Bas et les États-Généraux, réunis à Bruxelles en 1569, protestèrent contre leur prélèvement. Le duc d'Albe, moyennant une contribution annuelle de 2.000.000 florins, renonça pour deux ans à la perception du vingtième et du dixième denier. Deux ans plus tard, alors qu'on croyait ce système à jamais abandonné, le duc d'Albe, qui avait réclamé un second centième, revint à la charge et donna ordre de percevoir avec lui le vingtième et le dixième denier. Les États-Généraux de Bruxelles protestèrent de nouveau. La population se joignit aux députés et dans les villes tous les magasins se fermèrent plutôt que de payer cet énorme impôt. L'abbé

Moullart fut député à Bruxelles par les États du Haynaut pour remontrer au duc d'Albe, conjointement avec les députés des autres États, les suites fâcheuses que la perception de cet impôt entraînerait dans le pays. Cette mission fut très mal accueillie par le duc d'Albe. Aussi ne pouvant obtenir justice, les États résolurent d'envoyer des députés à Madrid vers le roi Philippe II sans solliciter aucune autorisation du gouverneur. Ce furent les abbés du Haynaut, sous l'inspiration de l'abbé de Saint-Ghislain, qui prirent l'initiative de cette détermination. Réunis à Mons le 21 août 1571, ils prirent la résolution de faire une dernière démarche auprès du duc d'Albe, mais n'en pouvant rien obtenir, ils décidèrent l'envoi vers le roi en Espagne des délégués des trois ordres. Le grand bailli et la députation furent chargés de nommer ces députés et de leur donner une procuration et des instructions au nom des États de par delà. Les députés choisis pour cette ambassade furent Matthieu Moullart, Eustache de la Salle, chanoine de Soignies, pour le clergé ; M. de Treleu et Jean Depotter, seigneur d'Aulnois, pour la noblesse ; et Étienne Mainsint pour les communes.

L'abbé de Saint-Ghislain, pour obéir aux décrets du Concile de Trente, s'empressa de demander par lettre l'autorisation nécessaire pour son départ au nouvel archevêque de Cambrai, Louis de Berlaymont. Celui-ci, craignant le ressentiment du duc d'Albe, s'il accordait cette autorisation, chercha par tous les moyens à détourner l'abbé Moullart de son projet. Il lui ordonna d'abord de prendre l'avis de son père, espérant ainsi retarder et peut-être empêcher le départ de l'abbé de Saint-Ghislain. Mathieu s'empressa de demander à son vieux père l'autorisation réclamée. Jean Moullart, malgré ses appréhensions au sujet d'un si lointain et si périlleux voyage, autorisa son fils et ne voulut pas l'empêcher d'accomplir ce que l'abbé croyait être son devoir. Fort de l'autorisation de son père, l'abbé de Saint-Ghislain s'empressa de faire parvenir à l'archevêché de Cambrai la connaissance du résultat de la démarche réclamée. Louis de Berlaymont qui avait espéré une réponse toute contraire du père de Moullart, se montra ouvertement opposé au départ de l'abbé de Saint-Ghislain et lui écrivit, nous rapporte Morillon dans une lettre au cardinal de Granvelle datée du 2 mars 1572, « une rude lettre lui défendant sous peine d'excommunication, d'inobéissance et d'apostasie d'y aller sous peine de lèse-majesté : que le temporel de son abbaye s'appliquerait au fisque d'icelle et qu'il serait dévalisé et massacré en chemin » ; Matthieu Moullart voyant qu'il n'obtenait rien par lettres, alla trouver, le 4 février 1472, son archevêque à l'abbaye de Cambron où Louis de Berlaymont se trouvait pour l'élection d'un nouvel abbé (1). Mathieu Moullart s'étant aperçu que la politique était le mobile qui inspirait le refus de l'archevêque, chercha le moyen d'effectuer son voyage, sans avoir à le compromettre en lui demandant une autorisation expresse. Moullart lui demanda seulement de pouvoir user des trois mois de congé dont il pouvait jouir en vertu du Concile de Trente. L'archevêque, non seulement ne voulait pas donner d'autorisation, mais prétendait encore à tout prix empêcher le départ de Moullart. Il lui fit remarquer que l'absence de trois mois n'était pas permise aux temps de l'Avent, du Carême, de Pâques, de Pentecôte, en vertu de certaines clauses

(1) Guillaume de le Court venait de mourir. Robert d'Ostelart lui succéda.

introduites par le même Concile au premier chapitre de la session 23me. L'abbé lui répliqua que cette clause était purement monitoire, on pouvait passer outre au décret, et de plus il faisait remarquer que l'absence étant permise « *pro muneribus annexis episcopalibus* », il pouvait profiter de cette autorisation, puisque l'absence qu'il se proposait de faire lui avait été imposée par les États du Haynaut dont il faisait partie en sa qualité de Prélat.

L'archevêque refusa d'admettre cette interprétation et lui exprima son étonnement de ce qu'il avait accepté cette mission, déclarant qu'il n'accorderait cette permission à aucun de ses sujets ; puis, reprenant les arguments qu'il avait déjà exposés dans ses lettres, il montra à l'abbé combien ce voyage était dangereux, qu'il pouvait être rencontré et massacré par les chemins et dès lors qu'il ne serait seulement plus persécuté de son vivant, mais encore après sa mort ; car on lui refuserait la sépulture en terre sainte, comme apostat, et ses religieux en patiraient, puisque, à ce titre, on pouvait confisquer les biens de l'abbaye. Moullart eut beau alléguer le bien de la religion et les intérêts du pays. Louis de Berlaymont, qui tremblait à la seule pensée des représailles que le duc d'Albe pourrait exercer sur lui et sur son diocèse s'il donnait son consentement à une telle ambassade, resta inébranlable et alla jusqu'à déclarer que les inconvénients représentés par les États à l'occasion de la levée des dixièmes et des vingtièmes deniers n'étaient pas tant à craindre, que Son Excellence, le duc d'Albe, connaissant les intérêts du pays, avait autorité pour y remédier au contentement de Sa Majesté, enfin, qu'on ne pouvait espérer aucun succès de cette mission auprès de Philippe II, qui s'en rapporterait toujours de préférence à son Conseil à Bruxelles plutôt qu'à l'opinion des États généraux des Pays-Bas. Au reste, ajouta l'archevêque : « Je tiens à ce que l'abbé de Saint-Ghislain soit présent à la remise du pallium qui doit avoir lieu sous peu » ; puis, il se retira en menaçant Moullart de le citer devant son officialité s'il persistait dans son projet. L'abbé de Saint-Ghislain ne fut pas ébranlé par ces raisons mais avant d'aller plus avant et pour rassurer sa conscience, il demanda les lumières sur la conduite qu'il devait suivre, aux hommes les plus autorisés et les plus éclairés de son temps. Dès que le clergé de la province eut appris l'opposition de l'archevêque au projet de Moullart, il se montra fort mécontent. Les évêques d'Arras et d'Ypres, l'abbé d'Anchin et les Jésuites ne cachèrent pas leur sentiment. Aussi, dès que Moullart eut consulté les principaux ecclésiastiques de la province pour savoir ce qu'il avait à faire, ils déclarèrent, d'accord avec les docteurs de Louvain et de Douai, que l'abbé de Saint-Ghislain devait partir pour Rome demander l'autorisation au Pape et de là se rendre en Espagne. Morillon, dans la lettre à Grandvelle que nous avons déjà citée, écrit : « Le clergé et les seigneurs d'Arras et d'Ypres avaient délibéré après avoir le tout murement consulté aux deux universités, d'envoyer leurs doléances au Saint-Père, et que monsieur de Noircasmes avait vu les projets et que nonobstant les menaces de l'archevêque, l'abbé de Saint-Ghislain irait droit à Rome et de là en Espagne : puisque la résolution de plusieurs savants portait que Moullart pouvait aller ayant demandé le congé, encore qu'il ne l'ait obtenu, et que monsieur le président de l'université, Viglius de Zuichem, était de même avis. » Fort de ces conseils et des encouragements de l'abbé de Saint-Vaast, Moullart, ayant conscience de son droit, partit pour Rome le 22 février, sans plus s'occuper de l'approbation de l'archevêque. M. de la Salle et deux frères de Moullart, Adrien et Robert, se mirent également en route et accompagnèrent l'abbé de Saint-Ghislain. Morillon, prévost de Malines, qui suivait la même politique que l'archevêque de Cambrai, ne vit pas partir Moullart sans une certaine amertume, et, dans une lettre qu'il écrit le 2 mars au cardinal de Grandvelle qu'il tenait au courant de ce qui se passait dans les Pays-Bas, l'informe qu'il a entendu dire que l'abbé de Saint-Ghislain a écrit de Paris que, jusque-là, il s'était bien porté en son voyage et que de là il passait outre vers l'Espagne. Le 9 mars, Morillon écrit encore au cardinal : « Mathieu Moullart doit être maintenant bien près de l'Espagne. » Le prévost de Malines était dans l'erreur en supposant que Moullart s'était rendu directement à Paris pour passer de là en Espagne. Mieux informé, le futur évêque de Tournai écrit le 4 avril à son archevêque que « Monsieur de Saint-Ghislain est allé vers Sa Sainteté pour faire plainte des foulles que l'on fait ici aux ecclésiastiques. » Moullart était en effet parti pour Rome où il arriva le 10 avril, après un voyage de 59 jours.

Le pape saint Pie V était alors gravement malade de la maladie qui devait l'emporter le 1er mai suivant. Malgré ses douleurs aiguës, le saint Pape voulut à la recommandation de son neveu, le cardinal Alexandrin, recevoir dès le lendemain de son arrivée, l'abbé de Saint-Ghislain. Moullart baisa avec respect les pieds de Sa Sainteté qui, à l'éminence de sa dignité, joignait de telles vertus que Dieu l'avait voulu récompenser dès ce monde par l'heureuse issue de la bataille de Lépante dont il avait été le miraculeux témoin. Le Souverain Pontife, malgré ses grandes souffrances, reçut les mémoriaux présentés par l'abbé de Saint-Ghislain et lui promit de les examiner.

Bien que Moullart eût obtenu une seconde audience, et
que plusieurs fois, tant le matin que le soir, il alla trouver
le cardinal Alexandrin pour solliciter l'accélération de
sa demande : « Sy esse que pour la dite maladie et mort
ensuivie de Pie V, il n'avait pas encore son congé. » Il
ne le reçut que signé de Grégoire XIII qui, heureusement,
succéda immédiatement à saint Pie V.

Ayant assisté aux funérailles du pape, et laissé à Rome
ses frères Adrien et Robert qui étaient tombés malades,
comme aussi son autre compagnon, Eustache de La Salle,
qui souffrait d'une sciatique et qui de plus craignait de
ne plus avoir assez d'argent pour le reste du voyage,
Moullart se mit seul en chemin et quitta Rome le 6 mai,
et, nonobstant d'immenses dangers encourus sur mer,
arriva sur les côtes d'Espagne vers la fin du mois. La
traversée faite en barques qui ne voyageaient que le jour
fut très fatigante pour Moullart qui, à peine arrivé en
Espagne, tomba gravement malade. La nouvelle de sa
maladie parvint vite à l'abbaye de Saint-Ghislain et jeta
le monastère et tous les Etats du Haynaut, qui le chéris-
saient comme un père, dans une profonde consternation.
De plus heureuses nouvelles arrivées quelques jours plus
tard rassurèrent bientôt le Haynaut tout entier. Néanmoins
le prieur de Saint-Ghislain, Dom Jean Hazart, crut prudent de lui envoyer un domestique du monastère que
Moullart fut bien aise de retenir auprès de lui, rien n'étant
plus difficile pour un étranger que de se faire servir par
les fiers Espagnols. L'abbé de Saint-Ghislain une fois
remis, reprit immédiatement sa route. Après avoir traversé cent trente-six postes pour renouveler sa monture,
il arriva à Madrid le 16 juin, à neuf henres du matin. Les
autres députés des Pays-Bas étaient arrivés le 29 mars,
ayant pris au plus court et traversé la France. Dès le

31 mars, M. de Treloire et le pensionnaire du Haynaut,
furent reçus par le roi et lui annoncèrent l'arrivée prochaine de Moullart, et prièrent Sa Majesté de vouloir bien
attendre son arrivée pour recevoir leurs doléances. Le
roi, sur la demande des députés, fixa l'audience pour le
20 avril. Les députés comptaient sans la maladie de
l'abbé de Saint-Ghislain et sans son séjour à Rome. Le
jour de l'audience vint sans que Moullart fût encore
arrivé. Les députés du Haynaut voulurent néanmoins se
présenter à l'audience royale, mais ils n'avaient pas l'habileté nécessaire pour traiter des affaires aussi difficiles,
et le roi se montra fort mécontent de la mission qu'ils
avaient acceptée. Heureusement pour notre pays le bon
Dieu avait permis la guérison de Moullart, le seul de toute
la députation qui fût capable de mener à bonne fin l'entreprise. Arrivé à Madrid le 16 juin à 9 heures du matin,
Moullart demanda aussitôt une audience particulière du
roi, et l'obtint pour le 21 dans l'après-midi.

Mathieu Moullart, dès son premier entretien, exposa
au roi les principales raisons qui avaient déterminé les
États à envoyer une ambassade à Sa Majesté, et déclara
qu'il était député de la part du clergé du Haynaut aux
mêmes fins que les députés de la noblesse et de la bourgeoisie de cette province, et avec le plus d'éloquence
possible il représenta au roi, par l'intermédiaire d'un
interprète, les extraordinaires et terribles inconvénients
et les très grands dangers pour la foi catholique et la
religion chrétienne qu'amènerait l'exécution de la levée
du xme et xxme denier.

Sa Majesté, qui ne connaissait pas le français, fit répondre par le président Happens, que la venue de Moullart lui était agréable, qu'il avait déjà vu et entendu par
les autres députés le motif de son ambassade, et lui pro-

mit d'étudier prestement cette affaire ainsi que les autres
requêtes que Moullart venait de lui présenter. Le 26 juin,
le roi reçut de nouveau l'abbé de Saint-Ghislain accompagné cette fois de tous les députés des États du Haynaut;
Philippe II fit à la députation le plus gracieux accueil, et
déclara que, cédant aux observations de l'abbé de Saint-
Ghislain, on ne percevrait pas la levée des deux impôts,
à condition que les Etats fourniraient deux millions de
florins comme les provinces l'avaient fait les années précédentes. L'audience de congé fut fixée au 7 juillet.
Moullart voulut profiter de ce séjour forcé à Madrid pour
faire un pèlerinage à Tolède où il voulait, en même temps,
prier devant le tableau miraculeux de Notre-Dame de la
Paix pour obtenir pour sa chère patrie la cessation de la
guerre, et pour honorer le lieu du martyr de sainte
Léocadie dont l'abbaye de Saint-Ghislain possédait le
corps glorieux depuis sept cents ans, époque où un de ses
abbés, Simon, qui accompagnait le comte du Haynaut Ré-
gnier III, dans la croisade contre les Maures, l'avait fait
transporter d'Oviedo, où les habitants de Tolède l'avaient
mis en sûreté contre les disciples de Mahomet, dans son
abbaye où on l'honorait avec le plus grand respect. Mathieu Moullart, dans la crainte d'éveiller de trop vives
convoitises se garda bien de parler aux habitants de Tolède de son précieux trésor. Le secret ne fut pas toujours
aussi bien gardé, et, quelques années plus tard, Philippe II obtint du pape Grégoire XIII des lettres l'autori-
sant à faire rentrer Tolède en possession du corps de
sainte Léocadie. Aucun moine de Saint-Ghislain ne voulut alors se prêter à cette translation et ce fut un père
jésuite, Michel Herman, qui fut chargé d'accompagner en
Espagne le corps de la sainte.

Moullart, aussitôt l'audience de congé, reprit en toute hâte le chemin de son abbaye. Brûlant du désir d'annoncer à ses compatriotes le succès de ses démarches, il résolut pour presser son retour de traverser la France malgré les dangers que présentait une pareille route. Il approchait de Paris, quand il apprit l'affreux massacre de la Saint-Barthélemy qui venait d'ensanglanter la capitale. Moullart pleura sur les victimes et se hâta de fuir cette France dont un roi impuissant ne pouvait assurer la tranquillité. L'abbé rentra à Saint-Ghislain vers les premiers jours de septembre 1572. La nouvelle de son retour se répandit vite dans tout le pays et, le 11 de ce même mois, on lui écrivait déjà de Bréda pour le féliciter du succès de sa mission.

Moullart fut reçu à Saint-Ghislain avec la démonstration de la joie la plus sincère. Les seigneurs du pays lui envoyèrent leurs félicitations et leurs remerciements. Philippe de Lalaing, auquel l'abbé avait fait part de son arrivée à la date du 13 septembre, Nicolas de Landas, Charles Philippe de Croy, furent les premiers à le complimenter.

Le 2 avril de l'année suivante 1573, les députés de la province donnèrent aux États lecture du rapport sur leur ambassade. L'assemblée, par l'organe de M. de Lalaing, remercia l'abbé de Saint-Ghislain de la manière dont il avait accompli sa mission et lui accorda, outre le remboursement de ses dépens, 1,500 florins. Cet argent arrivait à propos, car Mathieu Moullart avait été non seulement obligé pour lui à de très grands frais, mais son frère Robert qui était resté malade à Rome réclamait un prompt secours. Voici comment il exprime sa misère à son frère :

« Rome,

« Monsieur, après mes humbles recommandations. ce sera pour
« vous avertir que je vous ai écrit par quatre ou cinq fois par
« lesquelles vous advertisions de maladie qu'il m'est venu depuis
« votre depart de Rome et puis après que la maladie m'a laissé
« vous ai écrit que m envoyssiez de l argent pour payer le docteur
« et l'appoticaire et principalement pour mon entretien car je suis
« en grand danger. Messir Adrien a toujours grand soin de moi
« me donnant ce qu il me faut et me montrant beaucoup d'amitié
« pour l'amour de vous. Je ne doute point que vous ayez beau-
« coup d affaires maintenant. Toutefois je vous prie d avoir
« mémoire de moi car vous savez dans quel etat vous m'avez laissé
« à votre depart de Rome. Je vous écris comme vous m'avez
« commandé à votre depart et me semble que j'ai changé ma main
« comme vous pouvez voir par ces présentes et rendrai peine de
« profiter de mieux en mieux. A tant ferai la fin priant le createur
« vous vouloir donner en parfaite santé bonne et longue vie.
« Messire Adrien prie d être recommandé à votr bonne grâce et
« à ma bonne mère brief à tous mes bous amis de par de là !

« De rome le 17 septembre 1572.

« Le tout votre frère MOULLART.

CHAPITRE X

Les années 1573-1574.

Les joies du retour après un si long et si pénible voyage
et un si heureux succès de son ambassade, furent vite
assombries par l'état lamentable dans lequel Moullart
trouva le pays.

Comme la France, les Pays-Bas se trouvaient divisés
au sujet des questions religieuses. Mais la Belgique, plus
malheureuse encore que la France, devait compter avec
l'intervention des troupes étrangères. Pendant le voyage
en Espagne de Moullart, le duc d'Albe avait porté
l'indignation du pays à son paroxisme, et Philippe II,

malgré son insouciance, se vit obliger de rappeler celui
qui avait compromis pour longtemps son autorité dans le
pays de par de là. Requesens, qui fut désigné pour succéder au duc d'Albe, ne put tout d'abord remédier
au mal. Les troupes étrangères restaient abandonnées
sans soldes au milieu d'un pays qu'elles n'avaient aucun
intérêt à ménager ; Moullart toujours actif prit aussitôt
les mesures nécessaires pour mettre la ville et l'abbaye
de Saint-Ghislain à l'abri de ces bandes étrangères. Il
demanda et obtint du grand bailli du Haynaut des sauve-
gardes pour toutes les maisons, fermes et terres de
l'abbaye, et fit exempter de toutes corvées les fermiers
des environs ; il ne s'arrêta pas là ; il chercha à favoriser
une trève entre Requesens et le prince d'Orange, et se
rendit à Bréda où devaient se conclure les négociations
préliminaires d'une paix générale pour tous les Pays-
Bas. Malheureusement les exigences exagérées du prince
d'Orange, empêchèrent les négociations d'aboutir pour
le moment. Les troupes espagnoles continuèrent leurs
dévastations rivalisant de cruautés avec les bandes du
prince d'Orange. Telle était la situation du pays quand la
mort de François Richardot, qui gouvernait depuis douze
ans le siège d'Arras, vint élargir le champ d'action de
l'abbé Moullart en le transférant de l'abbaye de Saint-
Ghislain à l'évêché d'Arras.

CHAPITRE XI

Nomination de Mathieu Moullart à Arras.

Depuis le si heureux succès de son voyage en Espagne, l'abbé de Saint-Ghislain était chargé de toutes les missions difficiles. C'est ainsi qu'il fut prié au mois d'août 1574, par Pierre de Melun, prince d'Antoing et marquis de Roubaix, de vouloir bien aller trouver le comte de Mansfeld afin de calmer son courroux et d'intercéder en faveur de son frère, le comte de Rysbourg, qui avait tué dans une querelle le fils de Mansfeld. Morillon, dans une lettre datée du 19 septembre 1574 adressée au cardinal de Granvelle, nous apprend l'heureuse issue de cette délicate mission et le bon accueil fait par Mansfeld à la demande de l'abbé de Saint-Ghislain. Ce dernier succès, au moment où se trouvaient vacants plusieurs sièges épiscopaux des Pays-Bas, attira l'attention de Requesens et fit songer à Moullart pour un des sièges vacants. Le gouvernement des Pays-Bas voulut d'abord lui attribuer l'évêché de Tournay. Morillon, à la date du 24 décembre 1574, écrit en effet au cardinal de Granvelle : « Son Excellence semble depuis avoir recommandé pour l'évêché de Tournay l'abbé de Saint-Ghislain qui est personnage savant et de bonne grâce, mais je ne sais s'il serait à propos pour une si grande charge. »

Malgré l'opinion du prévost de Malines, Philippe II agréa volontiers le choix de son gouverneur, et, dès les premiers mois de l'année 1575, il avertit Sa Sainteté Grégoire XIII qu'il prenait Moullart pour l'Evêché d'Arras. Philippe II, ayant entendu parler des résistances de

Moullart et de ses appréhensions pour l'épiscopat, crut bien faire pour les vaincre d'écrire le 27 août à Rome « afin d'obtenir pour le nouvel évêque d'Arras le droit de jouir pendant quatre ou cinq ans de quelques émoluments de son ancien abbaye de Saint-Ghislain pour fournir aux dépens qu'il faut faire à l'entrée du dit évêché. »

Philippe se trompait en croyant par cette proposition vaincre les résistances de Moullart. L'abbé de Saint-Ghislain était trop respectueux des décrets de Trente pour consentir à un pareil cumul des bénéfices. Ce qui l'arrêtait était une question toute contraire. L'évêque Richardot, pendant son épiscopat d'Arras, avait vu les revenus de l'Évêché grevés d'une pension de 2,000 florins en faveur du cardinal de Granvelle. Le Concile de Trente dont on venait de publier les décrets, condamnait ces sortes de pensions. Moullart eût préféré renoncer à l'épiscopat que de transgresser en cette matière la volonté du saint Concile.

Les difficultés se prolongèrent quelque temps, et, dans une lettre datée du 10 septembre 1575 adressée au roi par le conseiller Happens, nous voyons que « Philippe II pensait pour l'Évêché d'Arras, au cas où l'on n'aurait pas pu s'entendre avec Moullart, au frère Géry, de l'Ordre de Saint-François, docteur en théologie ». Les difficultés s'arrangèrent et le 24 novembre 1575 Morillon pouvait écrire : « Monsieur de Saint-Ghislain demeure Évêque d'Arras pour la bonne opinion que Sa Majesté a de lui l'ayant vu en Espagne avec les députés du Haynaut. »

La *Series Episcoporum*, par *Pius Bonifacius Gams*, conservée à Rome date également la nomination de Moullart de l'an 1575. Monsieur Robitaille se trompe donc en reculant jusqu'en 1576 la nomination de Mathieu Moullart.

L'élection faite par le chapitre en octobre 1576 ne

prouve rien, car depuis Charles-Quint les rois d'Espagne jouissaient par bref du Souverain Pontife, du droit de nomination aux Évêchés et l'élection du chapitre n'était plus qu'une simple formalité dont le Pape se passait dans le cas de conflit entre le chapitre et le roi d'Espagne. Voici d'ailleurs la lettre de nomination de l'abbé de Saint-Ghislain à l'Évêché d'Arras adressée par Philippe II au chapitre d'Arras.

> Philippe II Roi d'Espagne etc. à vénérables Religieuses personnes, nos chers et bien aimés Prevost, doyen et membres du chapitre de l'insigne Cathédrale Notre Dame d'Arras en notre pays et comté d'Artois salut et bénédiction délection.

Comme à nous, comme comte dudit Artois, affert et appartient d'avoir soigneux regard que les prélatures et autres dignités étant en notre dit pays et comté d'Artois soient pourvus de gens catholiques de bonne vie et conversion principalement en ce temps si dangereux pour entretenir et conserver iceux en bonne et chrétienne religion, comme aussi cidevant par feu et louable mémoire le pape Léon X de ce nom avait été spécialement consenti et accordé à feu de très heureux et recommandé mémoire l'empereur Monseigneur et très aimé père à qui Dieu fasse miséricorde et il sait qu'étant naguère advenu le trépas de feu notre dernier Evêque François Richardot par lequel la dignité épiscopale est présentement vacante nous avons fait prendre information sur la qualité idoneite vie et conversation sur Mathieu Moullart abbé de Saint-Ghislain, licencié en théologie, et comme en suivant icelle information entre autres nous a été fait rapport des sens, prudence, régulière, bonne et catholique vie et conversation de vénérable personne notre cher et bien aimé Mathieu Moullart, à présent abbé du monastère de Saint-Ghislain en Haynaut. Savoir nous faisons que nous ayant égard aux causes que dessus dites nous consentons et requérons que procédant à l'élection de notre nouveau et futur Evêque vous acceptiez et élisiez le dit Moulllart comme personne capable et à nous agréable.

PHILIPPE II.

Les chanoines d'Arras supportaient avec peine cette atteinte du pouvoir sur leur droit ancien d'élire eux-mêmes leur Évêque. Quelques membres du chapitre pro-

testaient ouvertement ; néanmoins les chanoines se décidèrent enfin à obéir à l'ordonnance royale et résolurent
de procéder à l'élection canonique. Bien que cette élection fût devenue une simple formalité, les chanoines de
notre cité y procédèrent avec la plus grande solennité, le
16 octobre 1576. Dûment convoqués, ils se réunirent en
la Cathédrale de la cité d'Arras. La cérémonie commença
à 7 heures du matin par le chant de la messe du Saint-
Esprit, au grand autel de la Cathédrale. La messe ache-
vée, les chanoines, précédés de tout le clergé, se rendirent en procession à leur salle capitulaire au chant du
*Veni Creator.*Arrivés au lieu ordinaire de leurs réunions
tous ceux qui n'avaient pas droit, comme chanoines, de
participer à l'élection, se retirèrent à l'exception de deux
notaires ecclésiastiques, Buisine et Raison, nécessaires
pour certifier l'authenticité de l'acte d élection,et de deux
prêtres, Antoine Cattin et Armand Matton, qui devaient
servir de témoins. En l'absence volontaire de Nicolas
Langaigne, doyen du chapitre, Antoine Richebé, prévost,
consulta les chanoines présents : Robert Caubes,chantre,
Antoine Garnier, écolâtre, Philippe de Ranchicourt, Nicolas Grand, Antoine Berlette, Adolphe Desjardin, Jacques Panier, Louis Boursin, Nicolas Maignot, François
Lolieux, Adrien Vasquin, Jean Gocudin, Jérôme Cieuler,
Jean Merlin, Jean de Brune, Nicolas de Vauchel, Jean
Deslavières, Jean Locquet, François Maugré, Paleardes
Ayttha, Antoine Morel, Claude Blondel, Antoine Marié,
Renaut Roger, prêtres, et Jean Théret, Jean Goulette,
Laurent Merchier et Jean de Rosa, chanoines, sous-dia-
cres, sur le mode d'élection qu'il leur plaisait davantage
et leur proposa le choix entre l'acclamation, le scrutin
secret et le compromis. Les vingt-neuf chanoines déci-
dèrent de procéder à l'élection par scrutin secret. On

commença aussitôt le vote qui donna pour résultat, nous
dit l'acte de l'élection encore conservé aux archives de
l'Évêché, l'élection de l'abbé de Saint-Ghislain par la
plus saine et la plus grande partie du chapitre. Sitôt le
vote terminé, les chanoines retournèrent à l'autel principal de la Cathédrale où, après le chant du *Te Deum*, le
prévost du chapitre annonça au peuple présent la nomination de l'abbé de Saint-Ghislain, prêtre né de légitime mariage, homme remarquable par sa sainteté et sa
prudence.

L'élection du chapitre une fois faite, il fallait obtenir
la ratification par le Pape. Elle se fit longtemps attendre.
Enfin le 24 mai 1577, le Souverain Pontife dans un Con-
sistoire public déclara Mathieu Moullart, abbé de Saint-
Ghislain, évêque d'Arras et l'autorisait à se faire consacrer par l'évêque de son choix. Hélas ! le triste état des
Pays-Bas sur lequel nous allons encore avoir à revenir à
cause du rôle important joué par Moullart retarda
encore la consécration de l'évêque d'Arras, et ce fut seulement au mois de septembre 1577, probablement en la
fête de saint Mathieu son patron, que Moullart reçut des
mains de son ancien maître à Louvain, le savant Martin
Rithove, devenu évêque d'Ypres, l'onction qui donne le
caractère épiscopal, dans l'église de l'abbaye de Saint-
Ghislain. Les religieux pour honorer leur abbé firent de
grands frais pour la cérémonie et lui offrirent les insignes
les plus riches de sa nouvelle dignité.

CHAPITRE XII

L'anarchie dans les Pays-Bas.

Le grand rôle que joua Moullart dans les événements qui amenèrent les Pays-Bas à signer à Gand le grand acte de la Pacification, qui promit beaucoup plus qu'il ne donna, nous oblige à revenir un peu en arrière. Les bruits qui circulaient, dès l'année 1574, de la prochaine nomination de l'abbé de Saint-Ghislain à l'évêché d'Arras, ne détournèrent jamais un instant Moullart de ses devoirs d'abbé et de ses obligations envers le pays. Il continua droit son chemin et quand, dans sa conscience, il croira nécessaire d'entrer en lutte avec la royauté, il n'hésitera pas un instant, dût-il y perdre l'évêché d'Arras.

Requesens, qui avait succédé au duc d'Albe comme gouverneur des Pays-Bas, s'était mis courageusement à l'œuvre. Il travaillait à réparer les maux innombrables causés par son prédécesseur et à relever le prestige de l'Espagne, quand sa mort rapide, peut-être criminelle, rejeta les Pays-Bas dans l'anarchie la plus complète. Philippe II, voyant le désir du pays, ne donna pas de successeur à Requesens et laissa les provinces des Pays-Bas se gouverner par une assemblée composée mi-partie de Belges mi-partie d'Espagnols. Cette assemblée prit le nom de Sénat et ne montra pas l'énergie nécessaire à sa mission. Elle laissa les bandes étrangères italiennes et espagnoles, et les troupes de Guillaume d'Orange continuer leurs ravages. L'exaspération du pays était à son comble ; rien ne pouvait plus contenir la colère du peuple, et tout à coup une émeute éclata dans Bruxelles. Les membres du Sénat favorables au maintien des troupes étrangères furent jetés en prison, et les États de la province du Brabant prirent sur eux de convoquer les États Généraux du pays. Convocation révolutionnaire, puisqu'elle était la prérogative du roi d'Espagne.

Les États du Brabant ne voulurent pas rester isolés en face de la royauté et cherchèrent un appui, auprès des États des autres provinces des Pays-Bas. Ils s'adressèrent d'abord aux États d'Hainaut, province qui avait particulièrement à souffrir des déprédations des soldats espagnols. Les seigneurs du Haynaut se virent bientôt dans la nécessité de prendre une décision ferme. Le comte de Bercelles, envoyé des États du Brabant, arriva à Mons où les États du Haynaut étaient réunis et mit en demeure l'assemblée d'approuver la révolution qui venait de s'opérer à Bruxelles.

Les seigneurs du Haynaut hésitaient à sortir du droit et à rompre avec l'Espagne. Chose étonnante ! Ce fut Mathieu Moullart, l'Évêque élu d'Arras, qui n'écoutant que sa conscience et son devoir, dans la séance du 6 septembre 1576, par sa chaude éloquence, convainquit les États du Haynaut et les détermina à suivre l'œuvre commencée par ceux du Brabant.

Morillon, dans une lettre au cardinal de Grandvelle datée du 15 septembre de la même année, retrace ainsi les paroles de Moullart : « L'abbé de Saint-Ghislain, dit-il, par une forte, vive et éloquente remontrance qu'il fit, toucha les cœurs de tous les présents, de sorte qu'ils se résolurent d'assister les États du Brabant, sauf, qu'ils ne voulaient avouer l'emprisonnement du conseil d'État, comme chose qui n'a été faite de leur avis, mais ils

s'accordent à mettre dehors les troupes espagnoles après
leur avoir fait quelques honnêtes présentations de paie-
ment et de conduite . » En même temps Moullart exige
l'envoi de deux députations des États du Haynaut à ceux
de Brabant, réclamant la mise en liberté immédiate des
ministres faits prisonniers pendant l'émeute, et chargée
de déclarer que les États du Haynaut n'étaient disposés
à entrer dans les vues des États du Brabant que préala-
blement ceux du Conseil d'État ne fussent relâchés et
remis en l'exercice de leurs charges.

Moullart avait puisé cette décision dans son attachement à la foi catholique. Il craignait avec raison de lier
la cause catholique à la présence des troupes étrangères.
La défaveur et la haine dont on les poursuivait pour leurs
méfaits, auraient pu atteindre la religion catholique,
qu'elles prétendaient défendre et la cause de Philippe II
qu'elles représentaient. La politique de Moullart était peut-
être périlleuse, mais c'était celle que commandaient la
justice et l'intérêt du pays.

———

CHAPITRE XIII

Pacification de Gand.

Les États des Pays-Bas réunis en octobre 1576, nommèrent des députés chargés de rédiger les articles d'une
union étroite entre toutes les provinces, capable d'assurer leur autonomie sous l'autorité de l'Espagne. Moullart
fut délégué par les États du Haynaut, et prit une part
importante dans les réunions qui aboutirent au traité qui

fut signé à Gand, le 14 novembre 1576, et auquel on donna le nom de Pacification de Gand. Guillaume d'Orange et 15 provinces restées catholiques signèrent cette union. Seule la province du Luxembourg resta en dehors de ce pacte ; dont voici les principales dispositions.

Après un préambule où les députés déclaraient que ce présent traité a été fait et dressé à l'honneur de Dieu et pour le service de Sa Majesté, les députés établissaient la paix sous les conditions suivantes : « Chacun perdra la mémoire des offenses reçues, personne ne pourra être accusé pour cause de religion. Non seulement les jugements rendus sur ce sujet demeureront sans exécution, mais on restituera à ceux qui ont été condamnés les biens confisqués sur eux, et s'ils sont en nature et se trouvent avoir été aliénés, on prendra des arbitres qui adjugeront à l'un la chose, à l'autre le prix que ces objets pourraient valoir, retranchant ainsi tous les différends qui pourraient naître en matière de possession ou d'éviction.Que si l'on voulait obliger les Hollandais et les Zélandais à restituer le domaine du roi qu'ils avaient usurpé pendant la guerre, les autres provinces payeraient leur part des dettes que ces deux premières provinces avaient créées pour subvenir à la dépense que le prince d'Orange avait été contraint de faire en ces deux expéditions de guerre. Que la coutume qu'il faudrait observer à l'avenir dans les Pays-Bas serait établie dans l'assemblée générale des provinces après qu'elles auraient délivré la république de l'oppression étrangère. Il ne sera loisible ni permis à ceux de Hollande et Zélande ni à autre de pays, qualité ou condition qu'il soit, d'attenter aucune chose par deçà hors desdits pays de Hollande et Zélande et autres lieux associés, contre le repos et paix publique et signa-

ment contre la religion Catholique Romaine et son exercice, ni à cause d'elle injurier ou irriter aucun de fait ni
de paroles, ni de scandaliser par des actes semblables, à
peine d'être punis comme perturbateur du repos public.
Toutefois, le prince d'Orange pourrait particulièrement
traiter avec les villes de son gouvernement des choses de
la religion. »

Moullart apposa le premier sa signature sur ce traité.
Le 28 octobre, le nouvel Évêque d'Arras écrivait une
lettre à l'abbé d'Hasnon, pour le mettre au courant de ce
qui se passait à Gand et dans laquelle il dit « qu'il a été
convenu et accordé que les quinze pays de Sa Majesté
demeureront en l'exercice de l'ancienne catholique Religion Romaine, sans aucun changement ou nouveauté ; et
que quant à ce point, il ne sera jamais mis en débat ou
controverse ; et quant aux deux pays d'Hollande et
Zélande, où aucuns demandent pouvoir demeurer en la
prétendue nouvelle religion réformée, qu'ils seront tenus
d'obéir à ce que en sera dit par les États généraux desdites xv pays ; que seront rassemblés en la même sorte,
comme ils furent par feu de bonne mémoire l'empereur,
lorsqu'il céda les pays à son fils, notre maître, qu'est
ainsi ajouté pour exclure la confusion que aucuns ont par
ci-devant proposé que tout le monde se devait trouver aux
États. »

Morillon qui cite cette lettre ajoute que « dans la
seconde partie de cette missive à l'abbé d'Hasnon, Moullart traitait de ce qu'on avait décidé sur la restitution des
biens des églises et monastères, qui seront remis en leur
ancienne possession et jouissance et qu'ils seront dressés
de la dépouille d'Aout dernier, et que les villes seront
tenues leur faire prêt et avancement, par manière de
pension, jusqu'à ce qu'ils viennent en la pleine perception

de leurs biens qui ne seront sitôt remis sus. L'on a eu
grand peine pour mener Dorp à ce point ; car il a employé
quasi tout son avoir à acheter les biens des églises ; et
ses propres collègues en cette charge se tournèrent contre
lui, disant qu'ils ne laisseraient pour son particulier
de passer outre en ce point, et a fallu qu'il ait eu
patience. »

Moullart avait dû beaucoup travailler pour arriver à ce
résultat ; et Morillon lui-même qui cependant suivait une
politique opposée à celle de Moullart était obligé de louer
le grand zèle et la sincérité de l'abbé de Saint-Ghislain.
Les docteurs de Louvain approuvèrent la conduite de Moullart et déclarèrent qu'on pouvait en conscience adhérer
au grand acte de la Pacification de Gand. Dès lors le
traité fut partout accepté par une joie universelle, et,
dans les provinces, on célébra des réjouissances religieuses et civiles en reconnaissance d'une si heureuse
paix. Hélas ! si la joie fut grande, elle fut aussi bien
courte. L'acte de Gand est à peine signé que l'on apprend
que Philippe II, sortant de son inaction, envoie comme
gouverneur le vainqueur de Lépante, don Juan d'Autriche.

CHAPITRE XIV

Moullart et don Juan.

Grand capitaine, don Juan n'était pas diplomate, et
c'était d'un diplomate, beaucoup plus que d'un capitaine,
que les Pays-Bas avaient besoin. Guillaume d'Orange
avait souscrit à l'acte de Gand, mais avec l'arrière pensée

de s'emparer de la direction générale de la politique des dix-sept provinces. La venue de don Juan bouleversait ses projets. Aussi chercha-t-il, dès le début, à amoindrir le rôle du nouveau gouverneur. Il voulait que les États des Pays-Bas imposassent leur volonté à don Juan et celui-ci entendait gouverner au nom du roi et selon sa volonté. Un conflit était inévitable.

Les États, qui cherchaient véritablement la paix, chargèrent l'abbé Moullart de se rendre auprès de don Juan alors à Luxembourg, afin de lui faire connaître le désir des provinces, et lui faire accepter l'acte de Gand. L'Évêque élu d'Arras arriva à Luxembourg le 23 novembre 1576, et y resta jusqu'au 9 décembre. Ce jour-là, il quitta cette ville pour se rendre à Marche, petite ville du Luxembourg, et y accompagner don Juan qui avait l'intention d'y séjourner. Le 12 décembre, Moullart quittait don Juan pour rendre compte aux États-Généraux de sa mission. Le nouveau gouverneur avait exprimé le désir de voir le Conseil d'État et les Évêques, ainsi que les abbés du royaume, signer une attestation en faveur du traité de Gand, afin de savoir s'il reflétait bien la pensée de la partie catholique du pays.

Pour satisfaire le nouveau gouverneur les États du pays se réunirent à Namur avec l'ancien Conseil d'État et plusieurs abbés et Évêques et là signèrent l'attestation en faveur du traité de Gand. Mathieu Moullart fut encore un des premiers à apposer sa signature. Le 29 décembre, les États déléguèrent de nouveau l'Évêque d'Arras vers don Juan pour le déterminer à reconnaître enfin le désir des provinces et à signer la ratification tant attendue. Les négociations recommencèrent le 1er janvier 1577, et aboutirent seulement le 12 février. Ce jour-là don Juan se rendant enfin aux raisons de Moullart consentit à

signer, à Marche, en Luxembourg, le fameux édit perpétuel, qui confirmait le pacte de Gand, et par lequel le
pays reconnaissait comme gouverneur le vainqueur de
Lépante, sous la condition du départ des troupes étrangères. Cinq jours plus tard l'édit était publié à Bruxelles.
Moullart une fois de plus avait montré toute son habileté
et sa fermeté artésienne avait triomphé de la fierté espa-
gnole.

Le rôle de l'abbé de Saint-Ghislain n'était pas fini. En
quittant Marche don Juan se rendit à Louvain pour présider au départ des troupes étrangères. Moullart alla de
nouveau l'y rejoindre de la part des États et assista avec
bonheur au départ de ces troupes espagnoles qui par
leurs « mangeries, pilleries fouilles et excès de tous
genres » avaient entravé le prestige de l'autorité royale
et menaçaient de le compromettre entièrement. Le 7 avril
Philippe II avait en effet ratifié l'édit de Marche et tout
paraissait devoir bientôt rentrer dans l'ordre. Le 23 du
même mois Moullart voulut compléter son œuvre pacifi-
catrice et défendit à Bruxelles à l'assemblée des États,
avec un talent remarquable, et un véritable succès, les
intérêts du roi d'Espagne et ceux de la religion.

Mais l'homme propose et Dieu dispose. Au moment
même où l'on croyait pouvoir enfin jouir de la paix, la
mauvaise foi du prince d'Orange rejeta le pays dans la
plus profonde anarchie. Moullart eut beau accomplir avec
le plus grand zèle au mois de juin auprès de don Juan la
nouvelle mission que lui avaient confié les États-Généraux.
Il eut beau séjourner à Malines avec don Juan jusqu'au
19 juillet et accompagner encore une fois le gouverneur
des Pays-Bas à Bruxelles. Un nouveau conflit était inévitable.

Après la reprise des hostilités, Moullart fit encore une

dernière tentative de la part des États auprès de don Juan. Mais tout fut inutile. Le gouverneur des Pays-Bas persista dans son néfaste projet de rappeler les troupes étrangères. La mission de Moullart prenait fin avec ce douloureux échec. Plein d'amertume il reprit le chemin de Saint-Ghislain·pleurant sur les nouveaux malheurs qu'il n'avait pu épargner à sa patrie. Les Français, les Anglais allaient se joindre aux Espagnols, aux Italiens et aux Allemands pour fondre sur le pays ; Mathias, Guillaume d'Orange, le duc d'Alençon et don Juan allaient se disputer la malheureuse Belgique qui ne savait plus à qui se donner.

CHAPITRE XV

Consécration de Moullart. — Son entrée à Arras
et à Douai.

Le 14 juillet 1577, alors que Moullart accomplissait son rôle de négociateur auprès de don Juan, Jean Vandeville, professeur de droit à Douai et plus tard Évêque de Tournai, s'empressa d'avertir Moullart des menées astucieuses du prince d'Orange en Artois, le priant de venir y mettre fin par sa présence. L'abbé Moullart eût voulu répondre sur-le-champ à cette invitation ; il chercha un moment favorable pour se faire consacrer à Bruxelles. Les troubles continuels dont cette ville était le théâtre ne le lui permirent pas ; et ce fut seulement le 21 septembre 1577 qu'il put se faire sacrer à Saint-Ghislain par son ancien maître Martin Rythove devenu Évêque d'Ypres.

Les frais de cette consécration supportés par l'abbaye de
Saint-Ghislain s'élevèrent à 1,750 écus d'or. Dès le lendemain le nouvel évêque envoyait un message à l'échevinage d'Arras pour le prévenir de son arrivée pour le
1er octobre. Voici cette lettre conservée dans les mémoriaux de notre ville.

Saint-Ghislain, 22 septembre 1577.

A Messieurs du Magistrat d'Arras,

Messieurs nous avons trouvé convenir faire notre entrée en
Arras et notre Cité le premier jour d'octobre prochain, de quoi
vous avertissant prie très affectueusement qu'il vous plaise décorer
et orner notre dite entrée de votre présence à l'honneur de Dieu
et l'édification de notre mère sainte Eglise qui sera la fin par mes
très affectueuses recommandations à votre bonne grâce suppliant
notre Sauveur vous maintenir Messieurs toujours en la sienne
sainte.

de Saint-Ghislain le 22 septembre 1577

l'entièrement votre ami

Mathieu MOULLART, humble Evêque d'Arras,

Bien que Moullart eût pris possession de son siège par
procureur installé par le prévost du Chapitre Antoine
Richebé, le 22 juillet 1577, toute la ville attendait avec
impatience son Évêque, et dès l'annonce de sa prochaine
arrivée lui prépara une splendide réception. Moullart,
pour s'éviter la fatigue d'une longue course le jour même
de son installation, arriva le 30 septembre à Saint-Lau-
rent accompagné d'un grand nombre de moines de
Saint-Ghislain et avec eux s'arrêta à la ferme d'Hervain
appartenant à l'abbaye de Saint-Vaast. Il y passa la nuit
avec sa compagnie. Le lendemain de grand matin, pour
mettre son épiscopat sous la protection de la très sainte
Vierge, il passa la Scarpe et se rendit à Notre-Dame du
Bois pour y célébrer et entendre la messe.

Après avoir fait ses dévotions, Moullart se rendit à la

prévôté de Saint-Michel qui était proche et où l'attendait M. de Capres, gouverneur, Beaupré, lieutenant du roi, Louis de Bar, lieutenant particulier, avec MM. de Neufville, Stremberg de Beauregard et une infinité de gentilshommes du Haynaut et de l'Artois. Le suffragant de Cambrai, les abbés de Vicogne, Crespin, Mont-Saint-Eloy, Hénin-Liétard, Arrouaise, le coadjuteur de Marœuil et le grand prieur de Saint-Vaast accompagnaient le nouvel Évêque. Arrivé à la prévôté de Saint-Michel, Moullart s'arrêta, descendit de cheval pour entendre la harangue du conseiller de la ville qui le complimenta au nom des autorités civiles de la ville d'Arras. Voici le résumé de ce discours et de la réponse qu'il reçut :

« Monseigneur, dit le harangueur, Messieurs les Mayeurs et Échevins de la ville d'Arras représentant les bourgeois, manants, et habitants, corps et communautés de ladite ville ont été fort joyeux d'avoir entendu votre personne être pourvue de la dignité épiscopale de cette ville d'Arras, reluisant en votre dite personne plusieurs notables et singulières vertus. Et en démonstration de ladite joie et grand contentement de la promotion de votre personne n'ont voulu faillir, ayant été averti de la venue de votre Seigneurie en cette ville à intention d'y faire son entrée, de venir au-devant et la congratuler et remercier de sa dite venue, suppliait votre Seigneurie, avoir la dite ville, bourgeois, manants, et habitans d'icelle, toujours en bonne grâce et bénigne recommandation ; Et comme ils s'assurent que votre dite Seigneurie tiendra toujours la bonne main à l'entretiennement de l'ancienne religion Catholique et Romaine et extorsion et anéantissement des sectes et erronées opinions, ne fauldront de leur côté assister votre dite Seigneurie de leur pouvoir et autorité. »

Sur quoi ledit Seigneur révérendissime faisant réponse fait quelque discours de l'antiquité de ladite ville d'Arras, de la force et stabilité d'icelle, et des bons offices de fidélité qu'elle avait toujours rendus endroit le maintennement de la dite religion Catholique Romaine et l'obéissance de ses seigneurs et princes naturels, ajoutant que « puisqu'il avait plu à Dieu de l'appeler à cette charge, il l'avait de tant plus volontiers emprise pour obéir au commandement du roi notre sire, de ce qu'il connaissait avoir affaire avec gens doctes et sages, étant épaullé et secondé desquels, il espérait avec l'aide de Dieu qu'il conduirait vertueusement l'office auquel il était appelé, et que, étant le glaive spirituel conforté et assisté du temporel, facilement se pourrait réprimer et apaiser toutes erreurs et opinions (si tant était qu'aucunes s'en trouvassent) qu'il n'espérait contraires à notre dite religion catholique Romaine. A quoy il priait mesdits sieurs le vouloir assister. » Pendant lesquelles harangues et réponses ledit Seigneur Évêque ensemble mesdits sieurs et assistants d'une part et d'autre furent toujours têtes découvertes.

Après ces discours le cortège se dirigea vers la ville et se présenta à la porte Saint-Nicolas. Tout le clergé des quatorze paroisses de la ville l'y attendait avec les Récollets, les Carmes, les Dominicains. Le curé de Sainte-Croix en chape offrit à baiser à l'Évêque un morceau de la vraie croix, puis débita une harangue latine. Moullart répondit dans la même langue et montra par son improvisation combien cette langue lui était familière. L'Évêque accompagné de tout le clergé traversa toute la ville devant les compagnies rangées enseignes déployées et tambours battants, aux acclamations d'une foule innombrable. Arrivé à la porte de la cité Moullart descendit de

cheval et entra dans la maison des Maillets pour échanger
ses habits monastiques contre les ornements pontificaux.

Tout le chapitre de Notre-Dame s'était transporté
jusque là au-devant de son Évêque et la procession ainsi
complétée se rendit à Notre-Dame où Moullart fut installé
par le doyen du chapitre, Nicolas Lengaigne. L'Évêque
fut conduit au chœur par deux chanoines faisant les
fonctions d'Archidiacres d'Arras et d'Ostrevent : l'un étant
absent et l'autre malade. Le clergé et les fidèles chantaient pendant la marche. Arrivé dans le sanctuaire,
l'Évêque se mit à genoux sur les degrés du grand autel,
fit sa prière, et alla baiser la pierre de cet autel sur lequel on avait placé les reliques de cette église. Après
quoi on conduisit le prélat à la chaire de prise de possession qui est de pierre en haut du chœur près de l'autel
de la Manne, ainsi que l'affirme le Père Ignace. Une ancienne
tradition voulait que ce siège fût encore celui de saint Vaast.
Puis l'Évêque s'étant assis sur cette pierre, le prévost de la
cathédrale assisté des principaux chanoines officiers, lui
rendit les devoirs et hommages selon l'ancien usage en
pareille cérémonie. On ramena ensuite l'évêque à la
chaire pontificale ou trône épiscopal que l'on avait richement paré et orné d'un dais ; à l'un et l'autre côté on avait
placé les subdélégués (c'est-à-dire les deux chanoines
représentants les archidiacres) qui se trouvaient ainsi à
droite et à gauche du prélat. Le *Te Deum* fut chanté avec
l'orgue, puis les suffrages collectes et oraisons furent dits
par le doyen. Quand tout fut terminé Monseigneur donna sa
bénédiction puis se rendit au palais épiscopal, où il réunit
à sa table toutes les autorités. A la fin du repas le conseiller de la ville offrit au nouvel Évêque une pièce de vin
d'Orléans, et le chanoine Robert Obry lut une longue
pièce de vers latins dans laquelle il faisait l'éloge du

nouveau Prélat. Moullart remercia et promit de travailler à illustrer le poste qui lui était confié.

Le VIIIe d'octobre suivant, le nouvel Évêque d'Arras fit son entrée épiscopale en la ville de Douai et fut reçu comme il s'en suit (1) :

« Tout le collège de Saint-Pierre, vêtu des plus belles chapes de l'église, chanoines, chapelains et vicaires, la croix de ladite église devant eux, allèrent au-devant dudit seigneur évêque jusqu'entre deux portes de Saint-Éloy. Les cordeliers et jacobins les avaient aussi précédés processionnellement jusqu'à ladite porte. Plusieurs gentilshommes de la ville et autres qui étaient aussi ledit jour en la ville allèrent également au-devant : à savoir Monseigneur des Watines, le baron de Selles, le sieur de Rongy, le sieur d'Estrées, le sieur d'Avelm, le sieur d'Hestain, premier lieutenant de Monseigneur de Rasenguien, gouverneur de Lille, Douai et Orchies ; le sieur Oudenhove, second lieutenant, greffier, procureur et autres officiers de la gouvernance de ladite ville ; et les bailly, échevins et tout le corps du magistrat de la dite ville allèrent tous à cheval, aussi au-devant dudit seigneur évêque au dehors de ladite ville. Et le trouvèrent lesdits de la gouvernance et magistrat auprès d'une croix de grès hors ladite porte Saint-Éloy, sur le chemin de Lambres, par où ledit évêque était venu. Il était monté sur un moyen cheval noir, housé de drap noir, et sa personne assistée des susdits gentilshommes et des prévost de l'église Notre-Dame d'Arras, vicaire de l'évêché, l'official et autres gens d'église de ladite église Notre-Dame, et avec iceux des prélats et abbés d'Anchin et de Hennin. Et disait-on que ledit évêque avait cette nuit-là

(1) *Archives de la ville de Douai*, BB. 44, f° 84.

couché à Hennin et d'illecq pris son chemin par Lambres. Il était de sa part vêtu d'un surplis et d'un rochet noir par-dessus. Il fut premier abordé du gouverneur du roi en la dite gouvernance, lequel en présence des lieutenants et officiers de ladite gouvernance lui dirent la bienvenue, et leur fut aussi répondu par ledit seigneur évêque bien promptement. Ce fait s'approchèrent les bailly, échevins et tout le magistrat de ladite ville, lesquels lui dirent aussi la bienvenue par l'un de leurs conseilliers, en langue française. A quoi ledit seigneur évêque répondit promptement et bien disertement en même langue, faisant cadrer à son propos plusieurs belles autorités de l'écriture. Ce fait, tout s'achemina en bel ordre vers la ville, l'évêque et ses officiers les derniers. Venu qu'il fut entre deux portes. ceux du collège de Saint-Pierre firent leur harangue et offre ordinaire. Il y avait, comme de coutume, en tel acte, une maison plus prochaine de la porte, dedans la ville, parée et tapissée, estimant le magistrat qui l'avait fait ainsi parer, que le susdit évêque descendrait illecq et y prendrait son surplis et rochet. Mais iceluy n'étant averti de cela, l'avait pris dès le village de Lambres. Entré que fut tout en la ville, les cordeliers, jacobins et collège de Saint-Pierre, suivi dudit seigneur évêque, allèrent processionnellement, et après eux les susdits gentilshommes, les lieutenants et officiers de la gouvernance, et les bailly, échevins et magistrat, leurs sergents à verge devant eux, et tout en bel ordre, jusques en l'église Saint-Pierre, prenant le chemin par devant la halle et la rue des Gisans. Et là fut chanté le *Te Deum* en belle musique avec orgues et la collecte par ledit seigneur évêque, avec la bénédiction avant de partir d'arrière le grand autel. Et ce fait, ledit seigneur évêque alla à pied, suivi de tous les susdits, jusque à la maison de Saint-Amand, où lui fut apporté de l'église Saint-Amé une belle chape, et étant mitré et sa crosse que tenait son chapelain devant lui, s'asoit en la salle en une chaire. Et incontinent après, vint vers ledit seigneur évêque, de la part des prévost, doyen et chanoines du dit Saint-Amé, l'écolâtre dudit lieu lui dire la bienvenue avec offres ordinaires en latin, à quoi ledit seigneur évêque répondit en même langue promptement et disertement. Et ce fait, partit et vint trouver embas en la rue tout le collège dudit Saint-Amé, qui menèrent ledit évêque processionnellement au chœur de leur église, où fut chanté quelque motet; la collecte pour l'évêque, et les cérémonies ordinaires achevées, l'évêque alla dîner en la halle avec lesdits prélats et gens d'Église de sa suite, et non autres. L'on tenait que c'était aux dépens privés des échevins parce qu'il ne se trouve sur les comptes de la ville nulle dépense à la charge d'icelle, pour les entrées de l'évêque. Il était logé en la maison de Marchiennes, et le lendemain, on a tonsuré et confirmé en l'église de Saint-Jacques. »

CHAPITRE XVI

Premier séjour à Arras.

Aussitôt installé, Moullart se mit immédiatement au travail de la visite de sa ville épiscopale et administra aux petits enfants le Sacrement de Confirmation. Dès le 17 octobre il préside la réunion ordinaire des principaux ecclésiastiques de son diocèse. La première préoccupation de Moullart dans cette première entrevue de l'Évêque avec son clergé fut pour la jeunesse et comme conclusion de ce premier synode, il ordonne à tous les curés de son diocèse la tenue régulière des écoles dominicales, menaçant des peines ecclésiastiques, les curés négligents. Malheureusement l'heure des réformes heureuses n'avait pas encore sonné ; et les plus tristes nouvelles venaient bientôt assombrir les premiers jours de l'Épiscopat de Moullart. Un mois ne s'était pas encore passé depuis son installation que les sinistres exploits des factieux de Gand s'ébruitaient jusqu'à Arras, et soulevaient dans notre ville le 31 octobre une émeute semblable. Dans la nuit du 28 octobre Ryhove et Hembyse, les chefs des calvinistes de Gand, avec l'assentiment, sinon avec le conseil du prince d'Orange, avaient arrêté et jeté en prison le duc d'Arschot avec une quantité d'autres seigneurs illustres et l'Évêque d'Ypres, Martin Rythove le consécrateur de Moullart. Excités par ces nouvelles, les calvinistes d'Arras crurent pouvoir inviter leurs confrères de Gand et soulevèrent une émeute dans la ville. Les émeutiers se portèrent vers l'Évêché dans l'intention de jeter l'Évêque en prison. Mais le trouvant souffrant de la goutte et cloué sur son lit, ils remirent leur dessein pour une autre occasion.

Moullart vivement ému de ce mouvement populaire n'en continua pas moins à remplir tous ses devoirs. Les 26, 27 et 28 novembre il se rendit à l'abbaye de Saint-Vaast où en sa qualité de premier membre des États d'Artois, il prit part aux délibérations de cette assemblée. Il s'agissait de rédiger la réponse à faire aux lettres envoyées aux États d'Artois par les États Généraux de Bruxelles expédiées par l'entremise de l'abbé d'Hénin-

Liétard et du seigneur de Maisnil. La réponse des États d'Artois respire tout entière la pensée de l'Évêque d'Arras et nous avons tout lieu de croire qu'il en fut l'inspirateur sinon l'auteur. Voici dans quel sens cette réponse fut rédigée.

Les États d'Artois réclament la mise en liberté immédiate des seigneurs et des Évêques arrêtés à Gand, la confiscation des biens des émigrés, le renvoi des troupes étrangères et à ces conditions acceptent le gouvernement de Mathias comme gouverneur des Pays-Bas si toutefois il respecte entièrement la pacification de Gand. En terminant les États d'Artois faisaient des remontrances sur l'établissement de l'abbé Maroles au gouvernement de l'abbaye de Saint-Bertin comme contraire au droit commun et aux privilèges de l'abbaye.

Les États d'Artois n'avaient pas attendu ces réunions pour témoigner au nouvel évêque de leur entière confiance, et dans leur réunion du 18 novembre avaient délégué l'Évêque d'Arras « pour entendre et adviser à la rédition des comptes des impots dudit pays que devait rendre le receveur Antoine Devillers ».

Moullart s'acquitta consciencieusement de son office, et les États lui renouvelèrent par la suite cette marque de confiance pour laquelle il recevait six livres par jour.

Le mois de décembre se passa tristement à Arras, la guerre était déclarée, tous les Pays-Bas étaient en armes et notre ville attendait anxieuse quelle serait l'issue de la lutte. Le résultat ne se fit pas attendre, le 31 décembre don Juan taillait en pièce l'armée de Guillaume d'Orange dans la plaine de Gembloux et un grand nombre de villes de la Belgique tombaient en son pouvoir. A l'annonce de cette victoire inattendue et de la rentrée des troupes étrangères, les États se jetèrent dans les bras

de Guillaume d'Orange et l'appelèrent comme un sauveur,
consentant à imposer au pays les plus durs sacrifices
pour chasser les Espagnols.

Le 12 février 1578, arrivèrent à Arras des lettres de
Son Altesse Mathias apportées par Sainte-Aldegonde, qui
déclaraient que Mathias reconnaissait Guillaume d'Orange
pour son lieutenant général, et qui réclamaient de l'Artois des impôts généraux : 1° sur l'entrée et la sortie de
toutes les marchandises de vivre ou d'habillement pendant un an : 2° deux patars sur chaque tonneau de bière ;
3° un prêt sur les prêtres et autres ecclésiastiques et de
leur imposer à cette fin la vente de leurs bagues, joyaux
d'or et d'argent, vaisselles et autres argenteries servant
à l'église et non sacrées ; 4° la levée du vingtième homme
par chaque village et du quarantième pour les villes et
enfin la levée sur chaque maison, l'une dans l'autre, de
huit patars par semaine.

Le 28 février et le 1ᵉʳ mars, les États d'Artois se réunirent pour délibérer sur ces exigences draconiennes.
Moullart nous apprend lui-même dans une lettre, écrite
d'Amiens un mois plus tard, quelle fut son attitude : « Par
« la grâce de Dieu, jamais je n'ai voulu consentir à la récep-
« tion de Guillaume d'Orange pour lieutenant général.
« Mais au contraire ai publiquement contredit à tous
« ces points et me suis opposé formellement à la tradi-
« tion que le prince demandait des joyaux ecclésiastiques,
« ayant protesté que moi et d'autres endureraient plutôt
« la mort que voir devant nos yeux faire cette injure à
« Dieu et à son Église ; si que pour lors ne l'effectuèrent
« point, d'autant que nous avions amené à notre sentence
« tous les nobles et bonnes villes étant à l'assemblée. »

L'éloquence de Moullart avait en effet convaincu les
États d'Artois et toutes les demandes des États-Généraux

furent rejetées. Les États d'Artois offrirent deux millions de florins pour remplacer toutes ces taxes, à condition toutefois que cet argent serait uniquement employé à la solde des soldats qui seraient payés *capitalement* par commissaires de chaque province.

Cette délibération mit le comble à la haine du prince d'Orange pour l'Évêque d'Arras. Ce prince avait déjà contre Moullart un grand ressentiment pour un sermon prononcé, peu auparavant, par l'Évêque d'Arras et qui lui avait été rapporté cinq ou six jours après. Voici ce que Pontus Payen nous dit de cet incident.

« Le prince d'Orange en voulait surtout à M. le Révérendissime d'Arras qui l'avait, peu auparavant, pincé sans rire en un sien sermon interprétant la sentence de l'Évangile : *Cavete vobis a falsis prophetis qui veniunt ad vos in vestimentis ovium sed intrinsecus sunt lupi rapaces ; ab operibus eorum cognoscetis eos.* « Il est à crain-
« dre, disait l'Évêque, que, pensant éviter le joug de
« l'Espagnol, vous ne tombiez sous la domination et
« tyrannie d'un hérétique qui nous charmait et éblouis-
« sait les yeux par ses paroles emmiellées et feintes
« courtoisies. Mais qu'en la fin, découvrant son hypocri-
« sie, nous poindrait (1) de sa queue vénéneuse comme
« le scorpion. A bon entendeur, comme dit le proverbe,
« peu de paroles. »

Moullart pressentait que la vengeance du prince d'Orange ne tarderait pas à se manifester et, voyant les esprits vivement troublés à Arras, il se décida de célébrer à Anchin la prochaine ordination de la Passion pour éviter à Arras l'occasion d'une manifestation malveillante.

---

(1) Piquerait comme dans le proverbe : Oignez vilain, il vous *poindra*.

CHAPITRE XVII

Première visite à Anchin.

Dès que l'on connut, à l'abbaye d'Anchin, l'intention de l'Évêque, les moines, au lieu de se réjouir, soulevèrent au nouvel Évêque une de ces difficultés minuscules qui étaient le pain quotidien de cette époque. L'abbé d'Anchin, Warnier, accusé de trahison par le prince d'Orange, avait cru prudent de se retirer en France en laissant le gouvernement de l'abbaye à son prieur François de Bar. Celui-ci crut de son devoir de faire remarquer au Révérendissime Évêque d'Arras que l'autorité et juridiction épiscopale sur l'église paroissiale de Pecquencourt, où Moullart se proposait de donner les ordres, appartenait au prélat d'Anchin, et que personne, sans la permission de l'abbé de cette abbaye, ne pouvait procéder, dans cette église, à des actes solennels ; pour ce motif, il suppliait le nouvel Évêque d'ajourner l'époque de la bénédiction de l'abbesse de Bourbourg et de l'ordination jusqu'au retour de l'abbé, d'autant, ajoutait le prieur, que le village de Pecquencourt n'aurait pu facilement, et sans grande incommodité, loger et héberger tant d'hôtes, ceux qui devaient être ordonnés et ceux qui, nécessairement, devaient les accompagner ; ou bien que si l'Évêque persistait dans sa décision, il l'engageait plutôt à faire les promotions dans le temple même de l'abbaye d'Anchin comme en qualité de Père spirituel selon ce qui est prescrit par le Concile de Trente.

Malgré les prières du Prieur, l'Évêque persista dans

son dessein et fit mettre des affiches sur les portes des églises de son diocèse pour annoncer que la cérémonie de l'ordination de la Passion se ferait à Pecquencourt. L'Évêque renonçait seulement à la bénédiction de l'abbesse de Bourbourg, mais, pour d'autres motifs, reconnaissant la nullité de sa nomination par Guillaume d'Orange.

Lorsque le Prieur connut la résolution définitive de l'Évêque, il se mit en mesure de garantir les droits et privilèges de l'abbaye d'Anchin ; il s'adressa donc aux docteurs les plus en renom de l'Université de Douai. Ceux-ci déclarèrent, dans une consultation savante signée des docteurs Bauduin, Vandespret et Georges Prielius, du licencié, Philippe Delval et de plusieurs docteurs de Cambrai :

1° Que le Révérendissime Evêque n'était pas en droit de conférer les ordres sacrés à Anchin et à Pecquencourt ou autres lieux soumis à la juridiction de l'abbaye d'Anchin ; que si, en l'absence de l'abbé, l'Évêque prétendait les conférer, le Prieur et les moines de l'abbaye feraient bien de requérir, de l'Évêque d'Arras, des lettres de non préjudice déclarant que, par le fait de la collation des ordres, il ne prétend porter aucun préjudice à la juridiction de l'abbé et qu'il entend laisser intact et tout entière cette juridiction, qu'en cas de refus de la part de l'Évêque de donner de ces lettres de non préjudice, le Prieur et les moines devront protester.

2° Que le prieur et les moines d'Anchin, n'étant pas soumis directement à la juridiction dudit Evêque et ne portant obéissance à aucun autre qu'à leur abbé, et leur abbé étant absent pour un temps, ils pouvaient répondre en toute révérence et modestie au révérendissime qu'ils n'étaient disposés à le recevoir dans leur monastère,

n'ayant pas de leur abbé procuration pour cela, qu'ils
avaient à demander bénignement à l'Evêque qu'il daigne
différer sa venue jusqu'au retour de leur abbé et à
prendre acte de la réponse de l'Evêque par des notaires.
Les droits de l'abbaye étant ainsi assurés par les décla-
rations des hommes les plus compétents, le prieur attendit
tranquillement la venue de l'Evêque.

Le 13 mars 1578 Mathieu Moullart étant arrivé à
Anchin comme il l'avait annoncé, le prieur, les moines
et les officiers du trésor de l'abbaye allèrent le recevoir
et lui adressèrent la prière de différer sa joyeuse entrée
jusqu'au retour de l'abbé Warnier, et de ne pas conférer
les ordres dans l'église de Pecquencourt au préjudice de
l'abbé. L'évêque manifesta d'abord le désir de se reposer
et de remettre au lendemain la solution de cette question
de droit.

Le lendemain 14 mars après avoir célébré la messe
dans la nef à l'autel de la Sainte-Croix dans l'église de
l'abbaye, il conféra la tonsure à quelques-uns et administra la confirmation à un grand nombre d'enfants. Sur
ces entrefaites survint le docteur Merlin, écolâtre et
official de l'église Notre-Dame de Cambrai. Ce haut digni-
taire de l'Eglise métropolitaine souleva une nouvelle
difficulté à laquelle personne jusque-là n'avait pensé. Il
déclara qu'il était défendu à un Evêque de conférer les
ordres ou de remplir quelque charge épiscopale que ce
fût dans le monastère, avant qu'il y eût été officiellement
reçu avec toutes les solennités par les religieux. Devant
cette haute autorité, l'Evêque s'inclina et envoya aussitôt
ses officiers vers le prieur pour lui signifier d'avoir à
procéder à sa réception solennelle.

Le prieur devant l'ordre formel de l'Evêque ordonna
de faire sonner les grosses cloches, fit ranger en ordre

les religieux avec la croix en tête et suivi des pères chantant le *Benedictus*, il alla jusqu'à la porte à la rencontre de l'Evêque, et sous le portique de l'hôtel abbatial il lui adressa un discours latin dans lequel sous les fleurs d'une rhétorique ridicule et à travers des allusions savantes puisées dans l'histoire sacrée, et dans la poésie profane, il insinua à l'adresse du prélat, par rapport à la situation, des observations et d'humbles remontrances. Voici le début de ce discours traduit en français.

« Je ne sais quoi dire, ni quelle attitude je dois pren-
« dre, car, Illustrissime prélat, lorsque je vois la face de
« votre Révérendissisme Domination, mes mains trem-
« blent, mes genoux fléchissent, ma vue s'obscurcit, et
« mes yeux ne peuvent pas plus supporter la splendeur
« de votre lumière qu'ils ne peuvent soutenir l'éclat du
« soleil etc ».

Après avoir entendu sous le portique de l'hôtel abbatial ce compliment de réception qui se continua assez long-temps sur le même ton, et après avoir reçu de la main du Prieur la paix, l'Evêque répondit en quelques mots pour remercier de l'accueil qui lui avait été fait, et pour louer la piété et la doctrine des frères d'Anchin. Il ajouta qu'il lui restait seulement quelque scrupule touchant leur obéissance, mais qu'il remettait à un autre temps pour s'en expliquer. Puis il promit qu'il porterait au monastètre tout ce qu'il pourrait de secours et d'assistance, et il protesta que par la réception qu'il avait voulu qu'on lui fît en l'absence de l'abbé, il ne prétendait porter aucun préjudice aux privilèges de l'abbaye, qu'il ne voulait pas mettre la discorde entre la tête et les membres, qu'il n'était venu au contraire que pour apporter la paix et la concorde. Le Prieur répliqua et dit qu'avec la grâce de Dieu il ferait en cette circonstance tout ce qu'il était en lui selon les devoirs de son office, que les frères d'Anchin étaient des fils obéissants et dévoués à la discipline monastique.

L'Evêque ayant donc été reçu comme il l'avait souhaité, le prieur chantant les répons *de Trinitate*, on se rendit à l'église ou le chantre entonna le *Te Deum*. Puis le prieur dit le *Salvum fac servum tuum* avec la collecte *Protende famulo tuo*. Après quoi l'Evêque se levant et la main étendue sur l'autel donna la bénédiction.

Le lendemain samedi (15 mars 1578), le Révendissime procéda à la cérémonie de l'ordination. Outre les nombreux ordinands venus du dehors, il donna l'onction sacerdotale à don Jérôme Buzelin, moine d'Anchin, le diaconat à Jacques Boucqueau et le sous-diaconat à Gérard Gauthier, Pontus Hisihoure, Crasme Grumeau tous frères d'Anchin.

Le dimanche de la Passion après la grand'messe l'Evêque se rendit à la salle du chapitre et en présence de tout le couvent et debout, il fit un discours en français pour remercier de nouveau les frères du bon accueil qu'il en avait reçu, il rappela les titres que l'abbaye d'Anchin avait à son affection particulière, ce monastère ayant eu dans son sein plusieurs de ses ancêtres, deux de ses oncles dont l'un avait été prieur d'Ayméries avant d'être élevé à la dignité d'abbé du monastère d'Hautmont, et son frère chéri don Guillaume Moullart, appartenant actuellement à la famille d'Anchin. Et après avoir exhorté les pères à se tenir bien unis, à se renfermer strictement dans les devoirs de la discipline et de la vie religieuse, afin de sauver leur maison et la tenir à l'abri des impies, il les engagea à rester soumis pour les choses spirituelles aux quatre pères de l'Ordre et pour les choses temporelles à s'en rapporter avec confiance à ceux qui avaient été

institués dans les offices du comptoir pour administrer
le temporel, non seulement lorsque l'abbé était présent,
mais encore et à plus forte raison en son absence. De
son côté il leur promit toute faveur et assistance, et en
preuve de ce qu'il n'avait entendu porter aucun préjudice
aux droits de juridiction de l'abbé ni aux privilèges de
l'abbaye en conférant les ordres majeurs dans le chœur
d'Anchin et en requérant d'être reçu solennellement par
les moines, Moullart présenta au prieur une procuration
de l'abbé Warnier, des termes de laquelle il résultait que
lors de sa première entrée, l'abbé seul avait reçu l'Ordinaire et lui avait prêté seul obéissance, et non pas les
religieux qui ne doivent obéissance directe qu'à leur abbé
seul, duquel ils peuvent appeler à l'Evêque lorsqu'ils sont
lésés. Enfin sur la demande du Prieur et des Religieux,
l'Evêque d'Arras délivra des lettres de non préjudice qui
sont encore conservées et dans lesquelles il donnait pleine
satisfaction au monastère.

CHAPITRE XVIII

L'émeute à Arras. — La persécution.

Pendant que ces choses se passaient à Anchin, dans
la ville d'Arras les esprits de plus en plus excités par les
émissaires de Guillaume d'Orange se montaient chaque
jour davantage, et contre les États d'Artois et contre
l'échevinage. Mais c'était surtout contre les ecclésiastiques et principalement contre leur chef, Mgr l'Évêque

Moullart, que Guillaume d'Orange prévenait les esprits. Le peuple d'Arras prit sujet des lettres envoyées par les États d'Artois à ceux du Haynaut afin de s'entendre avec eux sur la ligne de conduite à tenir, pour se soulever et envahir l'hôtel-de-ville, en réclamant avec fureur les noms de ceux qui avaient signé cette lettre. Le greffier ayant communiqué la lettre, les émeutiers trouvèrent en premier lieu le nom de Moullart, puis celui du chanoine Merlin. Ce que voyant ils commencèrent à crier à la trahison : « Il faut tuer les traîtres ! » La journée se passa sans grand désordre.Mais le 17 au soir,vers dix heures, les mutins, après avoir arrêté l'abbé de Saint-Vaast, Jean Sarrazin, et plusieurs autres personnages, se dirigèrent vers l'Évêché.Voici comment le registre mémorial d'Arras 1576 à 1596 rapporte le fait.

« La foule populaire charmée et éblouie par les ca-
« lomnies et inventions diaboliques des ministres du
« prince d'Orange avait tellement pris l'Évêque en indi-
« gnation, qu'elle ne se fût apparemment contentée de
« l'emprisonner, ains eust impieusement trempé ses
« mains au sang de son pasteur, imprimant une note de
« perpétuelle infamie à la pauvre ville d'Arras, et vous
« puis bien assurer que dès le commencement de l'émo-
« tion, une troupe de ces mutins coururent hâtivement
« au palais Episcopal, qui firent rapport en la maison
« de la ville aux principaux de la faction que le dit sieur
« Évêque était sorti de la ville un jour ou deux aupara-
« vant qui me fait penser que les auteurs de la sédition
« croyaient assurément qu'il était en son palais »

Grâce à Dieu l'Évêque était encore à Anchin, où il avait voulu passer le lundi de la Passion. Guillaume d'Orange, dès qu'il connut le résultat de l'émeute entra dans une violente colère de ce qu'on eût laissé partir l'Évêque, « celui dont il importait le plus de s'emparer ». Et comme on lui faisait remarquer que Jean Sarrazin était emprisonné, il s'écria en ces termes : « Ah ! ce n'est pas celui que nous demandons, nous n'avons à faire de lui, puisque Luis n'est appréhendé » entendant par là Monsieur le Révérendissime Évêque d'Arras pour lequel s'était principalement dressée cette partie.

La nouvelle de cette insurrection arriva rapidement à Anchin, où les amis de l'Évêque envoyèrent des émissaires pour le prévenir. L'official Merlin, qui accompagnait l'Évêque à Anchin, fut absolument terrifié par la venue de ces nouvelles, et sachant qu'on en voulait personnellement à son Évêque, crut prudent de se séparer de lui et de rentrer seul à Arras. De grand matin, sans prendre congé du prieur d'Anchin et sans prévenir Moullart, il prit le devant et rentra en ville. Cette précipitation ne lui profita pas, car à son entrée il fut assailli, maltraité et blessé à la tête par des soldats qui l'emprisonnèrent sur les ordres des quinze tribuns institués par le prince d'Orange.

L'Évêque qui s'était mis en route un peu plus tard rencontra sur le chemin d'Arras à Douai un messager envoyé par ses amis, qui le prévenait du danger. Sur cet avis, Moullart changea sa route et pensa d'abord se retirer à Cambray. Mais les troupes qui occupaient la campagne l'empêchèrent de gagner cette ville, il se dirigea vers la frontière de France et s'arrêta à l'abbaye de Vaucelle pour y attendre les événements. Il apprit bientôt dans cette retraite que des émissaires étaient à sa recherche. Plein de tristesse et ne voyant d'autres moyens d'échapper à la vengeance du prince d'Orange, il se résolut à passer en France et se dirigea vers Amiens. Moullart arriva dans cette ville le 27 mars 1578, qui était le Jeudi Saint. Rempli d'inquiétude et de chagrin, l'Évêque d'Arras alla demander l'hospitalité chez Jacques d'Humières, qui le premier avait jeté en France deux ans auparavant, les fondements de la Ligue. La famille d'Humières accueillit avec respect l'illustre pontife et chercha par sa noble hospitalité à lui faire oublier les douleurs de l'exil.

Jacques d'Humières fit davantage encore : par ses paroles et par ses exemples il releva le courage de l'Évêque et l'engagea à travailler activement dans les Pays-Bas à la formation d'un grand parti catholique comme lui-même l'avait fait en France. Toutefois, la grande préoccupation de Moullart, dès qu'il fut à Amiens, fut de justifier sa fuite; aussi dès le lendemain de son entrée dans cette ville, malgré le grand deuil du Vendredi-Saint, il rédigea deux lettres, l'une pour les États d'Artois, et l'autre à l'adresse de Maximilien de Longueval, ambassadeur de Philippe II, dans le Pays-Bas. Dans cette dernière, il justifiait ainsi sa conduite et se déclarait prêt à accepter la réconciliation qu'il venait offrir au pays de la part du roi d'Espagne.

« Voyant les bonnes offres que Sa Majesté Philippe II
« et Son Altesse ont fait à tous les Pays-Bas tant en gé-
« néral que particulier, et aimant mieux me confier à la
« clémence de Sa Majesté que m'exposer plus longue-
« ment aux ongles du lion rugissant à présent dans les
« Pays-Bas. Considérant le peu de fruit que je pourrai
« faire en mon évêché en une persécution telle de ma
« personne particulière; suivant la doctrine de M. saint
« Augustin en son épître 180, *ad Honoratum,* me suis
« résouds me transporter en ce lieu après avoir ex-
« périmenté l'espace de dix ou douze jours si je pour-
« rais être sans danger dans les lieux de mondit évêché

« et trouvé que non. Or que je changeasse souvent de
« logis, même qui ne m'était loisible de passer par Cam-
« brai à cause de la gendarmerie, je suis venu ici pour
« attendre ce qu'il plairait à Dieu m'envoyer de résolu-
« tion. Pareillement s'il me serait possible d'obtenir un
« écrit signé de Son Altesse, avec promesse de le faire
« ratifier de Sa Majesté Philippe II au plus tôt, conte-
« nant toutes lesdites bonnes offres faites aussi bien
« aux particuliers qu'en général afin de les montrer à
« plusieurs qui désirent se réunir avec Sa dite Majesté
« et Son Altesse, à la condition néanmoins que ces pro-
« messes ne portassent aucun préjudice au salut des
« âmes, ce que gens de bien ne voudraient jamais faire,
« et quant à moi je choisirai plutôt la mort que user de
« telles lâchetés de courage. Aussi par la grâce de Dieu
« jamais n'ai voulu consentir à l'évocation ni à la récep-
« tion de Guillaume d'Orange pour lieutenant général,
« ni à la provision de bénéfices faits par lui au préju-
« dice de Sa Sainteté et de Sa Majesté ; ni à la démoli-
« tion des châteaux ; mais au contraire y ai publiquement
« contredit à tous ces points. Aussi je n'ai voulu signer
« la seconde union faite à l'instance du prince d'Orange,
« depuis la retraite de don Juan à Namur, et en divers
« sermons, j'ai tâché de retirer le peuple du fol amour
« qu'il portait audit prince, et de le réunir à son roi na-
« turel et catholique par une clémente réconciliation.
« Ceux qui favorisent le prince d'Orange m'ont persécuté
« premièrement de leur langue, et puis en effet rendant
« peine de m'exclure de mon évêché d'Arras et de m'y
« faire saccager, ne fût que Dieu qui par sa miséricorde
« et humble providence m'en préserve. Comme jusqu'ici
« il a fait favorablement et merveilleusement bien, dont
« je le loue et louerai tant que je serai. »

La lettre de Moullart aux États d'Artois n'était pas moins éloquente que celle qu'il adressait à Maximilien de Longueval. Les États d'Artois l'avaient reçue avec bienveillance et y firent une réponse courtoise dans laquelle ils engageaient le Révérendissime Évêque d'Arras à retourner au plus vite dans son évêché, assurant l'Évêque que la tranquillité était maintenant rétablie à Arras et qu'il devait s'y rendre pour reprendre au plus tôt de nouvelles négociations.

Aussi dès le 3 Avril, Moullart pouvait déjà écrire de nouveau à Maximilien de Longueval : « Mais maintenant « comme l'on me fait requérir de retourner au plus tôt au « pays principalement pour aider au maintien de la reli- « gion et faire office de moyenner une réconciliation si « faire se peut en l'honneur de Dieu et de Sa Majesté et « repos du pays, je me trouve assez enclin de m'exposer « encore au danger pour si bonne occasion présupposant « que Sa Majesté le trouvera que bon. » Quant à l'invitation des États d'Artois de le voir rentrer à Arras, Moullart ajoutait « qu'il ne voulait s'y rendre redoutant tout « de la tyrannie des hérétiques et ne voulant pas s'expo- « ser à une longue détention dans les cachots d'Arras, ce « qui est pire que la mort ».

Pour obéir aux ordres des États d'Artois, l'Évêque d'Arras entra de nouveau en négociation avec don Juan, et le 16 Avril il lui écrivait d'Amiens comment il avait été contraint de fuir pour ne pas tomber « ès graux du lion mugissant ès Pays-Bas contre tous les vrais catholiques principalement ecclésiastiques ». Là ne se borne pas la correspondance de l'Évêque ; il écrit d'Amiens à tous les chefs catholiques du pays d'Artois et jette par son activité les fondements du parti dit des Malcontents.

Moullart ne se laisse cependant pas absorber entière-

ment par la situation politique, et, d'Amiens, il traite par
correspondance les affaires de son diocèse. Les moines
d'Anchin l'ayant consulté sur l'élection qu'ils se propo-
sent de faire d'un nouvel abbé, Warnier l'abbé légitime
refusant toujours de rentrer en son abbaye, Moullart leur
répond par une lettre savante dans laquelle il défend la
cause de l'abbé absent, cause qui par le fait était aussi
la sienne.

« Nous entendons (dit l'Évêque), avec un merveilleux
« déplaisir ce qu'on nous mande de l'abbaye d'Anchin à
« savoir que Messieurs de Marchiennes et de Saint-Vaast
« se doivent la trouver de rechef pour l'élection d'un nou-
« veau prélat. Toutefois ni lesdits religieux, ni les pré-
« lats, ne peuvent ignorer l'énormité du péché qu'ils
« commettent et les censures qu'ils encourent et qu'ils
« se font par demander, souffrir, tenir la main, moyenner
« et consentir qu'autre fût mis en la jouissance du béné-
« fice de celui qui vit encore seulement s'étant retiré
« pour, comme j'estime, voir que ne lui était possible
« illecq vivre sans préjudicier à l'autorité de la majesté
« divine et humaine, ou sans ne tomber en danger de sa
« vie ou liberté de sa personne. Vous savez que le Pape
« propre ne peut priver personne de son bénéfice sans
« cause. Voyez ce qu'écrit Pétrus Rebuffus (*tractatio*
« *nominationum 4,21,55*). Vous savez ce que le même
« déduit au livre 2e *Praxis beneficiorum* au titre de
« *reprobata beneficii viventis impetratione* tit. 71 cap. 2,
« ou par après, déduit l'énormité du péché, les censures
« et peines de l'infamie de ceux qui font telles absur-
« dités ou y consentent. Lisez, je vous prie, ce grand
« personnage *Evaristus epistola secunda*, ne dit-il pas
« *Audivimus quosdam a vobis infamatos vel dilacera-*
« *tos episcopos a civitatibus propriis expulsos, quia alibi*

« *episcopi constitui non possunt, nisi in civitatibus non*
« *minimis et alios ipsis viventibus constitutos ; ideo hoc*
« *vobis scribimus, ut sciatis hoc fieri non licere, sed*
« *proprios revocari et integerrime restitui debere. Illos*
« *vero qui adulterina fœditate suas sponsas (quas uxores*
« *eorum prefixo tenere esse intelligimus) tenent ipsi et*
« *adulteros atque infames fieri, eosque ab ecclesiasticis*
« *honoribus arceri jubemus.Sin autem adversus eos ali-*
« *quam quærelam habueritis his peractis inquirendum*
« *erit et auctoritate hujus sanctæ Sedis terminandum* ».
« Etes-vous religieux et chrétiens? Montrez si vous
« déférez aux paroles et sanctions du Saint-Esprit, au-
« trement j'en avertirai notre saint Père le Pape pour ma
« décharge, pour être constitué de Dieu vivant spécula-
« teur de l'Église et diocèse d'Arras. Je vous fais cette
« admonition, annonciation vous disant par la bouche du
« prophète Ézéchiel si ne continuez. *In iniquitate ves-*
« *tra moriemini, animam meam Dei gratia liberavero.*
« Votre prélat a pourvu à l'administration de votre
« maison à son partement. Nous avons approuvé ce qu'il
« a fait, cela vous doit contenter. Voilà ce que mande, en
« tend être communiqué aux commissaires spécialement
« qui me sont :

« Votre ami et humble diocésain

« M. Évêque d'Arras ».

Cependant les semaines puis les mois se passaient sans
que la situation du pays s'améliorât; la mauvaise politique
de don Juan empêchait tout accord. Moullart ne perdait
pourtant pas courage : plein de confiance en Dieu, il attendait de lui seul le salut et autant qu'il était en lui accomplissait les devoirs de son épiscopat. C'est ainsi qu'avec
la permission de l'Évêque d'Amiens, il eut la consolation

pendant son exil, de pouvoir conférer les ordres aux
quatre temps de Juin et de Septembre aux sujets de son
diocèse qui se présentèrent devant lui. Le Nécrologe de
Saint-Vaast conserve les noms de plusieurs moines de
l'abbaye qui furent ordonnés durant ces jours d'angoisses
vers la fin de septembre 1578 ; l'exil de Moullart paraissait devoir se prolonger longtemps encore, quand des
événements inattendus vinrent ouvrir les voies à son
retour.

CHAPITRE XIX

Rentrée de l'Évêque à Arras

Dès les premiers jours d'Octobre, la nouvelle de la
mort prématurée de don Juan à Namur, parvint à Amiens.
Moullart pleura le jeune héros de Lépante, mourant à
33 ans loin de son pays et au milieu des bouleversements
les plus critiques. Hélas ! Depuis que Moullart avait été
obligé de se séparer de ce jeune gouverneur, Don Juan
avait abandonné son heureuse politique des premiers
mois de son arrivée dans les Pays-Bas et s'était vu dé-
laissé de ceux sur qui il aurait dû s'appuyer davantage.

La nouvelle de la mort de don Juan excita encore les esprits ; les tribuns d'Arras se crurent tout permis et se livrè-
rent à toutes sortes de violences, ce qui amena leur perte.
Le 16 Octobre, les tribuns inféodés au prince d'Orange
firent arrêter violemment et jeter en prison tous les échevins qu'ils menaçaient de mettre à mort. Devant ces excès,
le conseil d'Artois avec les amis des Echevins organisè-

rent résolument la résistance, ils s'assurèrent de la
défection du capitaine Ambroise Leducq qui avait mis
jusque-là sa troupe au service des tribuns, et avec son
secours et celui des Bourgeois fidèles délivrèrent les prisonniers qui étaient (nous rapporte Jean Sarrazin), si
misérablement « détenus qu'ils étaient sans lit et sans
« feu avec grand garde et étroite dedans et dehors non
« pas sans reproches amères et menaces, courant le
« bruit qu'on les devait mener pieds et mains liés à
« Gand, voire exécuter et faire mourir de honteuse et
« cruelle mort. Mais, continue toujours Jean Sarrazin,
« peu de temps après, par inspiration divine, plusieurs
« bourgeois se hontissant d'avoir toléré telle iniquité des
« adversaires, et poussés d'un zèle autant divin que cou-
« rageux se mirent au péril de leur vie en tel devoir et
« tant dextrement que sans effusion de sang sans perte
« d'un cheval de bourgeoisie les prisonniers furent déli-
« vrés et les séditieux retenus ».

Les Echevins encore sous la terreur de ce qu'ils
venaient de souffrir dans leur dure prison se montrèrent
inflexibles dans la répression. Mgr de Capres, gouverneur d'Arras, apprenant l'évènement alors qu'il se trouvait à Saint-Éloy, se hâta de rentrer à Arras pour présider lui même à la condamnation des coupables. Pierre
Bertoul, Valentin Mordacq, Allart Crugeot furent pendus
le même jour même, et le lendemain, à 10 heures du soir,
Nicolas Gosson, qui, après avoir favorisé l'élection des
tribuns, s'était efforcé de calmer leurs excès, après un
jugement sommaire, eut la tête tranchée sur la Petite
Place. Cinq autres coupables périrent par la corde
quelques jours après, et plus de soixante séditieux furent
bannis de la ville.

Quand ces nouvelles arrivèrent à Amiens, Moullart, tout

en regrettant le triste sort des coupables, et surtout la
mort de Nicolas Gosson, dont il eût peut-être sauvé la
tête s'il se fût trouvé à Arras, se réjouit à la pensée de
pouvoir bientôt rentrer dans son Évêché. Le chapitre
d'Arras voyant la sécurité renaître envoya une députation
vers son Evêque, pour le prier de revenir au plus tôt au
milieu de son troupeau. Moullart se disposait à se rendre
à la prière des chanoines de sa Cathédrale, quand l'attitude du nouveau gouverneur général des Pays-Bas, le
prince de Parme, hâta encore sa détermination.

Dès que ce prince eut connaissance de ce qui s'était
passé à Arras, « il fit, dit le registre mémorial d'Arras,
« faire procession générale à Namur, afin de remercier
« Dieu le créateur du bon succès qu'il avait donné au
« commencement de son gouvernement et de l'ouverture
« qu'il lui faisait pour remettre le pays en l'obéissance
« de Sa Majesté et ruiner le tyran qui les avait réduits
« sous sa puissance par ses impostures, puis empoignant
« l'occasion par les cheveux, dépêcha Mathieu Moullart,
« et Guillaume Le Vasseur, écuyer, sieur de Valhuon,
« vers les États d'Artois qui se devaient assembler en
« Arras pour les enduire à oublier le malentendu qu'il
« y avait eu du passé et se réconcilier avec leur roi leur
« prince naturel. »

Le 11 Novembre, en effet, le prince de Parme faisait
parvenir à Moullart des lettres signées du camp de
Bourges, près Namur, le chargeant de négocier entre les
provinces Wallonnes une paix particulière avec le roi
d'Espagne, le priant d'entrer en rapport avec leurs députés. Suivant ces instructions, l'Évêque d'Arras se rap-
procha des frontières de son diocèse, dans l'intention de
rentrer à Arras où les députés des provinces Wallonnes
étaient réunis.

Avant de se présenter devant cette assemblée, Moullart voulut annoncer sa mission, et le 31 Novembre, il écrivit d'Humbercourt aux États d'Artois, qu'il avait reçu tout pouvoir pour traiter de la paix avec les provinces des Pays-Bas, quelles qu'aient été leurs relations avec l'ennemi et demandait à être entendu par l'assemblée. La lettre de Moullart fut communiquée aux États d'Artois où, après de vifs débats, la demande de l'Évêque fut repoussée, malgré les efforts des ecclésiastiques. On décida seulement de demander sur ce sujet l'opinion du peuple d'Arras. Le lendemain le peuple ayant été consulté, il fut décidé qu'on entendrait l'Évêque dès son retour.

On fit immédiatement parvenir cette réponse à Moullart qui se mit aussitôt en route vers Arras, où il arriva le 4 décembre après huit longs mois d'exil. La rentrée fut solennelle, il était accompagné d'environ cent chevaux, tant d'ecclésiastiques, nobles, que bourgeois qui vinrent au-devant de leur pasteur. Le premier soin de l'Évêque fut de remercier le Seigneur et d'ordonner sur-le-champ une procession solennelle du Saint Sacrement, qu'il porta lui-même autour de la ville. Puis après la cérémonie, il prononça un discours dans lequel il montra qu'il n'y avait aucune espérance d'une réconciliation générale des Pays-Bas avec le roi et qu'il fallait par conséquent travailler à une paix particulière.

CHAPITRE XX

Le traité du Mont-Saint Eloy

Dès le lendemain de sa rentrée à Arras, le 5 décembre 1578, Moullart, sur la demande de son Chapitre, réconcilia la cathédrale, *ad cautelam*. Les chanoines d'Arras avaient tout lieu de craindre en effet que durant les troubles, les calvinistes n'eussent commis quelques profanations dans Notre-Dame. Le soir de ce même jour, après la rentrée du vicomte de Gand qui revenait prendre le gouvernement de l'Artois au nom des États-Généraux, l'évêque se présenta aux États de la province en qualité de député du prince de Parme et y prit la parole pour demander à l'assemblée de vouloir bien engager des négociations d'une paix particulière avec l'Espagne, assurant les membres des États qu'ils ne devaient avoir aucune confiance dans la négociation entamée par l'empereur Rodolphe et l'archiduc Mathias, en vue d'une réconciliation générale de toutes les provinces des Pays-Bas. L'évêque fut si pressant que l'assemblée décida sur-le-champ d'informer Mathias des propositions de paix offertes par l'évêque d'Arras au nom du duc de Parme, et de prier en retour les États-Généraux de leur communiquer les projets de réconciliation proposés par l'empereur Rodolphe. L'assemblée décidait de plus d'envoyer aux États-Généraux une déclaration publique dans laquelle elle annonçait que si les provinces s'opposent à une réconciliation générale avec le roi, elle est entièrement résolue, pour obvier à tant de maux et désastres,

« passer outre et entendre à une bonne et assurée paix
particulière au plus grand bien et avantage que nous
pourrons. »

Non content d'avoir déterminé l'assemblée à prendre
cette énergique résolution, l'évêque s'occupa de gagner
à la cause de Philippe II le nouveau gouverneur de la
province, le vicomte de Gand, marquis de Roubaix.
Pressé par son évêque et plein de dégoût pour les excès
des fanatiques soldats de Guillaume d'Orange, le vicomte
de Gand se laissa bientôt gagner, et par lettres solennelles s'engagea à reconnaître en tout l'autorité des
États d'Artois et à n'obéir qu'à eux.

Néanmoins le prince d'Orange agissait tellement de
malice que Moullart ne pouvait faire avancer les négociations et se désolait de tant de lenteur. Un événement
mauvais en lui-même réveilla tout à coup de leur torpeur
les provinces wallonnes : les provinces protestantes
d'Hollande, Zélande et Gueldre, se séparant enfin des
autres provinces des Pays-Bas, signèrent une paix de
religion connue sous le nom d'Union d'Utrecht. Ce
traité pouvait se ramener à un triple but : l'anéantissement de la religion catholique, le refus de l'obéissance
au roi et le triomphe de la religion réformée. Les provinces catholiques, principalement les provinces wallonnes,
furent effrayées de l'audace des provinces protestantes,
et se décidèrent à entrer plus résolument dans la voie
d'une réconciliation particulière avec l'Espagne.

Une lettre de Philippe II, datée de Madrid le 5 Février et arrivée le 19 aux États d'Artois assemblés à
Arras, fit sur les députés la meilleure impression et les
encouragea dans leur sage résolution. Le roi promettait
de « ratifier et approuver tout ce que l'évêque d'Arras
traitera et accordera avec les États des provinces wal-

lonnes en vertu et suivant la commission et instruction qu'il a à cette fin de notre très cher et très aimé neveu le prince de Parme, lieutenant gouverneur général de nos Pays-Bas. » Une autre lettre du roi au prince de Parme l'autorisait enfin à traiter avec les provinces wallonnes sur le pied de la Pacification de Gand. Il est vrai que Philippe II, qui ne cédait jamais, ajoutait dans sa lettre : « Il ne faut pas que l'on sache que cela se fait par mes ordres, il vaut mieux que l'on pense que c'est vous qui le faites pour rétablir la paix et la religion. »

Dès la réception de ces nouvelles, le 23 Février 1579, Mathieu Moullart se présenta à l'assemblée des États d'Artois qui se trouvait réunie à l'abbaye de Saint-Vaast avec les délégués des États du Haynaut, et leur donna communication des nouvelles dispositions royales. Le procès-verbal de la séance rend, en ces termes, compte de la mission de Moullart aux États :

« Messieurs le R^{me} évêque d'Arras, baron de Selles et sieur du Valhuon ont ce jourd'hui, 23e jour de Février 1579, déclaré et assuré être l'intention de Sa Majesté de permettre et accorder que les articles contenus en la Pacification de Gand, Union depuis ensuivie : ensemble l'édit perpétuel, sortent leur plein et entier effet et de faire semblable présentation et accord, tant en général qu'en particulier.

« Fait au lieu abbatial de Saint-Vaast d'Arras, les jours et au dessus dits en l'assemblée des États d'Artois et les députés des provinces de Haynaut, Lille, Douai et Orchies. — Souscript moi présent, signé Marchant. »

Cette déclaration de l'évêque d'Arras fit bonne impression, mais on décida, avant d'aller plus avant, d'envoyer à Petersen, près du prince de Parme, l'évêque d'Arras avec le baron de Selles et Valhuon, afin de bien connaître les conditions offertes par le roi d'Espagne aux provinces wallonnes. Dès que l'ordination du 14 Mars eût été conférée, ordination à laquelle le célèbre Wion, auteur du *Lignum Vitæ*, fut ordonné prêtre, Moullart se rendit auprès du prince de Parme pour y prendre de vive voix ses ordres et ses intentions. Le voyage fut rapide et le 1er Avril l'évêque était déjà de retour à Arras. Dès le lendemain 2 Avril, Moullart fut reçu à l'assemblée des États d'Artois où se trouvaient également les députés des États du Haynaut. L'évêque d'Arras fut écouté avec le plus grand respect et donna lecture de la déclaration suivante, qu'il présentait au nom du prince de Parme.

« Déclaration des reverendissime évêque d'Arras, Baron de Selles et sieur de Valhuon touchant certain article de la lettre du prince de Parme du XII du mois de mars 1579.

« Les sieurs Révérendissime évêque d'Arras, baron de Selles et sieur du Valhuon ont délaré les mots couchés ès-lettres de l'excellence du Prince de Parme. A savoir « l'exercice de la religion catholique romaine et due obéissance à Sa Majesté comme du temps de feu l'empereur de haute mémoire » ne s'entendre par quelque captiosité, ains rondement et sincèrement et par ces mots ne se déroge ni dérogera à la Pacification de Gand, Union ensuivie et édit perpétuel, attendu que l'intention de Sa Majesté et de Son Excellence est de ratifier et effectuer la dite Pacification de Gand, Union et édit perpétuel en tous leurs points et articles. Et avoir iceux mots à savoir (comme du temps de feu l'empereur Charles de haute mémoire) êtes couchés sieuvant (1) les lettres des États-Généraux écrites à sa dite majesté de Bruxelles le 8 de septembre 1577, la réponse desquels a été faite le xx de

(1) Suivant.

décembre en suivant. Pour éviter toute captiosité et fourclore une obéissance indeue ou illégitime et comme tyrannique ; ou s'il plaît à messieurs les États d'Artois, députés des États du Haynaut, Lille, Douai et Orchies, quand l'on viendra traiter les articles qui feront mention de cette matière, ces mots par où il est dit « comme du temps de feu l'empereur » se pourront omettre. Pour vérification de ce que dessus, lesdits seigneurs révérendissime, de Selles et du Valhuon ont signé cette au lieu abbatial de Saint-Vaast d Arras le second jour d'avril an mil cinq cent soixante-dix-neuf. Ainsi signé Mathieu Moullart, évêque d'Arras, Jean de Noircarmes et Guillaume le Vasseur. »

Outre cette déclaration, Moullart présenta à l'assemblée une lettre du prince de Parme aux États-Généraux des Pays-Bas avec la réponse de ceux-ci au Prince.

Devant toutes les concessions obtenues par l'évêque d'Arras, l'assemblée décida sur-le-champ que l'on passerait outre à la réconciliation avec le roi et qu'il fallait au plus vite rédiger les articles du traité de paix avec l'Espagne sans attendre la décision des États-Généraux des Pays-Bas : « Les 3, 4, 5, 6, d'avril les députés des États d'Artois et, ceux des autres provinces wallones discutèrent et mirent par écrit les points et « articles pour parvenir à une paix et réconciliation avec Sa Majesté. »

Moullart durant les délibérations des députés Wallons ne restait pas oisif : ayant convoqué les principaux chefs militaires du parti des Malcontents à une réunion générale en l'abbayede Saint-Éloy, il se rendit le 4 avril en cette célèbre abbaye pour s'entendre avec eux. Là se rencontrèrent avec lui le sieur de la Motte, baron de Montigny, avec pouvoir du sieur Hèze, le vicomte de Gand et le sieur deCapres.

Après quelques discussions on se mit enfin d'accord,
et le 6 avril l'Évêque faisait conclure un pacte par lequel
Montigny remettait toutes les places qu'il occupait sous
l'autorité de Philippe II, promettait de le servir contre
tous, à la condition que les Espagnols et autres étrangers
non agréables aux provinces des Pays-Bas s'en éloigne-
raient, laissant à ses troupes le soin de maintenir l'ordre.
On stipulait en outre que l'armée composée des soldats
du pays serait payée par les deniers du prince et les con-
tributions du peuple nouvellement rentré dans l'obéissance. De plus on s'engageait à obéir au duc de Parme
jusqu'au jour où il plairait au roi de lui donner un successeur. Ce traité, dans l'état où se trouvaient les esprits,
avait une importance capitale et l'on grava une médaille
pour en conserver le souvenir.

CHAPITRE XXI

Le traité d'Arras.

L'évêque venait de gagner les chefs militaires ; il s'a-
gissait maintenant d'amener les députés du pays à signer
un semblable accord.

Mathieu Moullart ne perd pas un instant. Dès le
lendemain de la signature du traité du Mont-Saint-
Éloy, il se présente aux États d'Artois avec les chefs
militaires qui venaient de faire leur soumission et
demande aux députés de vouloir bien s'engager dans
la même voie. Jean Sarrazin, au nom des députés et des

États, les remercia du service qu'ils venaient de rendre au pays, puis lut le procès-verbal de la réunion. « On « remit aussitôt les articles élaborés par les députés des « États dans les réunions précédentes aux mains de « l'Évêque d'Arras, le priant de le soumettre le plus tôt « possible au prince de Parme. »

Il fallut cependant encore un mois de discussion avant d'arriver à une entente complète entre les députés des provinces et l'Évêque d'Arras. L'Évêque, dès cette même séance du 7 avril, demanda aux députés des provinces : « le sens de quelques points des différents articles de « propositions qui lui étaient présentées et que les États « ayant lu et relu les différents articles avaient voulu « donner à l'Évêque quelques éclaircissements. »

Le lendemain 8 avril les États d'Artois envoyèrent aux États-Généraux une longue lettre qui nous donne quelques détails sur l'état des négociations. Voici un extrait de ce message : « Les États d'Artois auxquels se joignent les « députés des États du Haynaut et ceux des villes de Douai, « Lille et Orchies, vu la longueur des négociations pour « une réconciliation générale des Pays-Bas avec l'Es- « pagne par l'entremise de l'impériale Majesté Rodolphe, « se sont décidés à une paix particulière qu'ils traitent « avec l'Évêque d'Arras et les sieurs de Selles et de « Valhuon, députés du duc de Parme, tout en conservant « l'Union de la Pacification de Gand, et exigeant le retrait « des Espagnols, voulant conserver la foi catholique et « l'obéissance à Sa Majesté d'Espagne. »

Le lendemain les États d'Artois, dans une nouvelle lettre aux États généraux des Pays-Bas, se justifient à nouveau de vouloir observer le traité de Gand dans ces termes énergiques : « Nous sommes tellement éloignés, « disent-ils, de vouloir nous opposer au retrait des trou-

« pes espagnoles, que nous déclarons au contraire exiger
« la remise de toutes les places occupées par les troupes
« étrangères et ne pas vouloir nous contenter sur ce
« point de simples promesses, ce en quoi faisant nous
« n'allons nullement contre la Pacification de Gand, et ne
« voyons pas pourquoi on traite cette réconciliation avec
« l'Espagne de paix particulière, puisqu'elle reste com—
« plètement dans l'esprit du traité de Gand. »

L'Évêque d'Arras connaissait depuis longtemps la pensée de ses concitoyens sur ce point délicat du retrait des
troupes étrangères ; il ne l'avait pas caché au prince de
Parme ; il lui avait même courageusement déclaré qu'il
ne pouvait assurer le succès des négociations qu'à la
condition expresse que les troupes étrangères seraient
retirées du pays. Aussi n'était-ce pas sur cet article que
les difficultés surgissaient, mais sur un autre point beaucoup plus délicat à savoir la reconnaissance de l'archiduc
Mathias, comme gouverneur général.

Le 9 Avril, les registres des États d'Artois mentionnent en ces termes une nouvelle réunion : « Tous les États
« d'Artois et députés se sont assemblés et ont conféré
« avec l'Évêque d'Arras qui avait baillé réponse aux arti-
« cles, déclarant qu'il s'était élargi autant que possible
« pour parvenir à une réconciliation, priant et requérant
« les États d'en faire autant de leur part afin que la chose
« puisse venir à bon terme. De quoi les États le remer-
« cieront et lui promirent de faire bon devoir. »

Dans un des articles du traité, les États d'Artois, pour
faire plaisir aux députés de Lille, suppliaient très humblement et très instamment Sa Majesté d'Espagne, de
vouloir bien agréer l'archiduc Mathias, comme gouverneur du Pays, et lui continuer ses pouvoirs.

L'Evêque d'Arras, qui savait bien que le prince de

Parme n'accepterait jamais cet article qui lui enlevait son gouvernement, demandait aux Etats de vouloir bien s'en remettre à Philippe II, sur le choix du gouverneur des Pays-Bas.

La discussion sur cet article continua sans la moindre interruption durant tous les jours de la semaine, et c'est au milieu de ces incertitudes que se célébraient à Arras les grandes fêtes de Pâques. Moullart ne voulut pas céder à d'autres le soin d'exposer à son peuple les humiliations, les souffrances et la mort de l'Homme-Dieu et le Jeudi-Saint, dans sa Cathédrale, devant tout son chapitre qui s'était transporté au banc-d'œuvre pour l'entendre et une foule considérable, il donna avec fruit le sermon de la Passion.

Le jour même de Pâques, les députés des Etats firent demander à l'Evêque s'il avait pouvoir pour traiter sur le choix du gouverneur général. L'Evêque avoua qu'il n'avait pouvoir que de reconnaître le prince de Parme jusqu'à ce que le Roi en eût autrement décidé. A la suite de cette réponse, les députés des villes regagnèrent aussitôt leurs cités respectives, pour demander de nouveaux pouvoirs aux autorités locales afin de traiter sur cette nouvelle base.

Une nouvelle séance se tint à l'abbaye de Saint-Vaast, le 25 Avril, le jour du dimanche de Quasimodo. L'Evêque s'y plaignit de tant de délais; toutefois on ne put rien conclure ce jour-là, car les députés des villes n'étaient pas tous rentrés. On fut donc forcé de remettre la prochaine réunion au 4 Mai. A cette date, l'Evêque se rendit encore inutilement à l'abbaye de Saint-Vaast et la séance fut remise au 11 du même mois.

A la réunion de ce jour, les députés des villes ayant déclaré avoir obtenu des pouvoirs suffisants pour vider

absolument le différend sur l'article concernant le gouverneur des Pays-Bas, il fut décidé qu'on signerait l'acte
le lendemain ; ceux de Lille pourtant réclamèrent encore
une fois lecture de l'article ii, qui promettait l'oubli du
passé et qui leur paraissait avoir encore besoin de quelques explications. Enfin le 12 Mai, l'accord est à peu
près complet et les députés signent le projet de réconciliation. Les députés de Lille firent néanmoins encore
quelques réserves au sujet de l'article xv.

Malgré ces dernières difficultés le traité fut aussitôt
porté à l'Évêque d'Arras et aux deux autres députés du
prince de Parme. Ceux-ci approuvèrent, il ne restait
qu'à vaincre les dernières hésitations des députés de
Lille.

Pour trancher plus rapidement la difficulté les États
d'Artois envoyèrent immédiatement l'abbé de Saint-
Vaast et M. de Capres avec Jacques d'Oresmieulx à Lille,
pour obtenir l'assentiment des magistrats de cette ville à
la rédaction définitive. Le 16 Mai ces envoyés des États
d'Artois étaient de retour ayant obtenu satisfaction. En
conséquence le dimanche 17 Mai après une dernière lecture du traité et une dernière discussion qui dura jusqu'à
dix heures du soir, on tomba d'accord, et la dernière
correction étant faite, Moullart et tous les députés allèrent immédiatement chanter le *Te Deum* dans l'église
de l'abbaye de Saint-Vaast et de même aussitôt après en
l'église cathédrale Notre-Dame. Le lendemain on mit les
articles du traité au net. La transcription n'en put être
terminée que le 19, et ce jour là tous les députés et
greffiers de la province ainsi que les députés du roi et
du prince de Parme, signèrent l'acte.

On y trouvait stipulé d'une part : le maintien de la
religion catholique, et de la souveraineté du Roi, d'autre

part, l'oubli du passé, la ratification de tous les privilèges, la confirmation de la pacification de Gand, de l'union de Bruxelles, et de l'édit perpétuel de Marche : le départ des soldats étrangers, la remise des forteresses aux naturels du pays, la formation d'une armée nationale. Le prince de Parme ne devait conserver que pendant six mois la charge de gouverneur général jusqu'à ce que le roi eût désigné un autre prince de son sang, et quant aux gouverneurs des villes et des provinces, ils devaient être toujours pris parmi les naturels du pays.

Pour être signé par les députés, le traité d'Arras n'avait pas encore force de loi ; il lui fallait encore la double sanction du prince de Parme et de Philippe II, Nous verrons bientôt combien Moullart dut encore travailler pour obtenir cette double approbation.

CHAPITRE XXII

Troubles de l'abbaye d'Anchin.

L'évêque d'Arras n'était pas tellement absorbé par les soins de cette négociation qu'il ne pût s'occuper activement de remédier aux maux que les révolutions avaient causés dans son diocèse. Moullart, au contraire, avait repris ses habitudes régulières qui lui permettaient de consacrer une grande partie de son temps à la réforme des abus. Chaque matin il assistait à Matines dans sa cathédrale, et après la récitation de cet office, il distribuait ses aumônes aux pauvres qui se portaient sur

son passage. De retour à l'Évêché, il célébrait dévote-
mènt la messe dans sa chapelle. Les jours de prédication
il se rendait à onze heures à la cathédrale pour faire
l'instruction à son peuple. Le sermon terminé, après un
modeste repas, il se retirait dans sa chambre, où son
chapelain lui lisait quelques chapitres de l'Écriture et de
préférence les lettres de saint Paul. Grâce à cette pieuse
coutume, l'évêque d'Arras, se les était rendues si fami-
lières qu'il les connaissait presque entièrement de mémoire ; les citations heureuses qu'il en faisait en étaient
la preuve. Le soir, il récitait les vêpres et complies avec
dom Flameng, son chapelain, puis s'adonnait à ses travaux.

Le premier soin de Moullart une fois rendu à son
Évêché fut de s'occuper, dans le temps que lui laissaient
les longues négociations du traité d'Arras, de ramener
la paix dans les abbayes troublées par les élections schis-
matiques de Guillaume d'Orange. L'abbaye d'Anchin,
plus que toutes les autres, était dans la plus grande confusion ; l'abbé de ce monastère, Warnier, avait dù fuir
son abbaye pour échapper aux colères du prince d'Orange.
Quelques moines d'Anchin ne le voyant point revenir,
pensèrent pouvoir légitimement lui donner un successeur, et malgré la lettre de l'évèque d'Arras, datée
d'Amiens, nommèrent pour lui succéder un moine ambi-
tieux du monastère Joachim Zoette, qui s'empressa de se
faire reconnaître par Guillaume d'Orange, et profita de
l'absence de l'évêque d'Arras pour se faire bénir à
Bruxelles par le coadjuteur de Malines.

Il avait déjà convoqué l'official d'Arras pour le faire
procéder à son installation solennelle dans l'abbaye
d'Anchin, quand les événements permirent à Moullart de
rentrer à Arras. Aussitôt que l'évêque fut mis au cou-

rant de ce qui se passait par le prieur d'Anchin, François
de Bar, il s'empressa de donner au prieur des lettres
retirant à l'official d'Arras tout pouvoir pour procéder à
l'installation solennelle de Zoette.

Voici ces lettres :

De retour ici, j'ai appris que notre vicaire avait confirmé l'élection telle quelle de Joachim Zoette comme abbé d'Anchin, mais
il faut qu'il sache qu'il n'avait pas mission pour cela et il dit lui-
même et avoue que c'est par menaces et par l'autorité des fiscaux
qu'il y a été contraint et forcé et qu'une foule d'irrégularités se
sont glissées dans cette élection. laquelle a été faite contre le droit.
et par violence. Ajoutez que le vicaire savait bien que nous
n'avions pas donné notre consentement, et que nous n'avions pas
été consulté sur aucun des actes relatifs à cette élection ; que
malgré cela on y a procédé sans notre permission, et sans notre
autorisation ; en outre cette élection est entachée de beaucoup
d'autres vices les plus graves, ainsi que le démontre l'information
que nous avons commencée à ce sujet. Ne voulant y mettre incon-
sidérément les mains, ni participer aux péchés des autres, nous
avons voulu que votre paternité se tînt pour avertie que quand
même ledit Joachim produirait les titres de ladite confirmation
et diverses lettres-démissoires, votre paternité ne doit pas y ajouter plus confiance qu'à des titres et à des lettres obtenues obrep-
ticement et subrepticement, jusqu'à ce que l'information ayant été
régulièrement et entièrement complétée, nous ayons décidé ce
qu'il y aura à faire selon le droit. En attendant, que votre paternité se porte bien et me conserve son souvenir.
1579. Donné en notre ville d'Arras, l'avant dernier jour de janvier.

En même temps le Révérendissime d'Arras, envoyait
au prieur d'Anchin un mémoire motivé, et appuyé de
toutes les autorités et raisons de droit canonique et de
justice, dont voici les conclusions : Que Joachim ayant
extorqué la bénédiction abbatiale par toutes sortes de
moyens illégitimes et artifices, il n'avait pas plus de
droits qu'auparavant ; qu'en conséquence, les religieux
n'étaient tenus envers lui à aucune marque de révérence,
d'honneur et d'obéissance, et qui plus est, que les religieux en accordant ces témoignages de soumission à

Joachim à qui ils n'étaient pas dus, les dérobaient à leur véritable et légitime Abbé, à qui selon la règle et les canons du saint Concile de Trente, ils étaient tenus d'obéir. »

L'intervention de Moullart arrivait trop tard, et quelques jours après l'envoi de ses lettres, l'évêque d'Arras recevait de François de Bar, prieur d'Anchin, une réponse l'avertissant que Joachim Zoette, fort de la protection de Guillaume d'Orange et de l'absence prolongée de Warnier, avait fait procéder à son installation. L'évêque d'Arras s'empressa de condamner à nouveau cette intrusion, et le 22 Février il indiquait au prieur sa ligne de conduite en ces termes :

Monsieur le Prieur,

Non plus de droit lui apporte l'installation que la bénédiction, attendu la malice. Pourquoi notre avis doit avoir lieu pour tous ceux qui tenant les sentiers des apôtres, aimant mieux obéir à Dieu qu'aux hommes et se résouent plutôt à endurer corporellement, que se blesser et intéresser en conscience spirituellement le cœur ; ne juge qu'il est bénit partant, sera question d'en voir l'instrument, principalement venant d'autres provinces, que la nôtre de Cambray, vus que le refus lui pourrait avoir été fait comme à Tournay, à tout Dieu soit garde vous.

Le prieur d'Anchin ne se contentait point de ces condamnations théoriques, il eut désiré voir l'Evêque recourir au bras séculier pour chasser l'intrus, et fit une une demande à l'Evêque dans ce sens, l'Evêque d'Arras répondit ainsi à cette requête.

De notre cité d'Arras, le III Mars 1579.

Monsieur le Prieur,

J'ai écrit à M' d'Estrées le moyen qu'avons en cette circonstance de vous assister, n'en sachant d'autre, s'il n'est paix, ou si votre Prélat ne retourne. La volonté m'est fort bonne et prompte, mais tout ce que je tenterai pour le présent serait illusoire sans le dit moyen. Il sera bon qu'adressiez à Monsieur le vicomte de Gand en remontrance, de même substance que celle que vous m'envoyez pour les Etats, et serait bon qu'elle fut signée entre vous. Je vous prie cependant continuer à vous maintenir prudemment et modestement, vous armant de la vertu de patience, en attendant le jour que Dieu a ordonné pour votre délivrance. Qui sera la fin par mes très affectueuses recommandations à votre bonne grâce, suppliant toujours notre Sauveur vous maintenir toujours en la sienne sainte.

Voici maintenant la lettre à M. d'Estrée à laquelle l'évêque d'Arras fait allusion dans son message au prieur d'Anchin.

> Monsieur d'Estrées,
>
> Il ne me manque volonté d'assister les bons religieux d'Anchin, mais le pouvoir n'y peut être en cette circonstance, ne fut que puissions persuader Monsieur le vicomte de Gand et de Càpres de nous favoriser et assister, à quoi tacherai incontinent leur retour de les y amener et ne sera que bon qu'y employez votre crédit à même effet, car sans eux tout ce que par mon office je pourrais faire, serait par dampt Joachim, en vertu des lettres qu'il a empétré d'en haut, rendues illusoir et vain par voie de fait, opprimant le cours du droit et de la justice.

Comme Moullart le promettait dans sa lettre, sitôt le retour du Sr de Capres, il lui parla de la situation lamentable de l'abbaye d'Anchin. L'évêque et le gouverneur reconnurent bientôt, qu'ils n'y pouvaient rien avant le retour de l'abbé légitime. M. de Capres de l'avis de l'évêque résolut d'envoyer avec des chevaux à Pont-à-Mousson en Lorraine, son domestique Monchy avec Benoist Debout, ancien homme de confiance du prélat Warnier, un de ceux que Joachim Zoette avait chassés d'Anchin, qui connaissait combien le révérend Warnier était craintif et qui savait comment il fallait s'y prendre pour le rassurer. Benoist Debout y employa tout son dévouement et toute son adresse tant et si bien que Warnier se décida à l'accompagner et à rentrer avec lui à Arras, pour de là être reconduit à Anchin par l'évêque d'Arras.

CHAPITRE XXIII

Le voyage à Maestricht, l'arrêt à Anchin

La paix conclue à Arras le 17 mai devait être ratifiée
par le prince de Parme. Les provinces wallones désignèrent aussitôt une nombreuse ambassade pour porter le
traité au gouverneur des Pays-Bas alors occupé au siège
de Maëstricht Jean Sarrazin, prélat élu de Saint-Vaast,
messire Oudard de Bournouville, sieur de Capres, maître
Jacques Doresmieuls, échevin d'Arras, furent désignés
par les États d'Artois. Jacques Froye, abbé d'Hasnon,
le sieur Lancelot de Paissant et Jean d'Offegnies repré-
sentèrent les États du Haynaut ; Rolland de Vicqz, maîtro
Denys Guilbert, le chanoine Floris Vanderhaer et maître
Adrien de Rebreuviette furent les députés de Lille et Orchies, enfin Douai envoya Eustache d'Aoust et Philippe
Broide. Les députés du prince de Parme à savoir l'Évêque
d'Arras et les sieurs de Selle et de Valhuon se joignirent
à cette députation.

Mathieu Moullart voulut profiter de son voyage pour
rétablir l'abbé Warnier dans son abbaye. Les membres
de l'ambassade devaient en effet passer par Anchin pour
se rendre à Maëstricht. L'Évêque d'Arras, toujours pré-
voyant, avait pris la précaution d'envoyer en avant son
chapelain don Noël Flameng pour commander à Anchin
les préparatifs et faire tout disposer afin de recevoir dignement les membres de l'ambassade et leur suite. L'entrée du cortège, escorté de plus de 80 cavaliers, se fit le
20 mai dans l'après-midi à l'abbaye d'Anchin. L'Évêque

en arrivant avait essayé par ses discours et ses exhorta-
tions de décider les religieux partisans de Joachim Zoette
à se réunir aux autres pour recevoir Warnier. Mais,
effrayés par la présence des soldats, les partisans de
Zoette n'osèrent pas se présenter à la présentation que
fit l'Évêque de l'abbé légitime. Bien plus un religieux
d'Anchin, Pierre Passet, pour montrer qu'il n'abandon-
nait pas l'intrus, imagina un écrit dans lequel les par-
sans de Zoette déclaraient en quelques mots, qu'ils ne
recevraient pas don Warnier.

M. de Capres, qui dans les premiers moments de son
arrivée avait essayé par des paroles bienveillantes de ramener les dissidents, voyant leur obstination, entra dans
une grande colère. Il voulait immédiatement les faire
arrêter et conduire en prison. M. de Selle, qui était d'un
tempérament moins bouillant, faisait tous ses efforts
pour modérer la colère de M. de Capres, sans pouvoir y
réussir. Ce que voyant, l'abbé Warnier remit l'assemblée
à un autre jour. La nuit suivante se passa sans dormir
pour les partisans de Zoette. Ils résolurent de passer la
Scarpe et de se retirer à Bouchain avec Joachim Zoette
qui s'y était réfugié. Les moines rebelles passèrent la
rivière sur des échelles jetées en manière de pont. Cette
façon d'évasion n'était pas des plus commodes et les plus
vieux n'osèrent pas s'y hasarder ; l'un deux don Noël Fruy
qui s'était laissé tomber dans la rivière, revint au monastère dans ce piteux état, mais avec la résolution de per-
sister dans le parti de Zoette et de soutenir la cause des
réfractaires. En effet encore tout mouillé à sept heures
du matin, il se présenta dans l'auditoire où l'Évêque
d'Arras avait réuni les religieux et là don Noël Fruy
rendit compte de l'expédition nocturne, s'efforçant de la
justifier : Sur quelques remontrances que lui fit l'Évêque,

il répondit qu'il resterait fermement attaché à la cause de Joachim et qu'il se croyait pour cela suffisamment autorisé par le droit et par l'avis des jurisconsultes, du moins jusqu'à ce que la cause de l'abbé Warnier fût jugée par des juges compétents.

Le Révérendissime d'Arras le voyant obstiné dans sa désobéissance, pour le punir lui retira la permission qui lui avait été donnée autrefois par le Synode de Cambrai d'absoudre dans les cas réservés à l'Évêque. Noël Fruy répondit que ne tenant pas ses pouvoirs de l'Évêqne, Monseigneur ne pouvait pas les lui retirer, et sur toutes les questions tint audacieusement tête au Révérendissime Évêque par des discours, des citations et des témoignages accumulés. Enfin l'Évêque après le départ de Noël Fruy termina la séance par une allocution dans laquelle il déplorait les tristes « destinées du monastère,
« que tant d'hommes doctes qui auraient pu en faire la
« gloire entraînaient à sa perte ; et tout en rendant jus-
« tice aux qualités, à la science et à l'habileté de Joachim
« Zoette, il gémissait de ce qu'il s'était précipité dans la
« funeste voie qui devait aboutir à une fin malheureuse
« dans ce monde et dans l'autre. »

L'Évêque voyant clairement que sa présence n'apaisait pas les esprits et pressé de se rendre avec l'ambassade à Maestricht quitta l'abbaye sans avoir pu y ramener la paix. L'abbé Warnier s'en retourna à Douai dans le prieuré d'Anchin pour y attendre les événements.

CHAPITRE XXIV

Ratification du traité d'Arras.

Le Révérendissime d'Arras, désespérant de ramener la paix dans l'abbaye d'Anchin, poursuivit sa route avec le reste de l'ambassade, et le 23 mai ils arrivaient à Mons. Matthieu Moullart profita de son arrêt dans cette ville pour solliciter le gouverneur du Haynaut, Philippe de Lalaing, de vouloir bien cesser toute opposition au duc de Parme et de donner sa signature au traité de réconciliation. Philippe de Lalaing ne sut rien refuser à l'ancien abbé de Saint-Ghislain, pour lequel il avait conservé la plus grande vénération, et apposa sa signature. Le prince de Parme, à l'annonce de l'approche de l'ambassade, envoya à Beaumont, petite ville de Belgique, M. de Rossignol avec 300 chevaux pour protéger les membres de la mission. De Beaumont où l'ambassade fut fort humainement traitée, reçue et défrayée, les députés se rendirent à Namur où M. de Florin et les magistrats de la ville les accueillirent également fort honorablement.

De là Moullart continua vers Liège, où Monseigneur le Cardinal le reçut en son hôtel avec grand honneur et courtoisie. Le lendemain de l'arrivée de l'ambassade à Liège, le duc de Parme envoya vers elle pour la recevoir le seigneur Octave de Gonzague. Pour la conduire de Visel à son camp, Son Excellence envoya quatre compagnies de lances avec deux cornettes de reîtres, et députa pour la recevoir les seigneurs comte de Mansfelt, de Berlaymont, de Fauquemberghe, les sieurs de Tilly, Taxis,

Octavio de Gonzague et tous les gentilshommes de sa maison, et plusieurs capitaines qui les conduisirent jusqu'aux tentes de Son Excellence. Le duc de Parme les y reçut ; l'abbé de Saint-Vaast Jean Sarrazin eut l'honneur de prendre la parole au nom de tous.

Dans son discours Jean Sarrazin ne trouve pas assez d'éloges pour les trois négociateurs choisis par le duc de Parme pour travailler à cette négociation : « Les députés de Votre Excellence, dit-il, qui magnanimement, vertueusement, patiemment, diligemment et fidèlement se sont employés en leur charge, et commission. Les fruits et dernière issue en sont pleine preuve, tant il y a que la bouche nous est close par leur présence de dire ce que en savons ; publier ce que en pensons et qu'en leur abscence devrait narrer. »

Matthieu Moullart pouvait prendre légitimement pour lui la plus large part de ces éloges, car des trois députés du duc, c'était lui qui de beaucoup avait joué le principal rôle.

Malgré cette magnifique réception de l'ambassade qui eut lieu le 10 juin, les négociations furent encore bien laborieuses, et Moullart fut obligé d'intervenir bien souvent. Le duc de Parme ne comprenait pas comment les provinces wallonnes réclamaient son départ et lui préféraient l'archiduc Mathias. Enfin après plusieurs conférences Farnése consentit à signer le traité le 29 juin au lendemain de la prise de Maëstrich. Toutefois quelques articles étaient encore réservés et devaient être soumis à de nouveaux arbitres qui se réuniraient à Mons le dernier jour d'août.

Moullart n'attendit pas les nouveaux débats qui devaient se continuer à Mons pour écrire à Philippe II, et dès son retour à Arras, le 12 juillet, il envoya à Sa Majesté des lettres pour le conjurer de ne rien négliger pour assurer la paix dans les Pays-Bas. Il remontrait avec force au roi la nécessité de quelques concessions dans l'intérêt de la conservation de la foi catholique et de sa propre autorité.

Philippe II se rendit aux raisons de l'Évêque d'Arras, et sans attendre le résultat des délibérations de Mons, approuva le traité d'Arras. Le 12 septembre le cardinal de Grandvelle écrit en effet de l'Escurial à Marguerite de Parme.

« Sa Majesté a fort agréable la négociation avec les provinces wallones. Oyres que l'évêque d'Arras et ses collègues eussent passé plus avant qu'ils n'avaient de charge et passé aucuns points obscurs, mais ayant considéré le tout, et pris avis de ceux qui sont à Cologne et du conseil privé, il est passé outre, considérant l'intention de Sa Majesté ; et de ce qu'elle lui avait fait entendre pour non rompre ; puisque la séparation de ces Etats des autres, importe tant, comme je l'ai souvent écrit à Votre Altesse. L'on a ici longtemps attendu pour faire la confirmation, attendant s'il y aurait moyen d'obtenir que les étrangers mêmes Espagnols demeurassent, sans entrer aux pays réconciliés, et pour s'aider d'eux contre le prince d'Orange et ceux qui lui adhèrent ; que semblait raisonnable, mais enfin il n'y a eu ordre. Les bons et mauvais ont conçu telle haine contre la nation que tous sont contre eux d'accord qu'ils sortent et s'en faire quittes. Et ce fin, Sa Majesté s'est résolue à ladite confirmation et qu'ils sortent puisque l'accord est fondé sur le soutènement de la religion catholique romaine et l'obéissance due à Sa Majesté, et avec espoir qu'aucuns points s'éclairciront plus à notre avantage par les députés choisis des deux côtés qui se trouvent assemblés à Mons. Et entre iceux et monsieur le comte de Mansfeld,

envoyé de la part dudit seigneur de Parme ; et j'espère
que ladite ratification partira demain, et la porte un gen-
tilhomme venu de par là qui assure être là dans douze
jours ; et dans un jour ou deux après partira le comte Octavio Landy avec le duplicata. Et Dieu voulut que tout
fut déjà là, car je crains que la dilation ne porte ombre
que serait tout perdre, etc. »

Le 12 Septembre en effet, Philippe II, bien qu'ignorant
encore l'accord qui se faisait ce jour-là même à Mons,
envoyait le sieur de Blangerval aux Pays-Bas porter les
lettres patentes dans lesquelles il sanctionnait le traité
d'Arras. Dans ces lettres, Philippe II reconnaissait que
Mathieu Moullart était le principal auteur de cet heureux
arrangement.

De leur côté les députés réunis à Mons étaient tombés
d'accord, grâce à une nouvelle intervention de l'Évèque
d'Arras, le 13 Septembre et avaient signé un traité défi-
nitif, qui fut aussitôt publié ; des fêtes furent données
partout pour le célébrer. A Arras, la grande cérémonie
religieuse et patriotique n'eut lieu que le 25 Septembre,
après l'arrivée de Blangerval qui apportait d'Espagne la
sanction royale au traité d'Arras. Mathieu Moullart porta
lui-même le Saint-Sacrement dans une procession à laquelle prit part tout le clergé et le peuple de la ville. Le cortège passa par la maison de la ville entre huit et neuf
heures du matin. On y fit publiquement la lecture du
traité, puis on chanta le *Te Deum ;* au retour de la procession, on célébra le très saint service divin à l'église
Notre-Dame en Cité. Après quoi tous les États d'Artois
vinrent dîner aux dépens du pays en la maison de la
ville, où il y avait fort grande assemblée. A la fin du
repas, des acclamations de reconnaissance retentirent en
l'honneur de Mathieu Moullart, qui présidait.

Ces louanges étaient méritées, car c'était grâce à son
courage et à son habileté que le pays était sauvé de l'a-
narchie religieuse et sociale. Tout en restant fidèle à la
cause du Roi, l'évêque d'Arras avait sauvegardé les intérêts du pays et obtenu le renvoi des troupes espagnoles,
comme jadis par son obstination et sa droiture il avait
gagné la suppression de l'impôt du dixième et du vingtième.

CHAPITRE XXV

La peste à Arras.

Le fléau de la guerre n'était pas le seul dont notre pays
eût à souffrir dans ces temps bouleversés. Dès sa première entrée à Arras, Mathieu Moullart avait trouvé la
ville pleine de pestiférés. Pour soulager le clergé de la
ville, déjà fort accablé par le service paroissial, mais surtout pour satisfaire les échevins qui redoutaient de voir
leurs curés fréquenter les pestiférés, dans la crainte de
voir le mal s'étendre davantage encore (les échevins, par
une prudence exagérée, avaient déclaré *vitandi*, même
les prêtres fréquentant les pestiférés). Moullart, pour
éviter ces entraves au ministère des curés, désigna
pour remplir le service religieux auprès des pestiférés,
un prêtre courageux nommé Jean François, lui assignant
un traitement convenable, qu'il lui paya régulièrement
pendant deux ans sur sa propre bourse.

Mathieu Moullart, en prenant cette décision généreuse,
espérait que le fléau n'aurait qu'un temps et que le sa-

crifice qu'il s'imposait ne serait que passager. L'espérance de l'Evêque fut trompée, et la peste, après deux ans de ravages, semblait devoir sévir encore longtemps. Voyant le mal se prolonger et les revenus de l'Evêché diminuer à cause des troubles, Moullart déclara, dès le mois d'Août 1579, que ses moyens ne lui permettaient plus de continuer à lui seul le traitement de l'aumônier des pestiférés et que, par conséquent, les curés auraient à l'avenir à en prendre soin, et que si les échevins trouvaient mauvais de voir ainsi leurs pasteurs visiter les malades de la peste, c'était à eux à s'imposer, pour subvenir au traitement d'un aumônier spécial. Les échevins ayant refusé de prendre cette charge, l'aumônier Jean François, malgré son attachement aux pestiférés, n'ayant par lui-même aucune ressource, renonça à ce ministère et chercha un autre emploi.

Les curés se virent donc dans la nécessité d'assurer par eux-mêmes le service religieux des victimes du fléau. Les échevins mécontents déposèrent le 29 Octobre 1579 une requête au gouverneur et au conseil d'Artois pour obtenir le rétablissement de l'aumônier des pestiférés dûment payé comme par le passé sur la bourse épiscopale. Le fléau s'étant un peu apaisé pendant l'année 1580, les choses en restèrent là quelque temps.

Les chaleurs du mois d'Août 1581 en venant rallumer le terrible fléau à moitié éteint, réveillèrent la difficulté entre l'Evêque et l'échevinage. Les progrès de la peste étaient d'autant plus rapides qu'une ordonnance venait d'être publiée commandant à tous les paysans de se réfugier avec leurs grains et leurs bestiaux dans la ville d'Arras. Devant cette recrudescence du fléau, les échevins recourirent de nouveau, le 3 Septembre 1581, au gouverneur président et gens du conseil d'Artois pour

obtenir le rétablissement de l'aumônier des pestiférés
dans les mêmes conditions que par le passé. Le conseil
d'Artois, par une sentence provisoire, somma l'Evêque
d'Arras d'avoir à nommer ledit aumônier.

Mathieu Moullart, au lieu de se conformer à cette décision, écrivit à Philippe II pour se plaindre du conseil
d'Artois et organisa des conférences où furent convoqués
les membres du chapitre, les moines de Saint-Vaast, les
curés et échevins d'Arras, pour s'entendre avec eux sur
cette question. L'Evêque leur proposa une transaction
par laquelle les curés, les échevins, l'abbaye et l'Évêque,
contribueraient chacun pour leur part au traitement de
l'aumônier. Les curés et les échevins persistèrent dans
leur refus. Dans ces conditions, l'Évêque déclara que le
soin des pestiférés resterait aux curés et qu'il ne prendrait à sa charge le traitement de l'aumônier que si le
conseil d'Artois l'y contraignait par une sentence exécu-
toire. Les échevins, pour l'obtenir, présentèrent au mois
de Septembre 1582 une nouvelle requête au conseil d'Artois. Cette fois, le conseil refusa d'entrer dans les vues
de l'échevinage et déclara son incompétence. La question
ne fut jamais tranchée et pendant de longues années les
pestiférés furent le sujet d'un conflit qui ne cessa qu'avec
la peste.

CHAPITRE XXVI

L'intérim de Saint-Ghislain.

Cette première difficulté entre l'Évêque et l'échevinage
d'Arras n'était pas terminée, qu'un autre différend surgit
entre l'Évêque d'Arras et son successeur à l'abbaye de

Saint-Ghislain. De tous les démêlés de Moullart aucun ne lui alla jamais si vivement au cœur.

Le 15 Septembre 1577, quelques jours avant la consécration episcopale de Moullart, l'Évêque d'Ypres, l'abbé de Marolles et Mathieu Moullart s'étaient réunis à Saint-Ghislain pour l'élection du nouvel abbé de cette abbaye. Don Moullart fut désigné pour avoir la direction du spirituel et du temporel du monastère jusqu'à l'élection de son successeur. Dès le lendemain on procéda à cette élection. Mais les voix des moines se reportèrent également sur 9 noms différents. Ce que voyant, on se décida à procéder à l'élection par compromis, et Matthieu Moullart fut désigné pour compromissaire avec mission de choisir trois candidats parmi les moines.

Don Jean Hannescant, qui jusque-là avait été un excellent religieux, se crut être un des trois candidats et se laissa tenter par l'idée de tenir la crosse. Appuyé par le grand bailli du Haynaut, Philippe de Lalaing, et Guillaume d'Orange, Jean Hannescant reçut bientôt sa nomination de l'Archiduc Mathias par une lettre du 28 Février 1578. Les moines, qui craignaient la nomination d'un religieux étranger au monastère, se réjouirent d'abord de cette nomination. Mais quand ils apprirent que Jean Hannescant n'était pas un des trois candidats de Moullart, que la communauté s'était engagée à reconnaître, les sentiments des religieux changèrent complètement. Don Moullart appuya les religieux et soutint la réclamation de la communauté. Forts de leur droit et de la protection de l'Évêque d'Arras et de l'université de Douai, les religieux de Saint-Ghislain, sauf les plus jeunes, préférèrent la persécution et l'exil, plutôt que d'accepter une nomination irrégulière.

Mathieu Moullart en appela à Rome. Grégoire XIII,

par une bulle du 13 Février 1579, donna à Moullart l'administration de Saint-Ghislain. Le huit Août de la même année, le prince de Parme reconnaissait Moullart comme abbé légitime de Saint-Ghislain. Après bien des difficultés Mathieu Moullart gagna le conseil de Mons et le comte de Lalaing, grand bailli du Haynaut, l'élection de Jean Hannescant fut cassée et on procéda en 1580 à l'élection de Jérôme Liétard.

L'Évêque d'Arras réclama alors à l'abbaye de Saint-Ghislain 3655 florins pour son gouvernement et les voyages entrepris dans l'intérêt de cette maison. La réclamation était légitime : mais la situation financière de Saint-Ghislain était trop précaire en ce moment pour que l'on y vît d'un bon œil les prétentions de l'évêque d'Arras. On lui rappela les sommes énormes dépensées pour sa consécration, et on alla jusqu'à reprocher à Mathieu Moullart d'avoir paru favoriser l'intrus. Ce dernier reproche était absolument faux ; néanmoins il blessa vivement l'évêque d'Arras et la lettre suivante nous montre combien il lui fut pénible.

« Les revenus de mon évêché de l'église et des pauvres de Notre-Dame ont été employés pour faire face aux besoins les plus urgents et aussi pour favoriser les intérêts spirituels et temporels de l'abbaye de Saint-Ghislain, pour rétablir ses religieux et à leur rendre leur légitime supérieur et aussi pour faire partir du milieu d'eux l'intrus qui s'était imposé. Et partant conférant vos dernières lettres avec les précédentes je ne puis assez m'émerveiller comme le temps peut ainsi faire parler les personnes tant différemment, me semblant de plus en plus la misère des humains être fort excitable en ce monde, et que bien heureux qui n'a qu'à faire avec les hommes sauf le mérite de supporter charitablement les défectables voies des autres ; ceci est en un mot ce que la multiplicité de mes devoirs me permet d'écrire actuellement concernant les affaires. Je vous demanderai seulement de considérer l'insuffisance de ce que vous m'offrez comme récompense, et de considérer s'il est raisonnable que la récente dépense de mes fonds soit perdue pour mon église et les pauvres de mon diocèse ; si prenant en considération la forte pension de 600 florins par an, accordée au destructeur et à l'envahisseur de votre monastère il est juste que

celui qui en est le défenseur et le soutien perde ce qu'il a déboursé
pour le protéger et le sauver. Il y en a à la vérité beaucoup qui
parlent assez haut de ce qu'ils ont fait pour vous, mais j'ai la confiance qu'un moment donné vous apprendrez par expérience que ces
messieurs ressemblent aux compagnons d'Esope lesquels ayant
fait peu ou rien se représentaient toujours comme ayant tout fait.
Toutefois ceux qui sont vraiment prudents et justes examinent les
actes et non les paroles. Ils se fient aux actions, ils n'attachent
pas leur croyance à de simples protestations de bienveillance.
C'est pourquoi je prie Dieu de vous garder contre eux et pendant
que je le prie de vous conserver en sa sainte grâce je me recommande à la vôtre. De notre résidence épiscopale le 25 Novembre 1584.
> Votre ami, si vous le voulez bien,
>
> « Mathieu MOULLART ».

L'abbé de Saint-Ghislain ne voyait que la situation
désastrueuse de son monastère. Moullart ne considérait
que son droit et les intérêts de son église et l'on ne s'entendait point. Enfin une transaction se fit le 12 Juin 1585 :
l'abbaye s'engageait à payer deux mille florins et renonçait à toutes ses prétentions sur les frais déboursés pour
l'élection et la consécration de Moullart. La paix fut ainsi
complétement rétablie et nous verrons Mathieu Moullart
retourner volontiers à Saint-Ghislain.

CHAPITRE XXVII

Premiers actes épiscopaux.

A son arrivée à Arras, en 1577, Moullart avait trouvé
vacante la charge d'abbé de Saint-Vaast, par la mort de
l'abbé Thomas Parenty, décédé au mois de février précédent. Dès les premiers jours de son arrivée, l'évêque se
rendit à l'abbaye accompagné de l'abbé Warnier d'An-

chin, pour procéder à l'élection d'un prévost pour gouverner l'abbaye en attendant l'élection d'un nouvel abbé. Les libres suffrages des religieux se portèrent sur Jacques de Markais. Quelques jours plus tard, le 10 octobre 1578, on procéda à l'élection d'un nouvel abbé et ce fut un enfant d'Arras, Jean Sarrazin, qui fut élu. Les troubles retardèrent la bénédiction du nouveau prélat et ce fut seulement en 1579 que l'élection de Sarrazin fut reconnue par le prince de Parme. Le 14 Août de cette même année, Moullart procéda à l'information canonique du nouvel abbé. La confirmation de l'élection par le Pape se fit attendre quelque temps, et ce fut cinq mois plus tard que l'évêque d'Arras put procéder à la bénédiction abbatiale. Don Pronier nous relate en ces termes la cérémonie :

« Jean Sarrazin, le 27 Décembre 1579, à la fête de saint Jean évangéliste, fut sacré et béni abbé au grand autel de son église et abbaye de Saint-Vaast par Mathieu Moullart R^{me} évêque d'Arras, prélat certes digne de son rang, en état et dignité ecclésiastique. Les parrains furent Arnould Hantois, abbé de Marchiennes, et Jacques Froye, abbé d'Hasnon, aussi saints prélats fort célèbres dans l'Église de Dieu. »

Le lundi gras de l'année suivante, 1580, la ville d'Arras fit une joyeuse réception à son gouverneur, à son entrée en ville, le 15 Février. L'évêque assista aux fêtes données à cette occasion et au grand dîner qui se fit chez M. de Beauffort. Le nouveau gouverneur, Oudart de Bournonville, seigneur de Capres, qui avait rétabli l'ordre à Arras pendant les troubles de 1577, sut faire vite oublier le sang versé, et la tranquillité régna bientôt partout.

De même que Moullart avait voulu donner lui-même

dans sa cathédrale, en présence de son chapitre, le sermon de la Passion, il ne prétendit plus laisser à d'autres, en 1580, le soin de donner la prédication au cours de la grande procession de la Confrérie des Ardents, qui se faisait le dimanche qui suit l'octave du Saint-Sacrement. L'évêque qui présidait la procession, donna le sermon durant la station que faisait le saint Cierge en l'église cathédrale Notre-Dame où la sainte Vierge l'avait apporté elle-même dans la Chapelle de l'Aurore. Nous n'avons plus le sermon prononcé par Moullart en cette circonstance ; on doit le regretter : on y trouverait certainement les plus beaux témoignages de la confiance de ce grand évêque envers la Reine du ciel.

Voulant exciter tous ses diocésains à prier Notre-Dame, Moullart ordonna la sonnerie de l'*Angelus* tous les jours à midi dans sa cathédrale avec la grosse cloche (*Salvator*). Peu après, la générosité d'un chanoine, Charles Magniez, permit de renouveler cette sonnerie de l'*Angelus* le matin avant Matines et le soir à six heures.

Ces prières attirèrent, sur la cause catholique, les faveurs célestes et ramenèrent la victoire sous les bannières wallonnes. Moullart voulut en remercier le ciel et ordonna, de sa propre autorité, des processions générales. Pronier nous apprend la raison de ces prières publiques : « C'était afin de remercier le Seigneur Dieu de ce que, par sa sainte grâce, de Melun, vicomte de Gand et marquis de Roubaix, avait gagné une grosse bataille contre les gens du prince d'Orange, appelé d'aucuns (pour qu'il était cause que toute chose était ici en désordre) prince des orages : où plus de cinq cents demeurèrent sur la place, sans un nombre infini de prisonniers qui furent amenés en la ville de Courtray entre lesquels de Lanou dit Bras de fer, chef et conducteur de ladite armée déconfite, était non

sans grandissime crêvecœur sien, du désastre inespéré
qui lui était survenu, attendu que, lui avait fait trembler
toute la France, etc. »

L'une de ces processions ordonnées par Moullart devait
se rendre, le 17 Novembre 1580, en l'église de l'abbaye
de Saint-Vaast. L'évêque la présida en personne, chanta
la grand'messe à Saint-Vaast, et donna la bénédiction au
peuple. Cet empiétement de l'évêque sur les droits de
l'abbaye fut l'origine d'un long procès entre Moullart et
Sarrazin.

Malgré ce différend, Moullart fut invité à donner la
bénédiction abbatiale au nouvel abbé de Gembloux, dans
l'église de Saint-Vaast. Pronier nous donne encore quelques détails sur cette cérémonie : « Le 20 Novembre de
cette année 1580, dit-il, fut fait la solennité de la bénédiction de Jean Caurel, bénédictin de Saint-Vaast, élu
abbé de l'abbaye de Gembloux au diocèse de Namur, le
nouvel abbé reçut le serment d'obéissance des religieux
de cette abbaye de Gembloux qui s'étaient ici transportés.
Jean Sarrazin et l'abbé du Mont Saint-Éloy assistaient
l'évêque d'Arras dans cette bénédiction qui eut lieu au
grand autel de l'abbaye. »

Jusqu'ici, le nouvel évêque d'Arras n'avait point donné
la consécration épiscopale, il eut bientôt cet honneur.

Jean Six, élu à l'évêché de Saint-Omer, ayant reçu,
avec ses bulles de nomination, l'autorisation de choisir
lui-même son prélat consécrateur et aussi la permission
(à cause de la difficulté de trouver alors dans le pays
trois évêques pour sa consécration) d'appeler comme
prélats assistants deux ou trois abbés mîtrés et crossés,
Jean Six demanda à Moullart de vouloir bien lui conférer
l'onction épiscopale. L'évêque d'Arras accepta volontiers.
La cérémonie eut lieu le 23 Juillet 1581 à Douai dans

l'église Saint-Pierre. L'évêque consécrateur était assisté de Jean Sarrazin abbé de Saint-Vaast et de Arnold abbé de Sainte-Rictrude. Jacques Pamelier, archidiacre de Flandre, et Robert Louchart représentaient le chapitre de Saint-Omer à cette pieuse cérémonie.

CHAPITRE XXVIII

Difficultés entre l'Évêque et l'abbaye de Saint-Vaast.

Comme nous venons de le dire, le premier procès entre l'évêché d'Arras et l'abbaye de Saint-Vaast, sous l'épiscopat de Moullart, eut pour origine la station faite à l'abbaye, le 16 Septembre 1580, durant une procession générale faite et ordonnée par l'évêque. Jean Sarrazin, dès sa prise de possession du siège abbatial de Saint-Vaast, s'était entouré de nombreux avocats capables de défendre les droits de son monastère. Ces défenseurs des privilèges de l'abbaye crurent voir, dans cette station de l'évêque en l'église abbatiale, un empiètement du pouvoir épiscopal, et un des avocats de l'abbé présenta un long mémoire dans lequel il rappelait l'origine du monastère, les exemptions dont il avait toujours joui, les lettres de non préjudice qui lui avaient été données dans toutes les circonstances où les Évêques étaient entrés solennellement dans l'abbaye, et citait particulièrement celles données, en 1031, par l'évêque Gérard pour la dédicace de l'église, en 1245 et en 1340 lors des visites du Métropolitain de Reims, en 1313 pour la visite de Nicolas, cardinal de Saint-Eusèbe,

en 1382 et en 1436, pour les funérailles de la princesse
Mahaut et de la reine Isabeau, en 1363, 1401, 1406, 1424,
pour la célébration de l'office de saint Vaast par les évêques d'Arras. L'avocat exposait ensuite les relations de
l'abbaye avec les évêques précédents et les confirmations
successives de toutes ces exemptions.

Mathieu Moullart, convaincu de son droit. ne se laissa
pas impressionner par ce long mémoire, et au lieu d'oc-
troyer à l'abbaye les lettres de non préjudice qu'on lui
réclamait, répondit à l'avocat de Saint-Vaast par une
défense établie sur quarante propositions dont plusieurs,
il faut bien l'avouer, n'établissaient rien en sa faveur.
C'est ainsi, par exemple, que dans l'une de ces propositions il arguait de ce que tout prêtre du diocèse
peut célébrer le service divin en l'église de Saint-
Vaast pour affirmer *a fortiori* le droit de l'évêque. Les
arguments de l'évêque Moullart étaient faibles ; aussi le
conseil d'Artois ne put s'empêcher de reconnaître les
droits de l'abbaye, et dans une sentence de 1581, le tribunal interdit à l'évêque d'Arras tout acte de juridiction
dans l'abbaye de Saint-Vaast sans donner des lettres de
non préjudice.

Mathieu Moullart, peu satisfait de cette décision, souleva la question d'incompétence et déféra sa cause au
tribunal de l'archevêque de Cambrai. Jean Sarrazin se vit
de nouveau dans la nécessité d'établir ses droits et le fit
dans un double mémoire, l'un de l'avocat de l'abbaye
Wallerand Obert, daté de 1582, et l'autre rédigé par les
moines. Chacune des quarante propositions par lesquelles
l'évêque prétendait établir son droit, fut reprise et savam-
ment réfutée. Après deux ans de discussions, l'archevêque de Cambrai arrangea le différend par un accord
ratifié des deux partis.

Cette première difficulté avec l'abbé de Saint-Vaast était à peine arrangée, qu'une nouvelle mésintelligence s'éleva à propos du serment que les moines prêtent au jour de leur ordination sacerdotale entre les mains de l'évêque consécrateur. Moullart exigeait des moines de Saint-Vaast le même serment que des prêtres séculiers, suivant cette formule : « Promettez-vous à moi et à mes « successeurs respect et obéissance » ? L'abbé de Saint-Vaast protesta contre cette prétention et voulut qu'on se servît pour ses moines de cette autre formule : « Pro-« mettez-vous à votre prélat, pour le temps actuel, res-« pect et obéissance » ?

Cette fois, la cause fut porté jusqu'en cour de Rome et le cardinal Caraffa en écrivit la conclusion, en Juin 1586. au légat du Pape dans les Pays-Bas, l'évêque de Verceil. Le légat se trouvait en ce moment à Bruxelles où venait d'arriver l'évêque d'Arras. Moullart se félicita grandement de la décision romaine, qui lui donnait pleinement raison. Le cardinal Caraffa déclarait en effet dans sa lettre que cette question entre l'évêque d'Arras et l'abbé de Saint-Vaast lui paraît superflue, qu'en droit l'évêque d'Arras ne peut pas exiger le serment d'obéissance des religieux de l'abbaye, mais qu'en fait, puisque la coutume existe, il importe peu sous quelle forme l'ordinand prête serment puisqu'en aucun cas ce serment ne peut déroger à l'obéissance vouée par la profession religieuse. En communiquant cette réponse à l'abbé de Saint-Vaast, l'évêque de Verceil exprimait le désir de voir s'apaiser les différends existants entre lui et l'évêque d'Arras, et lui demandait pour la question du serment de vouloir bien s'en tenir à la décision du cardinal Caraffa. Le nonce termine en disant à l'abbé qu'il a vu la veille l'évêque d'Arras, qu'il lui a assuré qu'il soutient ses droits non pas par malveillance pour l'abbaye, mais par raison de conscience.

La demande du légat à l'abbé de Saint-Vaast n'était pas superflue, car depuis 1582, deux nouveaux procès s'étaient élevés entre l'abbé et l'évêque. Le premier, qui commença en 1583, survint au sujet du droit de présentation de l'abbaye aux cures vacantes. Sous l'épiscopat de Moullart, l'évêque d'Arras n'avait le droit de nomination que sur un très petit nombre de curés ; sur les 400 cures du diocèse, 41 seulement étaient à la nomination de l'évêque. Les chapitres, les abbayes et les seigneurs disposaient de la nomination à toutes les autres. L'abbaye de Saint-Vaast nommait à plus de 40 cures. La discussion s'éleva à l'occasion de la vacance de la cure d'Hamblain-les-Près appartenant à Saint-Vaast.

Le Concile de Trente, dont Moullart poursuivait partout l'application, avait exigé que toutes les cures fussent mises au concours et dévolues au plus digne. L'évêque d'Arras voulut appliquer ce décret dans toute sa rigueur. Il ouvrit un concours et présenta à l'abbé de Saint-Vaast la liste des trois premiers concurrents par ordre de mérite ; lui déclarant qu'il avait à lui présenter pour la cure d'Hamblain, le plus digne, c'est-à-dire le premier de la liste. C'était anéantir le droit de nomination. Aussi un nouveau procès s'engagea-t-il entre l'abbaye et l'évêché.

Ce procès fut long ; on fut de nouveau obligé de le porter en cour de Rome. Cette fois Moullart fut moins heureux et la cour romaine, en 1589, rendit une sentence favorable à Jean Sarrazin et expliquant en sa faveur ce texte du Concile : *Si vero juris patronotus ecclesiastici erit, ac institutio ad episcopum et non alium pertineat, is quem patronus digniorem inter probatos ab examinatoribus judicabit, episcopo præsentare teneatur, ut ab eo instituatur.* — Enfin un dernier différend s'éleva entre Jean Sarrazin et Moullart au sujet du droit que l'abbé de Saint-Vaast avait de marcher dans les processions et d'assister aux offices de la cathédrale Notre-Dame en habits pontificaux. Moullart chercha, mais en vain, à faire retirer ce droit dont les abbés de Saint-Vaast jouissaient depuis plusieurs siècles.

Malgré tous ces procès, Jean Sarrazin et Mathieu Moullart restèrent toujours d'excellents amis. Nous verrons plus tard comme ils se traitaient. Même durant les difficultés l'évêque continuait de fréquenter l'abbaye ; ainsi, durant ce dernier différend, c'est-à-dire en 1585, le 1er Octobre, Moullart se rendit à l'abbaye de Saint-Vaast sur l'invitation de l'abbé, pour la consécration solennelle d'un autel en l'honneur des saints Denys et Nicaise dans la grande église de l'abbaye. La cérémonie se fit avec tout l'éclat accoutumé et l'évêque d'Arras, usant d'un pouvoir spécial de Rome, accorda la faveur de l'autel privilégié à ceux qui diraient sur ce nouvel autel la messe de *Requiem*.

Le 24 mai de l'année précédente 1584, Mathieu Moullart s'était encore rendu en l'église de l'abbaye pour y donner la bénédiction abbatiale au nouvel abbé de Marchiennes, Pierre Manare, qui avait choisi pour ses parrains Warnier, l'abbé d'Anchin et le prélat de Cercamp. Après la cérémonie, on s'était réuni pour le dîner dans la grande salle où se tenaient ordinairement les États d'Artois. Comme on le voit, les difficultés entre l'Évêché et l'abbaye séparaient les esprits sans éloigner les cœurs.

CHAPITRE XXIX

L'Administration du temporel.

Moullart dès que la paix fut rétablie à Arras songea à
l'érection d'un grand Séminaire à Douai à l'ombre de
l'université de cette ville. Tous les actes de son administration pendant 20 ans convergeront vers ce but. Moullart chercha d'abord dans Douai une maison où son
séminaire pourrait plus tard s'abriter et où il pourrait
lui-même habiter pendant ses séjours dans cette ville
importante de son diocèse ; la lettre suivante datée de
1582, adressée par Moullart aux échevins de Douai nous
fait connaître son projet.

Messieurs les Magistrats de la ville de Douai.

« Messieurs (du magistrat de la ville de Douai) il y a longtemps
que j'ai eu volonté d'acheter une maison en la ville de Douai, tant
pour y être plus souvent, et pour assister de mon office à plusieurs bonnes personnes qui m'en ont requis que.à laRépublique.
A quoi serait encore plus enclin si vos Seigneuries la voulaient
tenir exempt tout le cours de ma vie de logement et de soldats ».

La ville de Douai désireuse de posséder son Évêque le
plus possible lui fit cette réponse gracieuse :

« Pour gratifier le Seigneur suppléant en cette requête et pour
les bonnes considérations y présentées Messieurs les Echevins
dudit Douai ont déclaré et déclarent que advenant l'achat que
ferait le dit suppléant de maison en cette ville le tiendront pour
sa vie déchargés du logement des gens de guerre «

« Fait en halle de Douai le 28 jour d'Août 1582. »

Devant cette courtoise réponse, Moullart n'hésita plus,
et rechercha la maison de Douai, la mieux capable de
réaliser un jour son projet de la fondation de son sémi-

naire. Ses vues se portèrent sur l'hôtel d'Achicourt, et le
5 Février 1583, il achetait à puissante dame Léonore de
Montmorency, comtesse Douairière de Hondschote, son
hôtel d'Achicourt, pour la somme de cinq mille florins
de 20 patars de Flandre comme prix principal. En même
temps Moullart plaçait sur les États d'Artois une partie
de l'argent qu'il destinait à la fondation de son Grand
Séminaire. Si l'évêque choisissait pour cet établissement la ville de Douai parmi celle de son diocèse, c'est
parce qu'il y avait dès lors une université établie par
lettres-patetnes de Philippe II, du 19 Janvier 1561, et que
les étudiants en théologie seraient plus à portée d'y recevoir de bonnes instructions.

A peu près dans le même temps, Moullart s'occupa
d'un autre soin, qui suspendit pour un temps, l'exécution
de son projet de l'érection du Grand Séminaire, mais qui,
selon lui, devait par la suite contribuer à son établissement. Comme évêque d'Arras, il était seigneur
de Vitry et avait dans sa mouvance un arrière fief nommé
la haute mairie de Vitry, chargé de redevances consi-
dérables envers l'Évêché. Des contestations fréquen-
tes s'étaient élevées entre les évêques et les proprié-
taires de la haute mairie au sujet de leurs droits respectifs. Pour les faire cesser, Moullart profita de l'occasion, que l'adjudication par décret qui venait d'être faite
du même fief au Conseil d'Artois, lui présentait, et se
proposa d'en exercer le retrait féodal.

Il y a lieu de croire que l'évêque d'Arras n'avait point
alors tous les deniers nécessaires pour consommer ce retrait. Voulant y suppléer, il fit un autre acte de bonne administration et intéressant pour son évêché. Il y avait dans
ses dépendances, une cense appelée de Bronne, située
en la cité d'Arras, que le précédent évêque Richardot

avait affermée avec les terres labourables et les prés, à raison de 230 florins par an. Comme les bâtiments de cette ferme étaient très anciens et tombaient en ruines, la plus grande partie des fermages se trouvaient naturellement absorbés par les réparations, il y aurait eu nécessité de reconstruire, mais une considération devait en dispenser, c'est qu'il y avait d'ailleurs dans l'enceinte du lieu épiscopal de grands édifices inhabités et très propres « tant pour le respect de la grange à engranger les ablais qui procédaient des terres que pour mettre les bestiaux. » Pour ces motifs, Moullart commença par faire réparer les édifices qui existaient dans l'enceinte du lieu épiscopal, pratiqua pour aller aux champs une porte plus commode que n'était celle de Bronne, et s'arrangea avec le fermier pour le temps de son bail qui restait à expirer. Ensuite il requit le chapitre d'Arras « pour la plus grande augmentation du temporel de l'Évêché, de vouloir consentir l'aliénation de l'enclos et pour prix de ladite maison et cense de Bronne, tant seulement pour les deniers en procédant être employés au rachat de partie de la haute mairie de Vitry. »

Sur ces représentations, les chanoines du chapitre, après diverses communications et assemblées, déclarèrent par acte du 15 octobre 1584, que, dûment informés des causes et raisons exposées, après grande et mure délibération, ils donnaient leur consentement à l'aliénation proposée, mais sous la condition que leurs députés seraient présents au contrat d'aliénation et au remploi des deniers. En conséquence, des affiches pour parvenir à la vente de cette ferme de Bronne, furent apposées. Les abbesse et religieuses d'Étrun firent des offres, et enfin on convint avec elles de la somme de 5,900 florins, pour raison de laquelle Moullart, le prévôt, le chantre

et l'escolâtre de l'église Cathédrale d'Arras, ceux-ci
députés de leur Chapitre, le 28 du même mois de Mars
1585, passèrent contrat de vente de la seule maison et
cense de Bronne à la charge, indépendamment du prix
payé, de la redevance pérpétuelle d'un chapon en plume
et pour droit de relief au renouvellement ou changement
d'abbesse du double de la recette. Moullart, de son côté,
s'obligeait de faire homologuer le contrat par le métropolitain, et s'il en était nécessaire, par notre saint Père.

Immédiatement après, Moullart exerça le retrait féodal de la haute mairie de Vitry, dont un sieur de Mauville s'était rendu adjudicataire, et le tout lui coûta plus
de 20,000 florins, outre les droits seigneuriaux qui lui
étaient personnellement acquis par l'adjudication, et dont
il se privait par ce contrat. Dans le traité passé avec le
sieur de Mauville, l'Évêque déclarait que du prix par lui
payé, il y avait 3,500 florins provenant de la cense de
Bronne, et consentait que la totalité de la haute Mairie
fût remise à l'Évêché mais à condition que sur l'excédent
du remploi il pourrait charger les Évêques d'Arras de
fondations pieuses, ce qui fut accepté par les députés du
Chapitre. Cette convention se trouve énoncée dans les
lettres de Mgr de Berlaymont, archevêque de Cambrai,
du 25 octobre 1586, avec approbation de tout ce qui a été
fait.

A l'acquisition de la haute Mairie de Vitry, Moullart
joignit depuis celles de maisons, terres labourables et
prés situés dans le même canton ; mais sans unir ces
derniers objets à la mense épiscopale, de sorte qu'il en
conservait la pleine propriété. L'Évêque ne perdait pas
de vue son projet d'établir son Grand Séminaire à Douai,
mais on ne sait pour quelle raison il en différa quelques
années encore la consommation.

8

CHAPITRE XXX

Les Écoles du Petit Séminaire.
Réforme du Calendrier.

Les préoccupations de Moullart au sujet de son Grand Séminaire ne lui faisaient pas oublier le soin des plus jeunes enfants. Déjà dans son premier Synode de 1577, il avait ordonné à tous les curés d'établir des écoles dominicales sur le modèle de celles d'Arras. La vigilance de Moullart voulait plus encore. L'instruction primaire est nécessaire pour tous, mais elle est insuffisante pour plusieurs et surtout pour ceux qui montrent des dispositions à l'état ecclésiastique. Déjà le prédécesseur de Moullart avait fait quelque chose pour eux, il avait transformé l'école du Chapitre en la cité d'Arras en un Petit Séminaire où quelques jeunes enfants étudiaient : « la langue latine et grecque si faire se peut pour pouvoir commodément et littéralement entendre ce qui se dit à l'église et les commandements et rudiments de la dialectique et rhétorique, pour acquérir toujours quelque dextérité et promptitude et pour être capable des leçons du Grand Séminaire de Douai, quand ils y seraient envoyés. » Pour subvenir aux frais de cette fondation, Richardot avait fixé la part que les abbayes, chapitres, prieurés et bénéfices devaient fournir pour payer et entretenir cet établissement, dans lequel on ne devait admettre que des enfants baptisés, confirmés et légitimes. Dès son arrivée à Arras, Moullart reconnut les inconvénients de l'établissement d'un Petit Séminaire dans l'école du Chapitre. Son premier soin fut de transporter cet établissement en dehors du cloître, dans la rue de la Paix, en une maison située à côté de celle réservée aux prêtres âgés ou infirmes. En 1581, un chanoine de la Cathédrale, Robert Obry, soucieux du bien-être de ces jeunes enfants acheta une maison voisine pour leur permettre de prendre plus largement leurs ébats. Le premier Petit Séminaire d'Arras était fondé.

Une grande réforme venait de s'opérer à Rome. Le calendrier Césarien, par son manque d'exactitude, avait éloigné la fête de Pâques de la date que lui avait fixée l'ancienne tradition. Grégoire XIII confia aux savants de son siècle, le grand travail de la correction de cet antique calendrier, et promulga sa réforme le 15 Octobre 1581. Le 15 Janvier 1582, Philippe II ordonnait la mise en pratique de la correction grégorienne. Moullart s'empressa d'obéir aux ordres du pape et du roi ; et le 24 Février de l'année suivante il publiait un Mandement en latin pour promulguer cette réforme dans son diocèse. Voici une partie de la traduction de cette ordonnance.

« Mathieu Moullart, par la grâce de Dieu et du Saint-
« Siège apostolique, Évêque d'Arras, à tous ceux qui
« liront ces lettres, salut dans le Seigneur.

« Dieu, qui s'occupe de tout, s'est plu d'attirer l'atten-
« tion de notre Souverain Pontife, Grégoire XIII, que
« nous ne saurons jamais assez louer, sur le calendrier,
« afin de le corriger, de l'amender et de ramener par un
« nouveau calendrier l'équinoxe du printemps au 21ᵉ jour
« de Mars comme le constate longuement la bulle publiée
« à cette fin par Sa Sainteté. Nous ordonnons donc à
« tous et à chacun de veiller à l'avenir, à suivre cette
« correction et à la mettre en pratique ; ce que vous vou-
« drez bien respecter, comme des fils obéissants, dési-

« reux d'obéir sur-le-champ. Nous ordonnons donc à
« tous et à chacun les prélats, abbés, archidiacres, pré-
« vost, doyens, chanoines, curés, prêtres et autres per-
« sonnes ecclésiastiques ou religieuses quelle que soit sa
« condition ou son état, et aussi à tous les fidèles de notre
« diocèse d'Arras de se conformer à la correction ap-
« portée au calendrier par cette bulle de Grégoire XIII. »
Dans le reste de son Mandement, Moullart entrait dans
le détail des offices du mois de Février et indiquait la
manière dont on doit raccorder l'ancien calendrier avec le
nouveau. Cette lettre était datée de son palais épiscopal
d'Arras, le 24 de Février 1583.

CHAPITRE XXXI

Le Synode général de 1584.

Tous les ans au mois d'Octobre, l'Évêque d'Arras con-
voquait les principaux ecclésiastiques de son diocèse et
publiait à cette occasion de nouvelles ordonnances. Dans
la réunion du 17 Octobre 1582, l'Évêque porta l'attention
de son clergé sur la confection du pain et du vin nécessaires au saint Sacrifice. Moullart ordonnait à tous ses
prêtres de s'assurer toujours avec le plus grand soin de
la manière dont il était préparé. Ces réunions des principaux personnages ecclésiastiques du diocèse étaient
bonnes, mais le saint Concile de Trente demandait davantage. Il voulait une réunion annuelle de tous les membres du clergé. Les guerres continuelles, avaient empê-

ché Moullart d'obéir à cette sage prescription du Concile ;
enfin durant l'année 1584, voyant la situation s'améliorer
et le théâtre de la guerre s'éloigner, l'Évêque d'Arras
crut que le moment propice d'obtempérer au décret du
Concile de Trente était arrivé. Le 1er Septembre 1584 il
publia la convocation de son prochain Synode pour le 14
Octobre suivant. Nous renvoyons à l'appendice (no 1) le
texte encore inédit de cette convocation.

Cette lettre, adressée à l'abbaye de Saint-Vaast comme
à tous les monastères du diocèse, fut encore le point de
départ d'un long différend entre Moullart et Jean Sarrazin.
Toujours conseillé par les avocats de l'abbaye, l'abbé
de Saint-Vaast, au lieu de se réjouir de cette convocation
au Synode général, s'en étonna et consulta l'Université
de Douai pour savoir jusqu'à quel point un abbé exempt
de la juridiction épiscopale pouvait être convoqué à un
Synode diocésain. Néanmoins, le 6 Septembre Jean Sarrazin acquiesça à l'invitation de l'Évêque d'Arras et donna
délégation à Noël Novion, grand prieur, et à L. Le Bourgeois, hospitalier, pour y représenter l'abbaye, mais avec
des pouvoirs limités. La veille de l'ouverture du Synode,
le 13 Octobre, Mathieu Moullart rendit une ordonnance
sur l'ordre de préséance qui serait tenu dans le Synode
et plaça Noël Novion, représentant de l'abbaye, non après
l'abbé de Marchiennes selon sa demande et ses droits,
mais immédiatement après tous les abbés et abbesses du
diocèse, « parce que, disait Mathieu Moullart, Noël
Novion n'était pas seul représentant de l'abbaye et n'apportait pas de son abbé pouvoir de vote sur les affaires
à traiter au Synode. »

Jean Sarrazin, toujours vigilant gardien des droits de
l'abbaye, et fort d'une sentence de Pierre de Ranchicourt
datée de 1495 par laquelle cet Évêque d'Arras ordonnait

« que l'abbé de Saint-Vaast assistant au Synode tiendra le premier rang du côté droit et qu'en son absence, le premier ou autre religieux de Saint-Vaast qui y sera envoyé, tiendra la place de l'abbé de Marchiennes s'il est absent, ou le suivra immédiatement s'il est présent, » adressa les 17 et 19 Octobre une plainte au Souverain Pontife au sujet de l'ordonnance de Moullart. Mais auparavant, ne voulant pas que les droits de l'abbaye fussent lésés au Synode, Jean Sarrazin avait donné à Guillaume Gazet, curé de la Madeleine, une procuration pour assister au Synode et lui faire rapport de tout ce qui pourrait y être fait en violation des droits de l'abbaye. Les membres du clergé furent peu satisfaits de cette décision, et dès le 15 Octobre refusaient d'admettre cette procuration, et de regarder le curé de la Madeleine comme représentant de l'abbaye de Saint-Vaast.

Le Synode était terminé depuis longtemps quand le pape Grégoire XIII écrivit une lettre à l'archevêque de Cambrai, le 1er Janvier 1585, le priant de juger ce différend. La sentence se fit encore attendre, Enfin le 28 Octobre 1585 l'official de Cambrai François Buisseret, après avoir consulté le 13 Mars précédent les professeurs les plus célèbres de l'Université de Douai, entre autres Boece Epo, décida que rien ne devait être innové contre les droits de l'abbaye. La sentence n'était pas des plus claires. Aussi Jean Sarrazin et Mathieu Moullart se réunirent et nommèrent des arbitres qui tranchèrent la difficulté à la satisfaction des deux partis.

Le Synode de 1584 eut heureusement d'autres effets que de soulever cette question stérile de prééminence. L'assemblée réunie dans le palais épiscopal délibéra pendant toute une semaine jusqu'au 20 Octobre. Ce jour-là furent arrêtés les décrets définitifs qui traitent successivement des divers sacrements, des fêtes, des écoles, des biens ecclésiastiques et des crimes.

Voici quelques particularités de ces décrets qui furent imprimés l'année suivante à Arras, à la Bible d'Or.

« Au sujet du Baptême, le Synode défend d'admettre à l'avenir pour parrain des personnes n'ayant pas l'âge de raison, et demande qu'on n'impose aux enfants que des noms de saints de l'Ancien ou du Nouveau Testament ou tirés des martyrologes catholiques. Pour la Confirmation le Synode engage les curés à exhorter les fidèles à recevoir ce Sacrement principalement aux époques des Quatre-Temps, et défend d'admettre au mariage ou dans les monastères des personnes non confirmées ; en exceptant néanmoins les temps de guerre ou de vacance du siège.

Sur le sacrement de l'Ordre l'assemblée prit plusieurs décisions importantes. Elle défend les chants et danses, même non accompagnées d'instruments, aux prémices des nouveaux prêtres, sous peine d'excommunication contre les pasteurs du lieu, le nouveau prêtre et ses deux plus proches parents. Le Synode ordonne de plus au nouveau prêtre d'avoir à se conformer dans ses prémices aux usages romains à s'abstenir tout à fait de l'ancien usage de souffler sur l'espèce du pain, comme si on devait lui communiquer la vie par ce souffle, et leur rappelle aussi qu'on ne doit pas briser l'hostie avant la consécration au moment où le prêtre prononce ces mots : *benedixit, fregit etc.* Enfin le Synode renouvelle l'ordonnance du Synode du 16 Octobre 1582 exigeant des soins particuliers pour la fabrication de la matière nécessaire au divin Sacrifice.

Les décrets au sujet du sacrement de Pénitence montrent que les difficultés à propos des pestiférés subsistaient toujours. Le Synode rappelle aux autorités civiles l'obligation pour chaque pasteur d'administrer les sacrements aux pestiférés, d'autant plus, ajoute le décret, qu'on a remarqué que, grâce à la protection des saints anges les pasteurs ne contractent jamais la maladie et ne la propagent pas ; qu'en conséquence les autorités civiles ne doivent pas déclarer les pasteurs qui remplissent leur devoir à l'égard des pestiférés comme *Vitandi*. Toutefois, ajoute le Synode, si les autorités civiles, refusent de permettre à leurs pasteurs de visiter les pestiférés, l'Évêque désignera volontiers pour cette fonction des prêtres spéciaux, si les autorités civiles prennent sur les fonds publics les sommes nécessaires pour subvenir à l'entretien de ces prêtres. Ceux qui ont le pouvoir d'absoudre des cas réservés ne pourront pas s'en servir dans le cas d'hérésie.

Quant aux fêtes, le Synode décide que pour remercier les saints anges de leurs bienfaits la fête de saint Michel devra être chômée à l'égal de celle de la Toussaint, et demande qu'on sanctifie d'une manière spéciale la fête des saints Anges gardiens au premier jour de Mars, le 15 Mars, fête de saint Gabriel, et le 8 Mai, fête de l'apparition de 'saint Michel. L'assemblée confirme tout ce que les statuts de Richardot ordonnent au sujet des fêtes, excepté néanmoins les mardi et mercredi de Pâques et de Pentecôte, jours où la coutume du diocèse permet de se livrer aux travaux ordinaires. Tous les jeûnes anciens sont maintenus, excepté celui de l'Avent. Pour les écoles, le Synode déclare qu'on devra recourir au bras séculier pour contraindre les parents insouciants qui négligent d'observer l'édit promulgué par le roi, touchant l'instruction primaire.

Dans les articles qui traitent des biens ecclésiastiques le Synode ordonne, que pendant les trois dimanches qui suivront le retour des curés dans leurs paroisses et le deuxième dimanche de Carême, de faire des publications où seront menacés d'excommunication, à partir du dimanche de la Passion, ceux qui détiennent injustement les biens ecclésiastiques, et ceux qui connaissant ces détenteurs ne les dénonceraient pas.

De plus un inventaire en double de tous les biens et revenus ecclésiastiques sera dressé par tous les administrateurs de ces biens ; un exemplaire sera envoyé au supérieur ecclésiastique et l'autre sera gardé par le bénéficier. Tous les contrats où les possesseurs de biens ecclésiastiques seraient lésés seront annulés. Pendant la dernière maladie des bénéficiers, et pendant la vacance des abbayes, il sera pris des mesures pour la sauvegarde des biens. Les crimes devront être dénoncés soit aux Vicaires généraux soit à l'Official.

Les communautés qui établiraient chez elles des tavernes où l'on vendrait du vin, perdront le droit de prêcher et de confesser pendant un an, sans parler des autres peines que pourrait enjoindre le supérieur général, où à son défaut l'autorité diocésaine.

Enfin le Synode, traite des processions ; il défend aux religieux de faire des processions en dehors de leur monastère sans l'autorisation du curé et de l'Ordinaire et de bénir l'eau le samedi à moins d'un privilège spécial. Il recommande ensuite aux clercs et aux laïcs de chanter et de prier pendant les processions, ceux qui y causeraient devront être repris même par l'autorité civile. Le Synode termine en défendant l'usure et en prescrivant une enquête sérieuse sur les titres patrimoniaux présentés par les ordinands, pour savoir s'ils sont réellement suffisants.

Ces ordonnances publiées par le Synode, le 20 Octo-

bre 1584, ne furent promulguées par Mathieu Moullart
que le 14 Novembre 1584. Dans la longue lettre latine où
l'Évêque fait connaître à tout le diocèse les décisions de
cette assemblée, Moullart commence par exprimer toute
sa reconnaissance envers le bon Dieu qui a permis de
tenir cette assemblée : *Ac ejus immensæ majestati quan-
tascumque possumus gratias ex intimis præcordiorum
venis et ferventissimis affectum medullis de tantis bene-
ficiis oppido quam agere necnon quam maxime fieri po-
test referre.* Puis en constatant la concorde et la paix qui
ont régné pendant toute la durée du Synode, l'Évêque
ne peut s'empêcher de s'écrier : *Quod a Domino factum
est istud.*

En marque de reconnaissance Moullart demande à tous
ses diocésains l'exacte observation des remèdes apportés
par l'assemblée. « Car, ajoute-t-il : *Parum prodest medi-
cinam domi præparatam retinere, nisi ut tempore oppor-
tuno morbis curandis adhibeatur.* Et de même que ce
Synode, malgré le mauvais désir de plusieurs, a accompli son œuvre à l'édification de tous, de même nous
espérons que, malgré l'espoir de quelques-uns, nous
pourrons bientôt nous réjouir de voir ces décrets fidèlement observés par tout le diocèse. Le Révérendissime
d'Arras explique ensuite pourquoi son Synode s'est contenté de prescrire un tout petit nombre d'ordonnances ;
c'est qu'il arrive souvent que la multitude des prohibi-
tions est plus nuisible qu'utile : *Plus obest quam prodest,
et non tantum ædificat quantum destruit, non minus
ordinem turbat quam confusionem inducit.* Si on ne
commence pas par instruire le peuple des choses nécessaires, c'est en vain qu'on travaillera à l'observation des
commandements plus difficiles : *Nisi populum primo
doceamus observare magis necessaria et communia,*

frustra contendimus eum ad majora et difficiliora capessendo perducere. L'Évêque continue en disant qu'il ne prétend nullement en agissant ainsi, blâmer ceux qui procèdent autrement, mais seulement vouloir excuser notre faiblesse ; il termine enfin en promulguant le Synode pour tout le diocèse et en se recommandant aux prières et aux sacrifices de ses diocésains.

L'année suivante, pour faciliter la connaissance des décrets du Synode, Moullart les fit imprimer avec la lettre les promulguant chez Claude de Buyens à l'imprimerie de la Bible d'Or d'Arras, avec un avant-propos où il annonçait sa prochaine visite pastorale dans laquelle, disait-il, il espérait bien n'avoir pas à travailler à mettre à exécution les décrets de son Synode, mais bien plutôt, à se réjouir dans le Seigneur de leur observation.

CHAPITRE XXXII

Difficultés avec le Conseil d'Artois.

Dès le début de son pontificat, Moullart avait eu à se plaindre de ce tribunal, qui, dans l'affaire des pestiférés et dans les démêlés de l'évêché avec l'abbaye de Saint-Vaast avait donné gain de cause à ses adversaires. La publication des décrets du Synode d'Arras fut une nouvelle cause de division. Le Conseil d'Artois vit, dans plusieurs des décrets publiés par l'Évêque Moullart, un empiètement sur ses droits, et demanda qu'en considération de « ses privilèges, haulteurs et autorités », on corrigeât et rayât les articles qu'il lui plairait d'indiquer parmi les résolutions du Synode. Le Conseil d'Artois se plaignait principalement de l'article qui ordonnait de dénoncer à l'Official ou aux Vicaires généraux les crimes publics graves. comme l'homicide, le rapt, les sacrilèges. Le Conseil d'Artois ne reconnaissait pas à l'Évêque le droit de connaître de ces crimes et l'autorisait seulement pour le cas d'adultère. Les décrets du Synode concernant l'administration des biens ecclésiastiques paraissaient aussi un empiètement du pouvoir ecclésiastique sur le pouvoir civil.

Les difficultés présentées par le Conseil d'Artois traînèrent en longueur. Ce tribunal en appela à Sa Majesté déclarant que « les réformes apportées par le Synode et confirmées par le Concile provincial tenu à Mons le 28 Septembre 1586, sous la présidence de Louis de Berlaymont, étaient préjudiciables au droit de Sa Majesté, répugnant aux coutumes, usages et louable police du Comité d'Artois, et par conséquent d'exécution difficile. »

Grâce à l'intervention royale, qui déclara vouloir approuver les décrets du Concile de Mons, Moullart n'eut rien à retrancher aux décrets de son Synode. Le Conseil d'Artois accepta volontiers la sentence de Philippe II ; du reste, même au milieu de cette difficulté, il s'était montré pour Mathieu Moullart d'une extrême courtoisie. Par une sentence datée de 1585, il adjuge au seigneur Évêque d'Arras le droit de forage jusqu'à concurrence de quatre lots de la pièce de vin.

Plus tard un autre conflit s'éleva entre l'Évêque et ce puissant corps de l'État, à l'occasion des processions. Moullart prétendait que le Conseil d'Artois devait assister en corps aux processions générales, aussi bien à celles prescrites par l'autorité royale, qu'à celles que l'Évêque ordonnait de son propre chef ; et que, dans tous les cas, c'était à l'Évêque qu'appartenait le droit de désigner le jour de la procession. Le Conseil d'Artois se plaignait en outre de la fréquence de ces processions. Elles étaient en effet fort nombreuses ; outre toutes les processions religieuses habituelles et celles que Moullart ordonnait de son propre chef, le pouvoir central en prescrivait aussi très souvent.

Rappelons les principales qui eurent lieu sous son épiscopat.

Le 13 Août 1581, des processions générales sont ordonnées pour obtenir des avantages sur le prince d'Orange : le 1er Décembre de la même année, le prince de Parme demande encore des processions en mémoire de la victoire remportée à Tournay. Le 29 Mai de l'année suivante, nouvelles processions pour le succès de la religion catholique. De même, le 26 Septembre de l'année 1582, à l'occasion des succès des armées de Philippe II dans les îles Açores. Le 26 Mai 1585, une victoire est obtenue à la contre-digue d'Anvers ; nouvelle résolution ordonnant par des lettres royales, outre la procession, des manifestations religieuses. Le 25 Août 1585, la ville d'Anvers est enfin réduite par les catholiques ; le Roi ordonne aussitôt des processions et réjouissances publiques pour fêter cette importante victoire. L'année suivante, le 18 Avril 1586, elles sont prescrites pour obtenir la cessation de la pluie.

Les intérêts généraux du pays ne sont pas les seules causes de ces prières publiques. Tout ce qui touche à la personne du roi est un motif aussi de manifestations religieuses. Le 9 Décembre 1580, le prince de Parme ordonne des prières pour l'heureuse guérison du Roi. Le 17 Janvier de l'année suivante, nouvelle lettre demandant des prières pour le repos de l'âme de la reine d'Espa-

gne. Toutes ces processions générales extraordinaires ajoutées aux manifestations extérieures ordinaires, et aux processions faites sur l'ordre particulier de l'Évêque d'Arras,
étaient la cause du conflit entre le Conseil d'Artois et
le Révérendissime d'Arras. Les conseillers d'Artois présentèrent leurs griefs à Philippe II. Le roi d'Espagne
répondit à leur mémoire par cette très sage sentence,
que « à quante fois que Sa Majesté et son lieutenant gé-
« néral trouvera expédient d'indire supplication ou pro-
« cession géneralle soit pour prier Dieu de divertir son
« gré et maux aparans, ou pour la santé et prospérité de
« Sa Majesté ou bon succès des affaires d'icelle et bien
« du pays, ou pour rendre actions de grâce pour une vic-
« toire, une paix ou nativité de prince ou autrement
« pour bonnes nouvelles, les lettres de court pour signi-
« fier l'intention de sa dite Majesté ou du lieutenant gé-
« néral s'adressant à ceux du Conseil en Artois pour le
« faire savoir au dit sieur Révérendissime d'Arras ou à
« ses Vicaires ; le siège vacant au chapitre comme c'est
« accoutumé ; en leur demeurant copie desdits lettres
« pour savoir les causes de telles processions, supplica-
« tions et prières. Les requérants prendre le jour brief
« et convenable pour telle solennité et sur tel avertisse-
« ment ledit sieur Évêque ou ses Vicaires ou ledit Cha-
« pitre feront informer les doyens de chrétienté et eux
« les curés de leur charge subordinément pour faire les
« devoirs en la manière accoutumée... Mais quand ledit
« sieur Évêque d'Arras pour cas spécial trouvera de son
« office faire soit quelques prières, supplications et dévo-
« tions extraordinaires, soit par processions générales
« de toutes les paroisses religieuses et clergé assemblé
« ou bien par paroisses particulières, il le pourra aussi
« faire savoir et signifier comme du passé. Bien entendu

« que quand se feront processions générales, est trouvé
« expédient (pour être ladite ville d'Arras et autres du
« pays d'Artois fort frontières et limitrophes à la France)
« qu'il en communique avec le dit du Conseil pour
« adviser s'il ne pourrait avenir aucun inconvénient afin
« d'y donner l'ordre par eux et les officiers et magistrats
« séculiers requis ; et au cas qu'ils agréent telle assem-
« blée aux convocations du peuple pour telle dévotion et
« piété ; iceux du Conseil y assisteront comme si lesdites
« processions fussent ordonnées de Sa Majesté ou de
« son lieutenant général et en cas que iceux du Conseil
« ne trouvassent cause urgente et suffisante, le pourront
« déclarer au dit seigneur Évêque ou ses vicaires, auquel
« cas ne seront tenus lesdits du Conseil comparaître
« collégialement et en corps de justice à icelles proces-
« sions. Mais pourront y aller comme particulier selon
« leurs dévotions. Néanmoins, en tous événements feront
« bien de pourvoir et faire pourvoir par les gouverneurs et
« capitaines des villes et places que pendant telles assem-
« blées du peuple aucun inconvénient, par surprise ou au-
« trement, ne puissent advenir requérant et admonestant
« Sa Majesté le dit seigneur d'Arras et ceux de son Conseil
« d'Artois de vivre en toute concorde et union chacun
« au regard et exercice de son office et charge. Bien sa-
« chant qu'il n'y a chose plus agréable à Dieu que quand
« une prière, dévotion ou acte de religion est faite en
« paternelle et vraiment chrétienne concorde, amitié et
« union d'esprit et volonté. »

Au reçu de cette lettre ajoute le registre aux placarts
« Le sieur de Hauteville serait comparu ce aujourd'hui en
« ce dit conseil neuf heures du matin comme serait
« pareillement messire Mathieu Moullart, Évêque d'Arras
« Lequel sieur de Hauteville aurait discouru le fait en

« question et en après exhibé certain écrit contenant les
« points conçus au conseil privé de Sa Majesté pour ter-
« miner les difficultés en question qui sont telles qu'est
« dessus. Repris lesquels points ayant été publiquement
« et intelligemment lus et entendus aurions déclaré au
« dit Seigneur de Hauteville que notre intention était de
« les entretenir et selon iceux nous regler, puisque telle
« était l'intention et volonté de sa ditte majesté comme
« aurait fait pareillement le sieur R^me Évêque étant
« assisté de Géry Boucqrel, licencié ès lois, chanoine
« en l'église Notre-Dame d'Arras, archidiacre d'Arras
« et archidiacre d'Ostrevent et à ces fins a été
« dépêché le présent acte par notre clergé et dudit
« sieur Révérendissime ainsi fait audit conseil le 28 jan-
« vier 1590 ». Malgré ces bonnes promesses les processions furent encore l'occasion de plusieurs conflits entre
le Conseil d'Artois et l'Évêque d'Arras comme nous le
verrons plus tard.

CHAPITRE XXXIII

La visite du nonce à Arras.

Le pays, fatigué de la guerre soupirait après la paix ;
on conclut donc vers la fin de 1585 une trève à Cambrai
qui devait durer trois ans. Ce traité si longtemps attendu
et qui promettait au peuple trois années de repos et de
prospérité fut publié en Artois le 20 décembre 1585 à la
joie universelle. Moullart fut le premier à s'en réjouir.

Cette paix lui permettait de parcourir enfin sans danger toutes les parties de son grand diocèse, et de ramener dans les abbayes la tranquillité depuis si longtemps troublée. Dès le premier Janvier 1586, le R^{me} Évêque d'Arras envoya à tous les prélats de son diocèse soumis à sa juridiction épiscopale, un décret qui ordonnait à tous les abbés et abbesses, prieurs et prieuses de rentrer au lieu de leur profession menaçant de sévir par voie de droit et de justice contre ceux des prélats qui n'obéiraient pas ou qui ne seraient pas rentrés dans leur monastère avant le 23 de ce même mois de Janvier. Ce mandement annonçait en outre que Monseigneur allait faire une visite dans chaque monastère, aux fins de s'assurer qu'aux termes de la décision du Concile de Trente on se conformait aux prescriptions de l'observance, et qu'on satisfaisait aux intentions des fondations. Ce décret était signé de la main du secrétaire de l'Évêché M de Brusne par mandement du R^{me} d'Arras, et le sceau de Monseigneur était apposé sur un papier appliqué sur la cire.

Les abbés et prieurs s'empressèrent d'obéir à cet ordre et se préparèrent à recevoir dignement leur Évêque. Néanmoins, le prieur de Marchiennes, envoyé par son abbé, vint trouver Moullart à Arras afin d'obtenir un délai, le couvent de Marchiennes n'étant plus habitable pour le moment, une partie du monastère s'étant écroulée durant les guerres. L'Évêque d'Arras accéda au désir de l'abbé et l'autorisa à rester encore quelque temps avec ses moines dans leur collège à Douai et dans celui des Jésuites. Les abbés d'Hasnon et de Cysoing adressèrent également à l'Évêque d'Arras une demande de sursis à son décret ; Mathieu Moullart ne se rendit pas à leurs raisons et leur enjoignit de regagner leur monastère.

La trève de Cambrai eut encore une autre conséquence.

Elle permit enfin au légat Jean François Bonhomio, évêque de Verceil, nonce des Souverains Pontifes Grégoire XIII et Sixte-Quint, de remplir son auguste mission dans le diocèse d'Arras. Le 11 Janvier 1586, le nonce arrivait à Douai en qualité de légat *a latere*. Le clergé de toutes les paroisses de la ville vint au-devant de lui; on l'attendit d'abord à la porte Notre-Dame depuis trois heures et demie jusqu'à quatre heures, et comme il n'arrivait pas, bon nombre s'en allèrent. Les Franciscains se retirèrent dans leur église pour chanter complies, et après cet office ils revinrent et allèrent avec ceux qui attendaient près de la porte Saint-Éloy. Le nonce arriva en effet par cette porte vers six heures du soir. L'illustrissime descendit de voiture pour entendre les compliments et les discours que lui adressa le clergé ainsi que les harangues prononcées par le recteur Magnifique et le chef des six hommes au nom de l'échevinage de la ville. Le nonce fut ensuite conduit à l'église Saint-Pierre malgré la neige. L'abbé d'Anchin, Warnier de Daure, et le Recteur Magnifique marchaient le premier à sa droite et le second à sa gauche.

Après avoir séjourné trois jours à Douai, pendant lesquels il visita les églises, l'Université, les Séminaires, le nonce malgré le mauvais temps, partit le 14 Janvier de Douai pour Arras. Tout le clergé de notre ville alla au-devant de lui en procession. Moullart voulut le recevoir lui-même en habits pontificaux à la porte de la ville. Toutefois le magistrat d'Arras ne vint pas, prétendant qu'en vertu de ses privilèges il n'était tenu d'aller à la rencontre de qui que ce fût, excepté du prince, ce qui fut blâmé par beaucoup. Or, l'abbé de Saint-Vaast, Jean Sarrazin étant absent, le prieur Jean Bourgeois avec un autre religieux et suivi d'un domestique, se rendit au-devant

du nonce et lui offrit au nom de l'abbé la maison de Saint-
Vaast pour hôtel. Mais le légat, étonné de l'absence de
Jean Sarrazin refusa et prit son logement au palais épis-
copal, que Moullart mit tout entier à sa disposition.

L'Évêque de Verceil demeura huit jours à Arras. Il visita
les églises de la ville et de la cité comme il l'avait fait à
Douai et s'enquit soigneusement par lui-même ou par les
siens des mœurs du pays. Le légat voulut vénérer nos reliques et en particulier la sainte Manne, ce premier joyau
de notre église, disant « que c'était là un des principaux
points de sa charge craignant que quelques abus n'entras-
sent dans le culte de ces saintes reliques ». Après une longue et mûre délibération de l'Évêque et de son Chapitre, on
accéda au désir du nonce et la châsse de la sainte Manne
fut ouverte par messire Mathieu Moullart, Évêque d'Arras,
en grande révérence avec flambeaux ardents et en la présence des principaux chanoines représentants le corps du
Chapitre, tous revêtus de chapes. La reconnaissance de
cette sainte relique ne s'était pas faite de mémoire
d'homme et il n'y eut aucun de la compagnie qui pût ouvrir
le reliquaire, « voire l'orfèvre même, qui y fut mandé, ne
trouva du premier coup le secret pour en faire l'ouverture
qui était faite à l'antique et fort artificiellement et subti-
lement cachée. » Et lors aussi toutes les susdites saintes
reliques furent trouvées en très bon ordre, et entre autres
la sacrée Manne se montrait aussi entière qu'elle pouvait
être, lorsqu'elle fut recueillie sur la terre, et en assez bonne
quantité, voire guère moins que la mesure d'un quart de
boisseau. Le nonce reconnut de même l'insigne relique
du saint cierge qu'il vénéra avec une grande piété. Le
légat termina son séjour à Arras par une visite à l'abbaye
de Saint-Vaast. Le dimanche 19 Janvier, il se rendit de
l'Évêché au couvent de Saint-Vaast ; les moines revêtus

de leurs habits religieux marchèrent processionnellement
à sa rencontre et le conduisirent au chœur où il donna la
bénédiction solennelle, et après la grand'messe, il célébra lui-même une messe basse comme il avait fait dans
l'église Sainte-Anne à Douai et comme il avait coutume
de faire chaque dimanche. Après son action de grâces il
revint dîner avec les religieux.

Le nonce présida ensuite le Chapitre et prenant congé
des moines, après avoir dans un discours résumé les
défauts de chacun, on rapporte qu'il dit au prieur :
« N'ai-je pas frappé juste ? Ne les ai-je pas, comme on
dit, touchés tous au vif ? »

Cependant l'abbé de Saint-Vaast, prévenu par ses
religieux de l'arrivée du nonce à Arras quitta précipi-
tamment Bruxelles où il venait de recevoir du roi d'Espagne les insignes de la Toison d'Or et arriva à Arras
ce jour-là même. Il prit à peine le temps de quitter ses
habits de voyage et se rendit à l'évêché pour saluer le
nonce et s'excuser de son absence. Il le fit en très bons
termes et pria le nonce et l'Evêque de vouloir bien venir
dîner le surlendemain en son abbaye. Bonhomio et Moullart se rendirent à cette invitation et furent reçus à
Saint Vaast avec tous les honneurs dûs à leur haute
dignité.

Pour encourager l'abbaye, le légat promit de demander
au pape Sixte-Quint plusieurs indulgences plénières à
ceux qui visiteraient à certains jours les différentes chapelles de l'église de l'abbaye. Les magistrats de la ville
et de la cité qui n'avaient pas voulu se rendre en corps
au-devant du légat vinrent le saluer chacun en particulier. L'Évêque de Verceil avait la mission expresse de se
rendre à Cambrai en sortant d'Arras, mais les chanoines
de cette métropole et son gouverneur Balagny lui écri-

virent que cela n'était pas prudent. Le nonce renonça donc à son projet et quitta Arras le 21 Janvier pour visiter le Mont-Saint-Éloy et sa riche abbaye où il trouva tout en très bon ordre, il partit de là pour Saint-Omer. La grande piété du nonce et son énergie à supporter courageusement de violents accès de goutte, fit la plus grande impression sur le clergé d'Arras qui conserva de cette visite le meilleur souvenir. Le Chapitre vota une somme de 300 livres afin de payer la moitié des frais faits par l'Évêque à l'occasion de la réception du nonce.

Le 25 Février de la même année Monseigneur Bonhomio repassa par Arras et fut cette fois, reçu à l'abbaye de Saint-Vaast, où Jean Sarrazin lui rendit les plus grands honneurs.

CHAPITRE XXXIV

Mandement de Moullart pour le Carême de 1586

Avant de publier son mandement pour le Carême de 1586, Moullart, huit jours après le départ du nonce, fit paraître une ordonnance pour tout son clergé qui devait lui parvenir avec le mandement. Ce décret porté par l'official est assez bref pour être reproduit ici en son entier :

Officialis Atrebatensis omnibus decanis christianitatis et pastoribus nobis subditis salutem in Domino.

Cum videamus plures ex vobis a vestro aberrare officio per ignorantiam statutorum, volumus ut statuta atrebatensia omnia tam impressa quam quæ scripta in ultimo capitulo per promotores publicata sunt ac in posterum publicabuntur, habeatis singuli et diligentes legatis utque id nobis constare possit ad singula capitula eadem omnia impressa et nitide scripta adferatis, ac promotoribus ligata exhibeatis sub pœna quinque assuum pro qualibet vice, promotoribus pro sollicitudine inspiciendi applicandum. Contra refractorios autem hoc rescripto iisdem promotoribus potestatem damus jure agendi.

Actum in palatio episcopali Atrebatensi.

Avec cet ordre d'avoir en leur possession les statuts du diocèse d'Arras, sous peine d'une amende de cinq sous, arriva au curé le mandement du Carême de 1586. De tous les mandements pour le Carême de l'Évêque Moullart, c'est le seul qui, à notre connaissance, soit parvenu jusqu'à nos jours. Aussi le reproduisons-nous entièrement, il nous donne d'ailleurs de curieux renseignements sur la rigueur des pénitences de nos pères qui restaient 40 jours sans manger ni viande ni œufs et qui considéraient comme un grand soulagement l'usage du lait et du beurre.

Arras, le 3 Février 1586.

Mandement pour l'an de grâce de 1586.

Nous, Mathieu Moullart, par la permission divine et du Saint-Siège apostolique Évêque d'Arras, considérant la grande cherté de tous vivres, pareillement l'extrême pauvreté et indigence de nos sujets et habitants de notre diocèse, avons dispensé et dispensons avec iceux au saint temps de Carême prochain 1586 pour qu'ils puissent user de lectuailles, à savoir lait, beurre et fromage, et afin que ceux qui en useront ne perdent le mérite qu'ils auraient en s'abstenant d'user desdits lectuailles ; ordonnons à tous ceux qui savent lire et écrire, de dire les sept psaumes pour une fois, et à ceux qui ne savent lire, de dire un chapelet aussi une fois, et chacun jour qu'ils en useront tant ceux qui savent lire que non un *Pater* et un *Ave Maria*; et au lieu de ce, donner à l'église ou aux pauvres un gros ; et comme il est venu à notre connaissance qu'en plusieurs lieux où il y a des prédications pour annoncer la parole de Dieu, pendant le Carême ou autre temps se commettent des fautes dignes de répréhension, en ce que en aucun lieu les paroissiens manans et habitants pour l'instruction desquels lesdits prédicateurs travaillent et labourent et partant méritent selon la doctrine de Monsieur saint Paul en leur faisant part et portion de leur doctrine, à savoir que les auditeurs leur fassent réciproquement part et portion de leurs biens temporels et viennent à contribuer à leur alimentation et rénumération. Si est ce qu'est aucun lieu nous entendons à notre très grand regret, que les pauvres prédicateurs souventefois, ne trouvent aucun paroissien qui fassent office de charité envers iceux, les conviant à leurs maisons, ou leur envoyant portion de leurs biens temporels pour se pouvoir refectionner, de manière que les pasteurs ou autres personnes ecclésiastiques portent seul ou la plupart le fardeau de la dépense desdits prédicateurs.

Secondement se trouve en aucuns lieux quelques-uns, qui au lieu de convier lesdits prédicateurs ou de leur suppediter quelque chose de leurs biens en avancement de leurs réfections à heure compétente, les viennent voir du soir pour faire collation avec eux, ou que souvent se commettent excès fort grands, non seulement à la violation du jeûne sacré, mais aussi bien notable transgression des limites de la sobriété chrétienne ; et au retardement, ou total empêchement des études d'iceux prédicateurs, si que le lendemain ne peuvent prêcher avec telle édification et fruits qu'ils pourraient faire cessant telle distraction.

Par quoi désirant remédier absolument tant à l'un comme à l'autre, tant ainsi que nous exhortons par ces présentes et admonestons tous ceux qui nous sont sujets comme diocésains à exercer les bons et chrétiens offices vers les prédicateurs d'hospitalité et de charité pourvoyant tellement à leur honnête réfection qu'iceux n'eussent occasion de se plaindre, et aussi qu'aucuns ne soient plus grevé que les autres pour n'être frustré de la grande mercède que Notre-Seigneur a promis à ceux qui useraient de telle bénéficiense (Heb. 13, Math. 10).

Aussi par l'autorité qui nous est donnée de Dieu, deffendons bien expressément et interdisons à tous et quelconques, de ne point interturber lesdits prédicateurs du soir, sous prétexte de collation ou autrement. Car oultre les inconvénients dessus touchés, les abus souventes fois par mauvais exemples détruisent beaucoup plus et scandalisent le pauvre simple peuple, que les prédicateurs ne l'édifient ; qui cause que nous voulons et ordonnons à tous doyens et pasteurs de publier ce présent mandement le dimanche devant le Carême et quelqu'autre en suivant audit Carême, afin que personne ne puisse prétendre cause d'ignorance et au cas qu'il y eut aucun qui ne fassent conscience d'y contrevenir, qu'ils aient à les dénoncer aux doyens et les doyens à notre Official, pour les peines selon qu'à l'exigence du cas sera trouvé convenir. Ainsi fait et arrêté en notre palais épiscopal, le 3 Février 1586.

Plus bas était écrit.

Par ordonnance dudit sieur Révérendissime

et signé

J. DE BRUNE.

Moullart ne se contentait pas de remettre en mémoire le devoir de la pénitence durant le Carême, il donnait encore l'exemple en observant dans toute sa rigueur la loi du jeûne et de l'abstinence. Toutefois, durant le Carême de cette année, il fut obligé d'assister au dîner de réception de M. de Marles ; le nouveau gouverneur arriva le Dimanche 17 Mars, jour de la Mi-Carême, prendre possession du gouvernement d'Arras. Le lendemain de son arrivée, le 18 Mars, vers onze heures, M. de Marles suivi de toute sa suite, fit son entrée en la chambre du Conseil et se mettant à deux genoux sur le parquet de la place au devant du bureau, tenant la main sur la représentation du crucifix afin de prêter le serment accoutumé et les autres serments qui lui furent lus par le conseiller, M. de Marles ajouta ces mots : « Dieu me donne la grâce de bien m'en acquitter comme j'en ai la volonté. » « Lequel devoir ainsi fait, le nouveau gouverneur avec le R^{me} Évêque d'Arras, l'abbé de Saint-Vaast et plusieurs autres gentilshommes, Messieurs du Conseil d'Artois, officiers de la gouvernance, les échevins, les capitaines de la ville, plusieurs notables bourgeois, les quatre commis aux ouvrages se rendirent au dîner de la grande salle, sur le marché, auquel banquet fut fait fort bonne et honnête chair. » Malgré la solennité de cette circonstance, le banquet fut non seulement servi en maigre mais même les œufs n'y figurèrent pas.

Au devoir de la pénitence, Moullart ajoutait encore l'exercice de la charité. Quelques familles nobles avaient refusé de signer le traité d'Arras et la réconciliation avec l'Espagne, Philippe II pour se venger les avait exilées ; Moullart chercha à les faire rentrer dans les bonnes grâces du roi. Il y réussit pour quelques-unes, à cause de sa grande influence. Et le Vendredi, 22e jour de Mars

1586, le roi Philippe II signait grâce à l'avis de l'Évêque d'Arras, l'acte de réconciliation de Jacques Bellevalet.

———

CHAPITRE XXXV

La Visite des Abbayes en 1586.

Après les grandes fêtes de Pâques la paix continuant de régner Moullart entreprit la visite de son vaste diocèse. En Juin après s'être arrêté à Bapaume et y avoir donné le sacrement de Confirmation, l'Évêque d'Arras continua sa route jusqu'à l'abbaye d'Arrouaise située à l'extrême limite de son diocèse sur les limites de la Picardie. Cette abbaye dont il ne reste plus rien depuis la Révolution, se trouvait située sur la paroisse du Transloy, du côté de Rocquigny. Ce monastère fondé en 1090 s'était promptement développé et 22 abbayes se groupèrent bientôt sous sa dépendance. Les abbayes d'Hénin-Liétard et de Marœuil faisaient partie de cette affiliation. C'est dire toute l'importance de ce monastère. Moullart l'avait déjà visité plusieurs fois depuis son arrivée à Arras. Mais comme il l'avait annoncé dans sa lettre du 1er Janvier de cette année, il voulait profiter de la paix pour renouveler en 1586 la visite de toutes les abbayes de son diocèse. Par sa position sur l'extrême frontière, le monastère d'Arrouaise avait eu plus que d'autres à souffrir des horreurs de la guerre. Le procès-verbal de la visite épiscopale de 1586 conservé par don Gosse nous apprend que Moullart fut obligé de rappeler à l'abbé Canovelle ce qu'il lui avait déjà dit dans ses premières visites. L'Évêque com—

mença par publier les décrets du Concile de Trente, de celui de Cambrai, comme aussi les décisions du Synode de 1584. Son attention se porta peu après sur les bâtiments de l'abbaye qui étaient dans un déplorable état ; l'église croulait et n'avait pas même de vitres. On y célébrait cependant l'office divin dans les intervalles de paix pendant lesquels les religieux pouvaient l'habiter. L'Évêque ordonna les réparations nécessaires et les plus urgentes. La messe conventuelle était en même temps paroissiale, on y administrait la sainte Communion au peuple ; on y exposait à la vénération les reliques des saints. Moullart exigea à cause des personnes du sexe que l'on bâtisse une chapelle dans la nef où les pèlerins puissent vénérer les reliques et les paroissiens participer aux saints mystères. Mais l'Évêque d'Arras porta principalement son attention sur la mauvaise administration de l'abbé, à qui, il enjoignit de faire tous ses efforts pour rentrer dans la possession des biens du monastère ou aliénés à perpétuité, ou imprudemment affermés à longs termes : L'abbé d'Arrouaise à la suite de cette réprimande de son Évêque répara de son mieux son église et les bâtiments claustraux et fit des tentatives pour recouvrer les biens aliénés par ses prédécesseurs. Mais la mort ne lui permit pas d'exécuter entièrement ses projets. L'abbé Canovelle s'éteignit doucement dans le Seigneur, le 3 Février 1592.

En quittant Arrouaise Moullart se dirigea immédiatement sur Bruxelles pour s'entendre avec le légat au sujet de plusieurs affaires. Après son voyage auprès de l'Évêque de Verceil, Moullart reprit la visite de son diocèse et de ses abbayes.

Au mois de Juillet nous le trouvons donnant la Confirmation dans la paroisse de Montigny-en-Gohelle ; le curé de cette paroisse, continuateur de la chronique gérardine des Évêques d'Arras, nous apprend le zèle de Moullart dans l'administration de ce sacrement. Les guerres avaient empêché l'administration de la Confirmation depuis de longues années, aussi l'Évêque, qui venait de défendre à ses curés de bénir le mariage des personnes non confirmées, se trouvait-il pressé de toutes parts par une multitude, implorant l'imposition des mains ; hommes, femmes, jeunes gens, jeunes filles, vieillards octogénaires, enfants des pays d'alentour et même des diocèses voisins et parfois jusqu'à plusieurs centaines accablaient l'Évêque d'une besogne écrasante ; d'autant plus qu'il tenait à rester à jeun jusqu'au soir s'il le fallait ne voulant pas rompre le jeûne avant d'avoir confirmé tous ceux qui se présentaient. Il accomplissait cette fonction avec plus de plaisir que nulle autre affaire, quoiqu'il fût brisé de fatigue. Car il ne traitait pas à la hâte les candidats qui se présentaient, mais exigeait que tout se passât dans le plus grand ordre, et n'admettait au sacrement que ceux qu'il constatait après examen être bien confessés dûment préparés, et amenés par leurs parrains. Et quelque petits que fussent les groupes qui se présentaient, il ne les renvoyait jamais sans leur donner la parole de Dieu et les instruire de tout ce qui concernait le sacrement de Confirmation. Moullart durant le mois d'Août suivant continua la visite de l'archidiaconat d'Ostrevent puis il s'arrêta aux abbayes de Marchiennes et de Fline où il ne se passa rien de bien particulier à signaler. Il n'en fut pas de même en l'abbaye d'Anchin où Moullart arriva le 15 Septembre 1586.

CHAPITRE XXXVI

Nouvelle visite de Moullart à l'abbaye d'Anchin.

Les efforts infructueux de l'Évêque d'Arras en Mai 1579 pour ramener la paix à l'abbaye d'Anchin avaient été suivis d'événements inattendus, qui avaient pacifié ce monastère pour un temps. L'abbé schismatique Joachim Zoette atteint de la peste à Cambrai en 1580 fut enlevé en peu de jours. Cette mort et le zèle du prieur François de Bar contribuèrent beaucoup à calmer les esprits des moines d'Anchin. Néanmoins le caractère malheureux de l'abbé Warnier ne tarda pas à soulever de nouvelles difficultés, et nécessita l'intervention de l'Évêque et celle du nonce lui-même.

En 1586, l'abbé Warnier par ses nouvelles exigences avait mis à bout la patience de ses moines ; bien que saint religieux, Warnier avait un caractère bizarre, il ne savait se plier aux usages du monde, ni aux formes de l'urbanité, et malgré lui, il portait cette âpreté dans les affaires. Aussi paraissait-il soupçonneux dans les transactions. Il suivait son idée sans égard pour les avis et sans chercher à s'accommoder à l'opinion des autres. Ombrageux et solitaire il ne se manifestait pas, et c'était pour lui une corvée pénible de recevoir les hôtes. Devenu abbé au lieu de laisser au prieur et au sous-prieur les soins de l'administration intérieure, il s'en chargeait lui-même, avec une extrême minutie. Warnier voulut régler et administrer les dépenses relatives au vêtement des religieux, et à la suite des dispositions qu'il avait arrêtées, on n'avait plus égard pour la confection des habits à la taille et à l'embonpoint différent des moines ; la même mesure ne convenant pas pour tous il en résulta les scènes les plus étranges. Tout dans ses allures et dans ses prescriptions concourait à exciter la malveillance contre lui.

On comprend dès lors combien on désirait à Anchin la visite de l'Évêque. Chaque jour les mécontentements des religieux augmentaient ; les esprits s'aigrissaient et les choses en étaient arrivées à ce point, qu'il était à crain-dre que quelque tumulte ou sédition n'éclatât, lors-qu'enfin le 15 Septembre l'Évêque d'Arras arriva à Anchin. Moullart s'était fait annoncer la veille par sommation écrite qui enjoignait à tous les religieux de comparaître sous les peines prescrites aux canons. Toutefois l'abbé Warnier ne crut pas devoir rappeler de Douai à Anchin pour cette visitation, son chapelain don Louis Gasset, receveur général, préposé à Douai et troisième prieur, non plus que don Jean Moer, président du collège, ni don Gérard Gaulthier. Après les cérémonies et les dis-cours de réception, le R^me Évêque s'occupa immédiate-ment de l'objet de sa visite, il examina successivement et à part l'abbé, le prieur, les sous-prieurs, et tous les reli-gieux. Cet examen se prolongea plus longtemps que l'Évêque ne l'avait cru. C'était la première fois depuis neuf ans qu'il était à l'évêché d'Arras, que Mathieu Moullart remplissait ce devoir de sa charge. Après avoir recueilli de chacun les demandes, plaintes et réclamations, qui étaient les mêmes que les religieux avaient déjà pré-sentées au nonce, au mois de Mars précédent, le R^me d'Arras s'occupa dès le lendemain avec son archidiacre le licencié Boucqrel, et avec son secrétaire, M. de Brune, de régler les affaires relatives aux statuts. Ce travail ne fut pas terminé avant neuf heures du soir. L'Évêque donna à lire ces décrets au prieur qui passa la nuit à les étudier, à en prendre copie et qui y ajouta quelques observations, avant de remettre l'exemplaire original au secrétaire de l'Évêché ; le R^me Évêque étant parti à Mons pour l'ouverture du Concile provincial qui devait se faire le 18, revint seulement à Anchin le 25 Septembre,et après avoir examiné le décret avec le prieur et ajouté quelques modifications, il s'arrêta à une rédaction définitive des statuts et décrets qui furent promulgués le 26 Septembre 1586, en latin. En voici un court abrégé.

Les décrets du Concile de Trente, du Concile provincial de Cambrai, et du Synode d'Arras, auront force de loi dans l'abbaye d'Anchin. La lecture de ces décrets devra se faire devant tous les religieux, la semaine avant Pâques, la semaine devant la fête de l'Assomption, et la semaine précédant Noël. Tous les jours on lira le martyrologe, et une partie de la règle de saint Benoist, de telle sorte que la lecture complète en soit faite trois fois par an. Les novices, les diacres et les sous-diacres se confesseront et communieront tous les dimanches de l'Avent et du Carême, à toutes les fêtes les plus solennelles et tous les premiers dimanches du mois.

Le bréviaire devra être corrigé selon la coutume de l'Ordre de Saint-Benoist, chaque heure de bréviaire sera annoncée au son de la cloche. On devra admettre au plus tôt six novices au monastère. Tous les autels devront se garnir des choses nécessaires à la célébration de la sainte messe. On devra retirer du chœur et transférer ailleurs le lavabo. Il devra toujours y avoir de l'eau bénite à l'entrée de l'église. Les saintes huiles et les saintes reliques devront être conservées avec le plus grand respect. Avant de célébrer l'anniversaire de la mort des abbés, il faudra remettre à l'évêché par écrit leurs titres à cet honneur.

Le grand silence devra se garder après les complies ; et on ne pourra parler au réfectoire que deux ou trois fois la semaine. On devra conserver le jeûne de l'Avent encore en usage chez beaucoup de laïques. L'abbé pourra ordonner un jeûne, le mercredi depuis la fête de la sainte Croix, jusqu'au Carême. L'abbé rendra au prieur toute son autorité, ainsi qu'aux autres officiers du couvent ; pour les choses d'importance l'abbé devra prendre leur conseil. On devra soigner les malades avec une grande charité, leur fournir des infirmiers capables et fidèles. On donnera le nécessaire aux religieux partant en voyage. L'ancienne portion de vin et de nourriture (un semilot par jour) sera rétablie. On recevra avec bonté les parents des religieux et on fournira à leurs besoins une ou deux fois par an. Un grand ordre sera rétabli dans les livres de compte du monastère ; l'abbé prendra toujours à sa table deux ou trois religieux et s'entendra avec les anciens du monastère pour la recherche de ceux qui sont les plus capables de donner le sermon aux jours de fêtes. L'abbé aura à observer toutes ces règles et le prieur et les anciens devront au besoin les lui rappeler, et si après deux ou trois avertissements il n'en tenait pas compte il faudrait recourir à l'Évêque.

Fait à Anchin, le 18 Septembre,

publié le 26 du même mois 1586.

CHAPITRE XXXVII

Le Concile de Mons.

Sitôt après avoir publié ce décret qui ramena la paix
dans le monastère d'Anchin, Moullart retourna à Mons
où le Concile provincial tenait ses séances. L'Archevêque
de Cambrai, Louis de Barlaymont, avait été forcé de
quitter sa résidence archiépiscopale pour se fixer à Mons,
en Haynaut, seconde ville de son diocèse. Ce fut dans
cette cité en l'église collégiale de Sainte-Waudru qu'il
tint le Concile de sa province qui s'ouvrit le 18 Septembre
pour se clôturer le 9 Octobre 1586. Jean-François Bonhomio, évêque de Verceil, nonce apostolique, y présida
en qualité de légat *a latere*, conjointement avec l'Archevêque. Les autres Évêques présents furent avec Mathieu
Moullart, Évêque d'Arras, François Wallon Capelle, évêque de Namur, Jean Six, Évêque de Saint-Omer, qui
tomba malade avant l'ouverture du Concile et mourut
quelques jours après. Il eut jusqu'au jour de sa mort un
procureur qui fut remplacé par Louis de Bersacque, procureur du Chapitre, après le décès de l'Évêque. Jean
Catreau, vicaire capitulaire, représentait l'église de Tournai, dont le siège était vacant par la mort de Morillon.
Les promoteurs du Concile furent Jean Froidmont et
Nicolas Goubile, le secrétaire Pierre Prud'homme et
Valerien Duflos, tous quatre chanoines de Cambrai.

Avec les Évêques siégeaient les principaux personnages du clergé séculier et les abbés de la province. Jean
Sarrazin, abbé de Saint-Vaast, peu satisfait de la place

qu'on lui avait donnée dans la procession d'ouverture du Concile se retira prétextant un mal au pied. Quoi qu'il en soit de cet incident, l'ouverture du Concile fut des plus solennelles : Le cortège se mit en marche et se rendit processionnellement, vers huit heures du matin, à l'église Saint-Wandru, où l'archevêque de Cambrai officia pontificalement. Il fit l'office de saint Michel et prononça un sermon. A onze heures, la messe étant terminée, tous les prélats revinrent processionnellement au palais de Naste ou l'Illustrissime de Cambrai les avait invités à dîner. Le duc d'Arschot et le prince de Chimay, son fils, assistèrent à ce banquet, après lequel on se mit immédiatement à l'œuvre. Les délibérations durèrent près de trois semaines, durant lesquelles le Concile prit les décisions les plus sages : elles furent divisées en 24 chapitres.

Le XIIIe traite des devoirs des Évêques et renferme neuf articles. Le premier rappelle aux Évêques le grand devoir de l'exemple, de la charité, de la correction fraternelle. Le deuxième traite de leur obligation de distribuer la parole de Dieu soit par eux-mêmes, soit par des prêtres capables, et leur ordonne de prêcher ou de faire prêcher pendant l'Avent et le Carême au moins trois fois par semaine, retire aux Chapitres le droit qu'ils se donnaient de fixer l'heure de la prédication de l'Évêque, et défend de prêcher dans aucune des églises de la ville à l'heure du sermon de l'Évêque. L'article quatre s'occupe de la maison épiscopale qui doit servir de modèle. L'article cinq prescrit la visite du diocèse tous les ans ou au moins tous les deux ans. L'article six commande qu'en cas de maladie de l'Évêque, le Chapitre convoque l'Évêque le plus voisin pour rendre au prélat malade tous les devoirs nécessaires, et en cas

de mort, présider à ses funérailles. L'article huit ordonne
un service funèbre pour l'Évèque défunt dans toutes les
églises du diocèse et des prières pour obtenir un bon
Évêque. Le Chapitre transmettra à Rome le procès touchant sa foi et ses mœurs. L'article neuf déclare qu'à
l'avenir les Évèques ne confirmeront plus les enfants
avant l'âge de sept ou de huit ans et que ceux-ci devront
savoir le *Pater*, l'*Ave*, et le *Credo*.

Le Concile se termina le 8 Octobre par les acclamations ordinaires et mit ses décrets sous la protection de
la sainte Vierge. Malgré les observations du Conseil
d'Artois sur les décrets du Concile, Philippe II les con-
firma le 1er Juin 1587 et l'Archevêque les publia dans
une lettre datée de Mons le jour des calendes d'Octobre
de cette même année.

CHAPITRE XXXVIII

Le Synode d'Arras en 1586.

En 1586, Moullart réunit comme de coutume les prêtres de son diocèse. Pour obtenir plus de fruit de son
Synode, l'Évêque écrivit aux curés pour leur enjoindre
d'avoir à se réunir chez leur doyen respectif, pour dé-
léguer les plus aptes d'entre eux à la rédaction de leurs
doléances. Afin d'obéir à l'injonction épiscopale, les curés
du diocèse se réunirent chez leurs doyens, ceux du dé-
canat d'Arras s'assemblèrent chez Jean Deslyon, curé de
Sainte-Croix et désignèrent Jean Colard, prêtre-curé de

Saint-Géry et Charles Caudron, curé de Saint-Nicaise-en-Cité, pour avoir à assister au Synode et à présenter leurs doléances.

Les plaintes des curés de la ville épiscopale de Moullart se portèrent d'abord sur l'insuffisance des revenus afférents aux fondations anciennes. Les curés demandaient leur réduction, ou, dans le cas contraire, réclamaient des héritiers des fondateurs un supplément en rapport avec la disproportion des charges. Puis les curés réclamaient des auxiliaires ne pouvant sans vicaires remplir tous leurs devoirs. Dans le troisième vœu les curés d'Arras s'élevaient contre la pratique, qui tendait à s'introduire dans les funérailles, de n'offrir au curé qu'un seul cierge pour toute l'assemblée tandis qu'autrefois tous les assistants offraient chacun le leur. Les pestiférés faisaient l'objet du quatrième vœu, les curés se plaignaient des charges qu'on leur imposait pour le traitement de leur aumônier. Dans le cinquième les curés demandaient la fermeture des maisons de commerce le dimanche et voulaient qu'on interdît ce jour-là l'accès de la ville aux voitures chargées ; ils proposaient de modifier l'heure des annonces du prône le dimanche, qu'on avait l'habitude de faire après l'*Asperges :* demandant, qu'on le transportât après l'évangile, pour combattre l'habitude des mauvais chrétiens qui n'entraient à l'église qu'à la fin du prône. Par le sixième vœu, les curés suppliaient l'Évêque de vouloir bien interdire aux religieux de bénir l'eau le samedi, beaucoup de fidèles profitant de cette bénédiction pour ne pas assister le dimanche à la messe paroissiale. Enfin, le clergé de la ville d'Arras s'élevait contre les libraires qui se permettaient de vendre des Bibles en langues vulgaires et quelquefois mêmes des livres suspects ou condamnés et suppliait l'Évêque d'exiger à l'avenir des libraires le catalogue des livres dont ils faisaient la vente.

Moullart accepta les réclamations des curés de sa ville épiscopale ; il fut surtout touché du vœu concernant les libraires et sollicita de Philippe II une ordonnance contre les livres dangereux. Le roi toujours bienveillant pour l'Évêque d'Arras envoya bientôt au Conseil d'Artois des ordres sévères contre ceux qui oseraient répandre les livres dangereux imprimés à Hambourg ou ailleurs.

CHAPITRE XXXIX

Bénédictions d'abbés.

Un des grands soucis de Moullart était de placer à la tête des abbayes de son diocèse des hommes savants et pieux. L'abbé de Saint-Éloy, Georges Bellot, étant venu à mourir d'une indigestion causée par le laitage, les moines, sur la proposition de Philippe II qui prenait toujours l'avis de l'Évêque d'Arras, avaient élu pour lui succéder, Louis Rippes, homme grave, éloquent et plein de vertu, né à Bruxelles et fils du grand patissier de Charles-Quint.

Moullart se rendit au Mont Saint-Éloy pour lui donner la bénédiction abbatiale. Elle eut lieu avec toute la solennité ordinaire, le 14 Septembre 1587, en la fête de l'Exaltation de la sainte Croix. Le nouvel abbé ne jouit pas longtemps de sa dignité ; affligé de la goutte, maladie très commune en nos pays à la fin du XVIe siècle, il

mourut des suites de ce mal le 25 Janvier 1591. La mort le
surprit dans le refuge de l’abbaye de Saint-Éloy à Arras.
Moullart, après avoir rendu les derniers devoirs à ce vertueux prélat, s’occupa de lui donner un successeur. Il
écrivit à Philippe II pour lui recommander un moine de
l’abbaye, Adrien Duquesnoy, que son rôle brillant au
Concile de Mons avait fait remarquer. L’Évêque le bénit
à Arras dans la chapelle du palais épiscopal, le 3 Juin
1592 et après la cérémonie assista au dîner que l’abbé
offrit aux autorités à l’hôtel de Chaulnes, refuge de
l’abbaye. Bien que Moullart eût beaucoup contribué à
l’élection d’Adrien Duquesnoy, il ne tarda pas à s’élever
entre l’abbé de Saint-Éloy et l’Évêque d’Arras un nouveau
conflit. L’abbé Adrien, pour inaugurer ses fonctions,
visita les différentes cures à la nomination de l’abbaye et
y officia revêtu des habits pontificaux, dont il avait le droit
d’user seulement dans l’intérieur de l’abbaye. Moullart ne
souffrit pas cet empiétement et s’y opposa énergiquement.

L’année même de la bénédiction d’Adrien Duquesnoy,
Moullart eut encore à donner un successeur à l’abbé
d’Arrouaise, Canovelle, décédé le 3 Février 1592. Michel
Théry, chanoine régulier de l’abbaye d’Eaucourt, prieur
curé de Ligny, fut nommé le 29 Juillet 1592, par le roi
d’Espagne Philippe II, pour succéder à l’abbé Canovelle,
qui l’avait désigné lui-même et demandé comme coadjuteur. Don Gosse, le savant historien d’Arrouaise, ne
doute pas que l’Évêque d’Arras n’ait insisté beaucoup pour
cet arrangement. Moullart voyait, en effet, dans ce sujet
l’homme capable de remédier aux abus reprochés aux
trois derniers abbés d’Arrouaise. Mais comme Michel
Théry n’était point profés de la Congrégation et que
dans la règle il ne pouvait être élu, Moullart le fit entrer
par immatriculation dans la communauté, le 7 septembre

et assigna le 15 du même mois pour l'élection canonique
qui continuait de se faire malgré la nomination royale.

Lorsqu'une abbaye était vacante, il se faisait, sous le
gouvernement de Charles-Quint et de Philippe II, deux
élections. Dans la première, devant les commissaires
royaux, les religieux élisaient trois sujets parmi lesquels
le roi choisissait, puis après le choix royal se faisait
l'élection canonique du candidat présent ; ce n'était plus
qu'une simple formalité. C'est cette seconde élection qui
eut lieu pour Michel Théry, le 15 Septembre, dans la
chapelle du refuge d'Eaucourt à Bapaume, Moullart
ayant jugé peu sûr d'assembler les Capitulants à Arrouaise. Au jour indiqué, le R^{me} Évêque d'Arras envoya
son archidiacre, Antoine Moullart, en qualité de commis-
saire, et les religieux d'Arrouaise, claustraux et externes,
au nombre de onze seulement, élirent pour abbé don
Michel Théry qui vint se faire bénir à Arras, dans la
chapelle épiscopale, le 29 du même mois de Septembre,
en la fête de son saint patron. Les magistrats lui offrirent les 24 cannes de vin qu'ils avaient coutume d'offrir
en cette circonstance ; les abbés de Marœuil, d'Eaucourt
et d'Hénin, assistèrent à la cérémonie. Durant tout son
épiscopat, Moullart n'eut qu'à se féliciter du choix qu'il
avait fait pour l'abbaye d'Arrouaise, et en 1595 Moullart
et les États d'Artois désignèrent don Théry pour présenter au vainqueur de Cambrai, le comte de Fuenté,
l'épée d'honneur dont le pays lui faisait hommage en
reconnaissance de la reddition de Cambrai. La prélature
de Théry fut longue. Il s'éteignit sous l'épiscopat d'Herman Ottenberg. le 4 Septembre 1623. Outre ces deux
abbés de Saint-Éloy et d'Arrouaise, Moullart bénit un
grand nombre d'abbés et d'abbesses de son diocèse, qui
furent tous dignes de la confiance de leur évêque ; parmi

ces bénédictions, citons seulement celles de Thomas Jacquart et de Bonaventure Lefebvre en 1586 et 1595 pour l'abbaye de Marœuil et aussi celle de Pierre Boirond en 1594 pour l'abbaye d'Hénin-Liétard.

———

CHAPITRE XL

Moullart et les Églises de Tournai et de Saint-Omer.

L'Église de Tournai étant devenue veuve de son évêque, Philippe II, avant de pourvoir à ce siège, consulta les Évêques de la province de Cambrai, afin d'avoir leur avis sur le choix qu'on pourrait faire pour cet évêché. Fonck, dans une lettre au cardinal de Granvelle, datée du 15 janvier 1582, nous apprend que Moullart ne se montrait pas favorable à la nomination de Morillon, le candidat de Granvelle. L'Évêque d'Arras recommandait, au contraire, au prince de Parme, l'abbé de Saint-Adrien. L'avis de Moullart ne prévalut pas et Morillon fut nommé à l'évêché de Tournai. Bien que l'épiscopat de Morillon dût être bien court, Moullart eut l'occasion de le rencontrer. Le 6 Janvier 1583, le R^me d'Arras fut en effet invité au sacre du nouvel Évêque de Bois-le-Duc, Mgr Clément Crabeels, natif de Louvain et grand Vicaire de Gand. Le sacre eut lieu à Tournai, Morillon fut le prélat consécrateur. Moullart l'accompagna comme premier assistant et Jean Six, Évêque de Saint-Omer, comme second.

Moullart en cette circonstance séjourna quelques jours près de Morillon, car huit jours plus tard le 13 Janvier le R^me d'Arras assistait encore dans la cathédrale de Tournai, au sacre de Pierre Simon, nommé à l'Évêché d'Ypres vacant par la mort de Martin Rythove. Morillon étant venu à mourir après six ans d'épiscopat, Louis de Berlaymont procéda le 12 Mai 1588, au sacre de son successeur Jean de Vendeville. Moullart remplit à nouveau dans la cathédrale de Tournai, où eut lieu la cérémonie, l'office de premier assistant. Deux ans plustard, l'Évêque d'Arras passa encore par Tournai, en se rendant au mois de Mars 1590 à l'abbaye de Saint-Ghislain, où devait se faire la reconnaissance des reliques du fondateur de l'abbaye. Moullart assista par la même occasion, aux prémices d'un jeune moine de Saint-Ghislain qui portait son nom, Mathieu Lemagnieu. Les annales de l'abbaye rapportent même que durant le repas des prémices, un moine s'étant permis de boire d'une seule main, l'Évêque d'Arras pour lui faire une correction tacite prit sa tasse des deux mains pour boire, durant le reste du repas. Bien que Moullart se rendît volontiers à Tournai, et fût lié avec l'Évêque Vendeville d'une ancienne et étroite amitié, cela ne l'empêcha pas de poursuivre un procès entamé par Richardot contre l'église de Tournai.

Depuis l'érection de Cambrai en archevêché, l'église d'Arras disputait la préséance à l'église de Tournai. La bulle d'érection de Cambrai en métropole, en désignant les églises qui devaient en dépendre avait nommé Arras avant Tournai, ce fut l'origine des prétentions de l'église d'Arras, qui jusque-là dans les réunions, cédait le pas à Tournai. Le pape avait bien déclaré devant les prétentions de Richardot, qu'il n'avait voulu en rien déroger aux droits des églises par sa bulle d'érection de Cambrai

en Métropole. Moullart voulut néanmoins poursuivre le
procès. Vendeville n'eut pas de mal à prouver son droit
de préséance et à convaincre le nonce apostolique ; qui,
le 24 Décembre 1590, rendit une sentence en faveur de
Tournai. L'Évêque d'Arras ayant sans doute trouvé de
nouveaux arguments en sa faveur, interjeta appel de ce
jugement du nonce en faveur de Tournai mais sans plus
de succès.

Nous avons vu que Moullart avait donné la consécration
épiscopale à Jean Six, évêque de Saint-Omer le 23 Juillet
1581. Cet Évêque étant venu à mourir à Lille, le 11 Octobre 1586, au moment où il se rendait au Concile provincial à Mons, on ramena son cœur à Saint-Omer où
l'on célébra ses funérailles le 22 Octobre. Quelques jours
plus tard, on fit chanter dans la même ville un service
solennel pour l'Évêque défunt. Mathieu Moullart s'y
rendit et y chanta la messe, à laquelle assista Jacques
de Pamele que le roi venait de choisir pour succéder à
Jean Six. François Lucas, prononça l'oraison funèbre de
l'illustre défunt dont il avait été le secrétaire et l'ami, et
qu'il avait assisté à ses derniers moments.

Les héritiers de Jean Six crurent devoir offrir un présent à l'Évêque Moullart pour le remercier de l'honneur
qu'il avait bien voulu faire à l'Évêque son confrère. L'Évêque d'Arras les remercia par cette letttre, qui nous montre l'estime de Moullart pour Jean Six.

Messieurs.

Il n'était besoin de travailler la maison mortuaire pour si peu
de frais qu'avait porté pour les funérailles de feu d'immortelle mémoire messire Jean Six, évêque de Saint-Omer, notre tout cher
confrère, d'autant moins encore que m'étais assez déclaré lui être
tellement affecté et obligé par droit de mutuelle et fraternelle
amitié que portais volontiers si peu de dépens en mémoire de lui
et pour mériter d'un autre à l'avenir le pareil, par la grâce de
Dieu. Néanmoins pourveu que l'avez ainsi résolu, pour me tant

plus obliger et rafreschir la mémoire l'ai accepté au nom de Dieu,
vous en remerciant et priant ne m'épargner s'il s'offre en quoi
servir la dite maison mortuaire et vous gratiffier, qui sera la fin
par mes très affectueuses recommandations à votre bonne grâce,
suppliant notre sauveur vous maintenir messieurs, toujours en la
sienne sainte

    De notre maison épiscopale le xii de mars 1587

        l'entièrement votre ami à vous complaire,

               Mathieu MOULLART, évêque d'Arras.

(Archives municipales de Saint-Omer G 2)

Douze ans plus tard, l'Évêque d'Arras devait encore reprendre le chemin de Saint-Omer pour rendre à l'Évêque
J. de Vernois le devoir qu'il avait rendu à Jean Six.
Vernois, en effet, étant mort le 6 Janvier, Moullart se rendit le 30 Janvier 1599 à Saint-Omer et célébra dans
l'église cathédrale un service solennel pour l'Évêque
défunt. Le Père Decroix, prieur des Dominicains de Saint-
Omer, y prononça l'oraison funèbre. Sept abbés, le prévost de Saint-Pierre d'Aire, les prieurs des monastères
du diocèse, le clergé de toutes les paroisses, les religieux
mendiants, et le magistrat de la ville, assistèrent au
service chanté par Moullart. Ce déplacement fait d'autant plus d'honneur à l'Évêque d'Arras, qu'à cette époque
de sa vie sa santé était fort ébranlée et ses forces dimi-
nuant rapidement, il se sentait déjà dépérir.

CHAPITRE XLI

Les Synodes de 1590 et 1593.

Les Synodes les plus importants de la seconde partie
de l'épiscopat de Moullart sont sans contredit ceux de

1590 et 1593. Le Synode de 1590 se réunit le 6 Octobre dans la chapelle du palais épiscopal d'Arras, les séances furent présidées par l'Évêque. A la suite de ce Synode, Moullart adressa à son clergé un mandement en latin, dont voici une traduction abrégée.

« Mathieu Moullart, par la grâce de Dieu et du Saint-Siège apostolique, Évêque d'Arras, aux doyens et curés de son diocèse, salut dans le Seigneur.

« Comme il est de notre devoir de combattre les abus, nous décrétons qu'à l'avenir les curés ou les vicaires devront accompagner les corps des défunts jusqu'au lieu de leur sépulture, même ceux des indigents à moins que le temps ne soit si mauvais qu'il soit impossible de sortir, ou que le cimetière soit tellement éloigné qu'on ne puisse s'y rendre, sans inconvénient pour les autres services religieux ; comme cela peut se produire pour quelques paroisses d'Arras les plus éloignées du cimetière Saint-Nicaise. Les églises de la Cité d'Arras ne pourront en aucun cas alléguer cette excuse de la distance du cimetière. Nous voulons de même qu'aux conférences ecclésiastiques, les curés assistent auparavant à la messe avec le doyen ; après le saint Sacrifice, un des curés désignés par le doyen, donnera une petite exhortation. Les doyens agiront de telle sorte que tous les curés donnent l instruction à tour de rôle pour qu'aucun ne puisse se plaindre d'être chargé plus que d'autres.

« Nous confirmons l'ordonnance de notre official de 1586 exigeant que tous les curés présentent aux conférences les statuts imprimés et manuscrits de notre diocèse. »

Ensuite l'Evêque menace d'une amende en faveur de son Séminaire les administrateurs des biens ecclésiastiques, qui manqueraient à leurs devoirs, les oblige de dresser immédiatement un inventaire de tous leurs biens

sous peine d'une amende de six florins. Sous aucun
prétexte on ne devra se dispenser de tenir les écoles dominicales ; tous les écoliers et tous les maîtres seront
tenus de prononcer publiquement la profession de foi,
rédigée par le Concile de Trente, et d'introduire dans
leurs écoles la Confrérie établie contre la profanation du
saint nom de Dieu et les blasphémateurs. Tous les ans
après Pâques les curés présenteront à l'Évêque ou à son
official la liste de tous ceux qui, pour une cause quelconque, n'auraient pas rempli dans leur paroisse le devoir
pascal. Une enquête sérieuse devra être faite sur les
futurs conjoints avant de les admettre au sacrement de
Mariage. On aura soin de tenir un registre où tous les
mariages seront inscrits « et aussi qu'en toutes paroisses l'on rende les comptes de l'église en la fin de l'an, a
peine que dessus ; et généralement qu'en toute paroisse
chaque curé déclare aux paroissiens qu'ils fassent ériger
des écoles pour instruire la jeunesse ; à peine de payer
au doyen pour chacune visitation soixante pattarts, et
après les rapports être punis à la discrétion de l'official,
à se prendre aux principaux des dits paroissiens que le
curé sera tenu de nommer ». Enfin Moullart rappelle aux
pasteurs que la confession annuelle prescrite aux fidèles,
oblige les curés à se confesser une fois par an au moins
à leur propre Doyen qui leur tient lieu de curé, et les
Doyens à notre official.

Le Synode de 1593 se réunit également dans la chapelle du palais épiscopal d'Arras trois jours après la Saint-
Denys, c'est-à-dire le 11 Octobre. Son attention se porta
surtout sur les libraires qui vendaient des livres suspects
et sur les prédicateurs étrangers. On décida qu'à l'avenir
on n'admettrait à la prédication que les religieux ayant
des lettres d'approbation de leurs supérieurs, et les pré-

tres (ayant des attestations de leur université) inscrits.
sur notre catalogue des prêtres approuvés : et comme
souvent les loups se couvrent du manteau des brebis, les
curés devront s'assurer de la doctrine des confesseurs
étrangers, quand ils croiront utiles de les appeler. Les
pasteurs devront aussi visiter les bibliothèques de leurs
paroissiens afin d'en extirper tous les livres hérétiques.

Le Synode terminé, l'Évêque porta quatre nouveaux statuts. Le premier décret concerne le baptême des enfants
en danger de mort. Le second menace d'une amende les
curés qui négligeraient d'entretenir la maison curiale.
Dans le troisième, Moullart exhorte son clergé par les
entrailles de Jésus-Christ de ne pas oublier l'Église et
les pauvres dans leur testament. Enfin, le quatrième s'a-
dresse aux Doyens. L'Évêque leur rappelle leur devoir de
surveillance sur tous les ecclésiastiques. Moullart, à la suite
de ce Synode, apporta aussi quelques changements aux
statuts de ses prédécesseurs et établit plusieurs ordonnances nouvelles au sujet de son officialité qu'il recons-
titua sur de nouvelles bases.

Depuis quelque temps les querelles théologiques sus-
citées par Baius, qui devaient donner bientôt naissance
au jansénisme, passionnaient les théologiens des Pays-
Bas. Les savants de l'Université de Douai n'échappèrent
pas à l'engouement général et prirent part à ces discussions. Les Pères Jésuites, toujours vigilants, pressenti-
rent tout le mal que feraient les nouvelles doctrines et les
combattirent ouvertement ; mais ils ne se bornèrent pas
là et, à propos de la doctrine de Baius, ils soulevèrent les
questions les plus ardues sur le libre arbitre et la grâce.
Comme il arrive souvent, ces discussions dégénérèrent
bientôt en disputes, à tel point que le Père Surius, docteur en théologie au collège d'Anchin à Douai, et le doc-

teur Bossenius en vinrent aux invectives. Moullart,
théologien habile et savant, comprenant que la religion et le bien de son diocèse n'avaient rien à gagner à
ces disputes stériles, et qu'au contraire une nouvelle hérésie était à craindre, imposa silence aux champions
acharnés, et, comme son autorité ne suffisait pas au rétablissement de la paix, le Révérendissime d'Arras demanda au Nonce de vouloir bien intervenir et d'imposer
silence à ces trop profonds docteurs. Le légat s'empressa
d'accéder au désir de Moullart, et, grâce à son autorité,
le silence se fit sur ces questions difficiles.

Moullart s'intéressait non seulement à la sûreté des
doctrines de l'Université de Douai, mais aussi à son dé-
veloppement. Le dimanche 15 Septembre de cette année
1591, le Révérendissime d'Arras, alla bénir lui-même et
consacrer l'église du Collège d'Anchin, dont les voûtes
n'étaient pas encore terminées et la dédia en l'honneur
de Notre-Dame des Neiges, et des Onze mille Vierges,
en présence du Recteur Magnifique de l'Université, du
magistrat de la ville de Douai, du Révérend abbé d'Anchin et de son couvent, d'un grand nombre de nobles et
de la foule du peuple, qui ne fut admise dans l'intérieur
de la nouvelle église qu'au moment où la messe commença. C'est alors que Moullart prononça son discours.

Le surlendemain, mardi 17 Septembre, eut lieu la bénédiction des cloches de la nouvelle église. Mais Moullart,
voulant faire honneur à l'abbé d'Anchin, Warnier, avait
témoigné le désir que ce fût lui qui procédât à cette bénédiction. L'abbé Warnier, alléguant son grand âge, remercia l'Évêque d'Arras, et ce fut le Recteur lui-même,
membre de la Société de Jésus qui se chargea de cet office.

———

CHAPITRE XLII

Moullart ordonne des prières pour le succès des armées catholiques en France.

La désastreuse bataille d'Ivry avait jeté le découragement chez les partisans de la cause catholique en France. Les protestants triomphants pensaient voir bientôt la monarchie très chrétienne passer au protestantisme et croyaient déjà régner sans conteste sur la France. Les protestants comptaient sans la Providence, qui voulait conserver la France aux catholiques. Le bon Dieu inspira au roi d'Espagne la généreuse idée de porter à la Ligue une main secourable et sur l'ordre de Philippe II, le gouverneur des Pays-Bas, le prince de Parme, avec une armée de onze mille hommes, composée de Belges tant nobles que non, d'Italiens, d'Espagnols, de Bourguignons, d'Allemands, se dirigea sur Paris au secours des Parisiens assiégés et en proie aux horreurs de la disette. Avant d'envoyer ce secours aux catholiques de France, le religieux roi d'Espagne ordonna des prières dans tout le pays pour le succès de la cause catholique. Le 14 Août 1590, le comte de Mansfelt, lieutenant-gouverneur et capitaine-général en l'absence de Son Altesse le prince de Parme, fit parvenir au Conseil d'Artois la lettre suivante :

« Comme le roi notre maître, pour le désir ardent qu'il
« porte à la sainte religion catholique, apostolique, ro-
« maine, envoye présentement en France, en faveur des
« catholiques, un bon et notable secours sous la conduite
« de Son Altesse et pendant l'absence d'icelle il a plu à

« Sa Majesté nous laisser la charge du gouvernement
« général du pays de par deçà. Considérant que toutes
« les victoires procèdent de la puissante main de Dieu
« et que du bon succès de cette entreprise dépend l'uni-
« que espoir du bien général de toutes ces provinces tant
« affligées ; Nous avons trouvé entièrement acquis et né-
« cessaire de avant tout œuvre recourir et implorer
« sa divine bonté et clémence. Par quoi nous vous requé_
« rons ; et néanmoins, au nom de Sa Majesté, ordonnons
« bien à certes, que ayez à escrire, requérir et com-
« mander, de la part de sa dite Majesté, à tous prélats,
« gens d'églises, religieux, religieuses, nobles, vassaux,
« officiers et gens de lois des bonnes villes, bourgs et
« villages du Comté d'Artois que, au plus tôt et à tel bref
« jour convenable qu'ils advissent ; ils fassent proces-
« sions générales et solennelles, portant le vénérable
« Saint-Sacrement de l'autel, et faisant prières, oraisons,
« suffrages et autres œuvres pieuses et agréables à
« Dieu ; afin qu'il lui plaise donner, à sa dite Majesté et
« à son armée sous la conduite de sa dite Altesse, pros-
« périté et victoire contre les hérétiques et tellement
« guider toutes ses affaires que la république chrétienne
« en soit ferme en ces pays préservés contre toutes sinis-
« tres entreprises, et que iceux qui puissent bientôt se
« réduire et remettre en tranquillité sincère et union de
« foi et de la religion catholique à l'honneur de son saint
« nom et au salut de son peuple ; même désirons que vous
« teniez la main que de temps à autre ; ils continuent les
« dites prières, oraisons, aumônes et autres œuvres pieuses
« pourtant eux impétrer la grâce et miséricorde de Dieu.

« A tant très chers et bien aimés Notre-Seigneur vous
« ait en garde. »   A Bruxelles, le xiv Août 1590.

MANSFELD.

11

Le Conseil d'Artois transmit cette lettre au Révérendissime d'Arras. Moullart avait trop à cœur la cause
catholique pour retarder les prières ; et le 7 des Calendes
de Septembre, l'Évêque d'Arras publiait dans tout son
diocèse la lettre de Mansfeld en ordonnant des prières
publiques dans toutes les églises et abbayes de son diocèse. Selon le désir du lieutenant général, Moullart
demandait qu'on les continuât jusqu'à la paix. Grâce
à Dieu, ces prières ne furent pas perdues et l'on sait
comment la France échappa aux protestants.

CHAPITRE XLIII

Différends entre Moullart et son chapitre.

Moullart, qui avait eu des différends avec toutes les
autorités locales, devait nécessairement entrer un jour ou
l'autre en conflit avec son Chapitre.

Depuis son arrivée à Arras, malgré quelques petits
nuages entre l'Évêque et les chanoines, l'harmonie
n'avait jamais été sérieusement troublée. Ce ne fut
qu'au mois d'Avril 1593 qu'un conflit aigu éclata au
sujet de l'élection de Thomas Rithovius comme prévost
du Chapitre. La prévosté du Chapitre de Notre-Dame
d'Arras étant devenue vacante par le décès de M. Robert
Caullier, les chanoines de l'église Cathédrale élirent,
pour lui succéder, Thomas Rithovius. Ce dernier, fort du
vote régulièrement émis par le Chapitre, sans demander à Moullart la confirmation de son élection, prit possession solennelle de son office, au commencement d'Avril

1503. L'Évêque s'offensa de cette manière de procéder et prévint le Chapitre que le jour de Pâques en suivant, c'est-à-dire le 18 Avril, il n'admettrait pas le nouveau prévost à baiser la paix à l'Offertoire, si par avance il ne fût présenté par le Chapitre pour par lui être approuvé. Afin d'éviter le scandale, les chanoines décidèrent Thomas Rithovius à s'absenter à l'heure de l'offrande. Le nouveau prévost accéda au désir de ses confrères et tout se passa sans incident en la fête de Pâques. Espérant apaiser le différend avant la Pentecôte, les chanoines offrirent à Moullart « des lettres de non préjudice au cas qu'il eut voulu reconnaître ledit prévost sans qu'il fût présenté, ou au contraire au cas que l'Évêque leur eût voulu bailler des lettres de non-préjudice, ils auraient offert de présenter ledit Rithovius ». Moullart refusa ne voulant entendre parler d'aucun arrangement, et le scandale redouté se produisit le 6 juin, à la grand' messe du jour de la Pentecôte.

Ce jour-là, Moullart célébrant la messe solennelle au chœur de la Cathédrale revêtu des habits pontificaux, comme il avait coutume de le faire aux grandes fêtes de l'année, se mit en demeure de donner à l'Offertoire son anneau à baiser. Quand les officiants eurent rendu ce devoir « Maître Thomas Cox Rithovius, licencié en théologie, prêtre prévost et chanoine de ladite église, première dignité dudit Chapitre ayant présenté son offrande Icelui seigneur Évêque refusa lui bailler à baiser son anneau épiscopal en retirant sa main à sa poitrine, de façon que ledit prévost n'eut, le dit jour, la paix que lui devait et était tenu de bailler ledit Évêque, au grand scandale du peuple présent. »

Les chanoines furent vivement offensés de ce refus de leur Évêque, et pour faire reconnaître leur droit susci-

tèrent, devant le Conseil d'Artois, un procès en *posses-
soire de nouvelléité*. Les chanoines, pour appuyer leur demande, consultèrent plusieurs docteurs de l'Université
de Douai, Boëtius Epo, Balduinus, Van Derpier et Ride-
rius qui donnèrent l'avis suivant : « Le Chapitre a le droit
d'invoquer la prescription pour se déclarer exempt de
présenter ses dignitaires à la confirmation de l'Évêque,
parce qu'il ne le fait plus depuis 60 ans, comme le prouve
ce qui s'est fait avec feu M. Noël de Roya, l'an 1534,
M. Jean Richebé, en 1556, M. Antoine Richebé, en 1576,
et M. Robert Caullier. Le droit à l'article de la prescription
n'exige qu'une possession de quarante ans et la coutume
d'Artois n'en demande pas davantage. Quand même le
Chapitre n'exhiberait aucun titre d'exemption ceci ne
l'empêcherait pas d'avoir pu se libérer par quarante
années de prescription, soit parce qu'il ne s'agit ici que
d'un faible préjudice pour l'Évêque (celui-ci ne pouvant
s'opposer à l'élection) et que, dans ce cas, les jurisconsultes n'exigent pas de titres ; soit parce que d'après la
coutume d'Artois quarante ans suffisent sans qu'il soit
besoin de pièces justificatives : quant à la confirmation
qu'a faite l'Évêque d'Arras du doyen actuel, elle ne détruit
pas la prescription dont le Chapitre jouissait déjà complètement : Du reste, cette confirmation de l'élection dé-
canale ne fait rien à la prévôté puisqu'il s'agit de deux
dignités essentiellement distinctes . » Cette opinion des
savants docteurs pesa sans doute sur la décision du Conseil d'Artois, qui, le 13 Août 1594, rendit une sentence
en faveur du Chapitre en déboutant l'Évêque du congé
de court, maintenant et gardant le Chapitre dans ses droits
possessions et saisines baptisés par ladite complainte ;
condamnant ledit Évêque défendeur à réparer le trouble
tel que de raison. »

Moullart n'était pas homme à rester sous le coup d'une
condamnation du Conseil d'Artois, et, sans tarder, il en
appela de cette sentence au grand Conseil de Malines.
L'Évêque d'Arras présenta en ces termes les raisons de
son appel devant ce tribunal suprême. « Il était, disait
« Moullart, personne ecclésiastique et à cause de sa di-
« gnité épiscopale en rien responsable devant le Conseil
« d'Artois en action purement personnelle, et pour choses
« et droits spirituels, concernant les actions et fonctions
« épiscopales, comme était celle de célébrer le saint Sa-
« crifice de la messe au grand autel de son église cathé-
« drale, donner l'Offertoire aux personnes qu'il trouvait
« capables et le refuser aux autres qu'il tenait et savait
« être incapables. Si les chanoines voulaient se plaindre,
« ils devaient s'adresser au juge ecclésiastique compé-
« tent selon le Concile de Trente. »

« L'Évêque déniait ensuite aux chanoines leur pré-
« tendue juridiction en l'église Cathédrale » « Laquelle
« était propre et appartenait au dit Évêque, leur supé-
« rieur ; et si le Chapitre avait obtenu des précédents
« Évêques quelque exemption, telle exemption n'était
« absolue et générale ains retractée et coarctée à choses
« de petite importance, et pour ce qui est de corection
« de mœurs tant seulement. Quant à la présence des
« chanoines à l'offrande aux jours nataux, c'est pour eux
« non un privilège comme ils le prétendent, mais une
« obligation envers l'Évêque, ou le doyen en qualité de
« vicaire et chapelain d'honneur de l'Évêque. » D'ailleurs en cette circonstance, l'Évêque ne faisait pas
cette offrande comme y étant tenu par obligation droit
ou privilège « ains pour être le dit offertoire dépendant du
« saint Sacrifice de la messe, si avant que non seulement
« les membres du Chapitre et autres habitués se devaient

« présenter à l'offrande, mais aussi tous les fidèles chré-
« tiens assistants audit saint Service. » En outre l'Évêque
déclarait n'avoir refusé l'anneau qu'au seul Rithovius,
qui seul était donc fondé à se plaindre, et l'Évêque était
prêt à donner les raisons de ce refus devant le juge com-
pétent. Les chanoines, ajoutait l'Évêque « savent aussi
« bien, que, par les registres du Chapitre, était contenu
« que les élections des Prévost, doyen et chantre se fai-
« saient de la part du Chapitre ; mais compétait à l'Évê-
« que à cause de sa dignité épiscopale, l'agréation et
« confirmation de telle élection, à tel effet que celui qui
« était ainsi élu à l'une des trois dignités par le Chapitre
« ne se pouvait légitimement et canoniquement entre-
« mettre ni administrer ce qui dépend de ces dignités,
« n'est que son élection, ait été agréée et confirmée par
« l'Évêque, à peine d'être tenu pour intrus. » Or, Rithovius avait été bien élu, mais non confirmé, et l'Évêque
n'avait pas à le tenir pour prévost ; D'autre part les
chanoines n'avaient pas prescrit contre le droit de
l'Évêque, comme ils le prétendent, car M. Pierre de
Hamel avait été confirmé en 1460 et Pierre Grenet en
1500 par les précédents Évêques. « Depuis lequel temps
« icelle dignité de prévost, aurait été continuellement
« permutée à autre bénéfice ; et la prescription n'avait
« pu courir. »

Le grand Conseil de Malines fut convaincu par toutes
ces raisons, du bon droit de Moullart et lui donna gain
de cause, par cette sentence rendue à Malines le XIIIe
jour de Mai de l'an 1595 ; « Avons déclaré et déclarons
« les dits du Chapitre en leurs impétrations, fins et con-
« clusions non recevables ni fondées, et absolvons le dé-
« fendeur et l'avons maintenu et gardé es-droicts posses-
« sions saisines baptisés par ces actes et écrits ;

« condamnant les dits du Chapitres de réparer le trouble
« et suivant ce, présenter à icelui défendeur le dit maître
« Thomas Cox Rithovius, par eux élu à la prévosté
« de la dite église ; afin d'y interposer son con-
« sentement en conformité des statuts de la dite
« Église. Si avons condamné et condamnons lesdits du
« Chapitre en la moitié des dépens par devant lesdits de
« notre Conseil en Artois, compensant l'autre moitié,
« ensemble ceux de cette instance. » Le Chapitre d'Arras, comme bien on pense, ne fut pas satisfait de cette
sentence. Mais le plus atteint était Thomas Cox Rithovius ;
plutôt que de se laisser présenter par ses confrères devant l'Évêque pour voir confirmer son élection il préféra
se démettre de sa dignité en faveur de François Maugré
qui fut reçu le 23 Janvier 1597. Rithovius fut nommé
écolâtre et plus tard Vicaire capitulaire.

CHAPITRE XLIV

Querelle entre le clergé régulier et le clergé
séculier. — Intervention de Moullart.

De tous les procès de Moullart aucun n'eut un reten-
tissement pareil à celui que nous allons raconter. Le
pape, le Roi, le Métropolitain, les Évêques de la province, les Jésuites, le Conseil d'Artois eurent à s'en
occuper ; et le peuple lui-même ne s'en désintéressa
point.

Depuis longtemps Moullart exigeait des moines qu'il
admettait à l'ordination, la promesse de ne pas entendre la confession des fidèles pendant le temps

de Pâques. L'Archevêque de Cambrai exigeait le
même serment. Les Jésuites et les Capucins après
avoir supporté quelque temps cette prétention, refu-
sèrent d'y faire droit. Ce refus ne fut cependant pas
l'origine du procès. Les prédications des curés de Saint-
Pierre et de Saint-Jacques, de Douai, en furent la cause
véritable. Ces pasteurs intolérants avaient, dans de nombreux sermons, exposé leurs exigences et leurs griefs
contre les Jésuites : ils prétendaient que les fidèles devaient non seulement faire leurs pâques à la paroisse,
mais encore s'y confesser et y assister à la messe tous
les dimanches. Quelques fidèles ignorants avaient encore
exagéré les paroles des curés en les rapportant, de sorte
que les Jésuites se crurent en droit de légitime défense,
et chargèrent l'un d'eux, le père Servius, de défendre
leur cause dans ses prédications : en même temps ils
adressaient leurs plaintes au Nonce, Octave Frangipare, et
au Conseil d'Artois, pour faire déclarer d'abus les mandements et ordonnances de l'Évêque, qui empêchaient
les fidèles d'entendre chez eux la messe le dimanche et
de s'y confesser pendant le temps de Pâques. Le Père
Servius s'acquitta de sa mission avec véhémence et exa-
géra même les droits des religieux.

L'Évêque d'Arras ayant entendu parler de ces prédications du Père Servius, adressa au Père provincial de la
Société de Jésus par le ministère du Conseil d'Artois,
l'instruction suivante :

« Premièrement icelui Évêque ayant entendu cejour-
« d'hui de Monsieur Buisseret, vicaire général, et de
« Monsieur Colart, official de Monseigneur illustrissime
« et révérendissime de Cambrai, ledit provincial ou ses
« sujets du collège de Douai avoir des informations par
« lesquelles, aucuns curés de ce lieu de Douai sont con-

« vaincus d'avoir presché en leurs paroisses contre le
« droit et suivant aucunes erreurs condamnés par les
« canons ; qu'il prie fort ledit provincial,recteur ou autre
« de ladite société auquel se respectera, de lui vouloir
« communiquer par copie ou lecture ou bien dénomina-
« tion de notaires et témoins desdites informations, as-
« surant ledit provincial et autres Pères de la société
« d'en faire telle punition et justice que de droit et rai-
« son sera trouvé convenir.

« Deuxièmement,

« *Item* seu quanteffois le Père Servius étant mandé
« dudit Évêque, pour amiablement et sans figure de
« procès, conférer avec lui sur les articles envoyés par
« aucuns curés audit Évêque, et qu'icellui ne voulut ré-
« pondre présent notaires et témoins ; disant lui être
« prohibé et défendu de ses supérieurs de le faire autre-
« ment : si que finalement se retira, et toutefois comme
« il ne s'est désisté de continuer la matière par lui en-
« commencée touchant la confession sacramentelle et
« l'audition de la messe paroissiale. Insinuer audit pro-
« vincial que Monseigneur Ill^me et R^me nonce aposto-
« lique (*in potestate legati a latere*) résident présente-
« ment à Cologne, aurait entre autres choses, écrit au-
« dit Évêque : « *Sub his verbis ut intendat ad concilien-
« dos presentes;* » qu'il plaise au provincial répondre s'il
« est prêt de commettre ou députer, ou bien compa-
« raître aimablement pour conférer sur lesdits articles,
« afin que je puisse prendre jour, temps et lieu pour ce
« faire, le requérant de dire le lieu, temps qu'il lui serait
« plus convenable.

« Ainsi fait et ordonné par ledit Révérendissime Évê-
« que d'Arras en son hôtel de Douai, le 19 août 1592.

« FROMENT, notaire apostolique. »

Cette demande en conciliation, proposée par Moullart, si contraire à son caractère, porte à croire que l'Évêque d'Arras sentait bien que l'opinion n'était pas pour lui en la circonstance. Les Jésuites, se sachant appuyés par le nonce, repoussèrent durement l'assignation en conciliation de l'Évêque d'Arras, et y firent la réponse suivante, sur le premier article :

« Ledit Père provincial a répondu que ce n'était pas la coutume de ceux de la Société de dénoncer ni accuser personne et que d'ailleurs la chose se pouvait facilement savoir par ledit seigneur Évêque. »

Sur le second point :

« Le Père provincial a dit que les articles qu'avait prêché le Père Servius étaient bons et qu'il n'était besoin de conférer lesdits articles, attendu qu'il se sentait bien fondé et que par suite ce ne seraient que paroles contentieuses et incivilités; désirant ledit Père provincial se comporter en toute révérence par devant mondit seigneur R^{me}, que si toutefois ledit seigneur R^{me} voulait refrindre tous les actes de procédure contre aucuns sous prétexte qu'ils ne seraient confessés à Pâques à leur curé, comme s'ils eussent été nuls; et lui voulait donner lettre publique sur ce; qu'il était bien prêt de députer ou commettre aucuns pour apoincter accord, quand ledit seigneur serait prêt ; au reste déclarant qu'il était très prest de complaire audit R^{me} en tout autre chose; sauf en ceci, qu'il ne pouvait bonnement faire, faisant aussi ledit Père provincial démonstration de ne prendre volontiers de la susdite instruction pour ce que, ils n'avaient coutume autre que de traiter rondement et sans forme de procès, et tant plus qu'ils sont exempts du tribunal de ce monde, et que pour cette cause le Père

Servius n'avait voulu répondre audit seigneur devant
notaires.

Fait à Douai le xx août 1592.

Signé FROMENT, notaire apostolique.

La réponse à l'assignation de Moullart ne s'était pas
fait attendre et l'on voit le cas qu'en firent les Jésuites.

Néanmoins, la menace d'excommunication lancée par
Moullart contre ceux qui ne s'étaient pas confessés à
Pâques à leur curé, avait jeté une telle émotion dans le
pays, que le roi Philippe II se vit obligé d'intervenir
pour ramener le calme au diocèse d'Arras. Dans ce but,
il fit écrire par Mansfeld la lettre suivante au Conseil
d'Artois :

« Chers féalx, etc., a été reconnu que lesdits curés
« n'étaient pas sans faute en cet endroit, et qu'ils avaient
« de leur part allégué scrupules non trop bien fondés.
« Aussi, sceu que lesdits articles sont inscrits tronqués
« et non en leur entier, et bien diversement de ce qu'au
« rapport de plusieurs gens doctes et d'autorité s'est
« passé aux prédications du Père Servius ; et vous
« savez assez qu'une sentence retirée d'un sermon de
« ce qui a précédé ou a été subsécutivement dit, se
« trouve souvent interprété hors de son vrai sens et
« de l'intention du proférant ; pour ce nous, étant assez
« connu que d'une très ancienne et inviolable cou-
« tume et qui est d'un grand soulas et repos au peuple
« chrétien. Les Frères de l'Ordre mendiant, voire encore
« plus amplement les Pères de la Société de Jésus, sont
« autorisés pour l'administration des sacrements de
« Pénitence et d'Eucharistie ; trouvons très à propos
« d'empêcher l'ultérieur progrès de ce différend, et en
« écrivons présentement à l'Évêque d'Arras, comme

« aussi au provincial Manart : les requérant de sur ce
« faire respectifs offices, et ferez choses qui nous sera
« agréable service de vous employer envers ledit Évêque
« ou ses officiers qui se sont adressés à vous pour faire
« anéantir tout ce que sous son autorité est entretenu
« d'aigreur ; faire contenir lesdits curés en leur devoir, .
« leur prohibant de non mouvoir cy-après pareil scru-
« pule à ceux qu'ils ont mis en avant : comme au réci-
« proque avons pourvu, que tous les Pères de la Société
« és occasions de catéchisser ou prescher au peuple ; ils
« les invitent à respecter et honorer les curés, et fré-
« quenter autant qu'ils pourront les églises paroissiales,
« y assistants même à la célébration du divin service et
« messes les jours de festes et dimanches. A tant chers
« féaulx Notre-Seigneur vous ait en sa sainte garde, de
« notre ville de Bruxelles le 28 octobre 1592, paraphe
« AV. Aussi signé le comte MANSFELD. »

Cette lettre. pas plus que celle adressée directement à
l'Évêque par le comte de Mansfeld, ne termina l'affaire.
Alors, même que Moullart eût voulu céder (et il ne le
voulait pas) les curés du diocèse l'eussent forcé de prendre leur cause en mains : tant était grande la rivalité entre les séculiers et les réguliers. Les Jésuites, voyant que
l'intervention royale n'avait donné aucun résultat, agi-
rent activement près du Nonce et à Rome. Le Nonce, Octave Frangipare, ayant vu les attestations de plusieurs
prélats du pays et des docteurs de l'Université de
Louvain qui faisaient foi qu'il était d'usage qu'on se
confessât en tout temps aux réguliers, défendit à Moullart et aux curés d'empêcher les fidèles, sous quelque
prétexte que ce fût, de se confesser aux Jésuites et d'entendre la messe chez eux le dimanche jusqu'à ce que le
Pape ait prononcé. Clément VIII, sollicité par les Jésuites,

ne tarda pas à parler, et dans un bref adressé aux Jésuites manifesta ses désirs et sa volonté.

« Rome, 22 Décembre 1593, première année de notre
« pontificat.

« Il nous a été notifié, il y a quelques jours, non sans
« un grand chagrin dans le cœur, que dernièrement quel-
« ques curés de la ville de Douai au diocèse d'Arras,
« avaient prêché et enseigné, au grand scandale des fidèles,
« et même menacé de censures ecclésiastiques ceux et
« celles de leur paroisse qui oseraient aller à la messe les
« jours de fête, ou se confesser en Carême et à Pâques
« dans les églises des frères de l'Ordre des Mendiants ou
« aux prêtres du collège de la Compagnie de Jésus, assu-
« rant qu'il leur était défendu de droit et par l'usage
« d'ouïr la messe les jours de fêtes ailleurs que dans les
« églises paroissiales et qu'il ne leur était pas permis de
« se confesser en Carême et à Pâques à d'autres qu'à leur
« propre pasteur. Nous avons appris que de semblables
« discours en chaire avaient excité beaucoup de troubles
« parmi les fidèles, que d'un autre côté les frères prê-
« cheurs et mineurs et les prêtres de la même Compagnie
« appuyés sur des privilèges du Saint-Siège se sont
« efforcés soit en particulier dans leurs conversations,
« soit en public dans leurs sermons, de soutenir et de dé-
« fendre l'usage contraire, reçu et permis dans l'Église
« de Dieu, approuvé par les saints Pères et les Conciles
« œcuméniques. Nous avons compris que la chose a été
« poussée si loin qu'il s'en est élevé de vives et sérieuses
« discussions entre ces curés et les prêtres de la Société
« de Jésus. Mais, ce qui nous a le plus affligé c'est que
« nos vénérables Frères l'Archevêque de Cambrai et
« l'Évêque d'Arras, sans consulter le Saint-Siège, avaient
« porté d'abord cette dispute à une Cour peut-être sécu-

« lière pour y être jugée, mais Nous, dans la crainte qu'il
« n'arrive de plus grands scandales, voulant pourvoir
« paternellement et apporter un prompt remède, Nous
« évoquons par devant Nous cette cause et toutes celles
« qui s'en seraient ensuivies par devant tel juge que ce
« soit, pour les terminer et assoupir entièrement, en
« imposant un silence éternel aux curés et aux religieux.
« Nous avons déclaré par ce présent décret qu'il est per-
« mis aux séculiers d'entendre licitement les jours de
« dimanche et des plus grandes fêtes la messe dans les
« églises des frères Prêcheurs et autres Mendiants, dans
« celle du collège de la Compagnie de Jésus selon leur
« privilège et les anciennes coutumes, pourvu que cela ne
« se fasse point au mépris des églises paroissiales, et
« que les séculiers peuvent aussi se confesser licitement
« en Carême et à Pâques et en tout temps aux dits frères
« prêcheurs, aux prêtres de la dite Compagnie, et aux
« autres privilégiés auxquels le Saint-Siège en a donné
« la permission, et qu'ils soient approuvés par l'Ordinaire;
« à condition néanmoins que ces fidèles recevront le sa-
« crement de l'Eucharistie de leur curé le jour de Pâques
« dans leur propre paroisse. C'est pourquoi nous vous
« mandons par ces présentes que vous ayez à signifier à
« l'Archevêque de Cambrai et à l'Évêque d'Arras notre
« présent décret, et que vous leur déclariez de la part
« de notre autorité apostolique, qu'ils aient à le publier
« dans la ville de Douai et partout où il sera nécessaire
« de le faire observer. De plus qu'ils contiennent les curés
« dans leurs devoirs, et qu'ils leur défendent de détour-
« ner le peuple des églises des privilégiés, qu'ils leur
« ordonnent de ne plus lui ôter la liberté d'aller enten-
« dre la messe fêtes et dimanches et de se confesser même
« à Pâques dans les églises des réguliers. Vous com-

« manderez aussi par la même autorité aux privilégiés
« qu'ils aient à exhorter et à exciter les peuples dans
« leurs sermons et dans leurs catéchismes, à avoir du
« respect pour leur pasteur, à entendre leur messe parti-
« culièrement les dimanches et autres jours solennels ; et
« à payer les dîmes et les autres choses dues aux églises
« paroissiales et à le prêcher souvent. Vous aurez aussi
« soin d'arrêter et de faire cesser toute occasion d'une
« semblable dispute, afin de rétablir la paix et l'union
« parmi les fidèles du Christ, de faire publier et exécuter
« les présentes sous peine de censures ecclésiastiques et
« autres peines qui vous paraîtraient nécessaires, après
« avoir employé tous les autres moyens ou remèdes de
« droit et de fait, nonobstant toute opposition quelconque.

« Donné à Rome la première année de Notre Pontificat,
« l'an 1593, 22 Décembre. »

Louis de Berlaymont et Mathieu Moullart étaient no-
minativement blâmés par ce bref, ils ne voulurent pas
rester sous le coup de cette condamnation sans être
entendus et prirent la résolution d'agir d'un commun
accord chez eux et à Rome afin d'obtenir du Pape un
nouveau bref qui confirmerait la coutume immémoriale de
leurs diocèses, dont ils se réclamaient contre les Jésuites.
D'après le droit Canon une coutume immémoriale, pour
être abolie par un bref, doit être nommément désignée
par la formule *Etiam immemoriales*. Le bref de Clément VIII ne la renfermait pas. Les Évêques pouvaient
donc se réclamer de cette coutume ; ils n'y manquèrent
pas. Avant d'en arriver à ce moyen de défense Moullart
avait cherché à arrêter la publication du bref aux Jésuites.
Ayant su qu'il était arrivé à Cologne, et que le Nonce
l'avait envoyé au doyen de la Faculté de théologie de Lou-

vain pour lui signifier, l'Évêque d'Arras courut à
Bruxelles pour s'en plaindre au Conseil d'État dont il ne
put rien obtenir. Ce que voyant, Moullart s'entendit avec
Louis de Berlaymont sur les moyens les plus propres à
l'heureux succès de leur défense. Ils prirent à la suite de
plusieurs conférences trois résolutions énergiques. L'Archevêque de Cambrai enverrait, en Cour de Rome vers
Sa Sainteté, son grand vicaire, François de Buisseret, le
chargeant d'aller soutenir leur droit près de Clément VIII.
L'Évêque d'Arras écrirait sur la matière un mandement
qui serait lu dans toute la province de Cambrai et présenté au Pape. Enfin chaque Évêque suffragant établirait
par tous les témoignages les plus forts que la coutume
de se confesser à Pâques au propre curé est immémoriale
dans leur diocèse. Cette dernière résolution fut immédiatement mise à exécution à Cambrai. Moullart, on ne sait
pourquoi, ne se pressa pas d'établir ces témoignages, ce
qui lui valut la lettre suivante de son Archevêque,

« Vous êtes à présent plus informé de ce qui s'est passé
« à Rome, par rapport à la querelle qui y ont porté
« nos adversaires, par le grand vicaire François de Buis-
« seret ; je me persuade que c'est votre indisposition
« qui vous a empêché jusqu'à présent de travailler aux
« preuves qu'il convient d'envoyer à Rome pour la dé-
« fense de notre très ancienne, salutaire et louable cou-
« tume. J'ai cru qu'il m'importait de vous notifier que
« je suis ici actuellement occupé à dresser une enquête
« qui est très simple et qui se fait sans aucune difficul-
« té. Il n'y a pas un seul témoin quel qu'il soit même
« parmi ceux des Ordres mendiants qui déposent contre
« ladite coutume que nous trouvons en tout conforme à
« celle de votre diocèse. Je vous envoie par la même
« voie, chaque article de l'information, pour que vous

« reconnaissiez en quelle forme et de quelle manière
« nous nous y sommes pris afin que vous ou vos vicaires
« généraux en faire de même au plus tôt, et de nous
« mander ce que vous pensez sur l'envoi de nos informa-
« tions à Rome. J'écris la même chose au très Révéren-
« dissime de Saint-Omer et aux vicaires des sièges
« vacants de ma province pour avoir de chaque diocèse
« de semblables informations avec des certificats et
« attestations pertinentes s'ils ne secondent point de
« leur part. Nous prierons Monseigneur que Dieu vous
« rétablisse en parfaite santé et qu'il vous accorde une
« longue et heureuse vie.

« A Mons le 5 Février 1594.

« Votre très intime ami et très humble serviteur
        Louis DE BERLAYMONT,
            archevêque de Cambrai.

Ce prélat avait écrit de sa propre main au bas de la
lettre ces paroles :

        « Monseigneur,

« Il est plus que temps que vous accéleriez l'enquête
« en question ; c'est le vrai moyen de conserver notre
« autorité, et celle de nos curés ; quoique peut-être
« N. S. P. le Pape soit informé du contraire, contre notre
« intention qui est droite et sincère devant Dieu et devant
« les hommes. Je suis depuis quinze jours attaqué vio-
« lemment de la goutte aux pieds. »

Moullart s'empressa non seulement d'obéir au conseil
de son archevêque ; mais encore rédigea le mandement
qui devait être lu par toute la province et envoyé à Rome.
Moullart soigna activement cette lettre qui est vraiment
très habile et la publia par tout son diocèse le 15 Mars
1594.

« Mathieu Moullart par la grâce de Dieu et du Saint-

Siège apostolique à tous les fidèles chrétiens de son diocèse salut.

« Entre toutes les sollicitudes pastorales que Dieu nous a données et qu'ils nous a commises pour la sanctification de vos âmes, l'on nous trouve souvent dans l'affliction et dans l'inquiétude sur ce que dans ce temps très dangereux et plein de calamités, où les hérésies ont déjà commencées à se glisser dans notre Belgique y augmentant de jour en jour, et que même elles ont prévalu bien fort dans les provinces voisines, nous ferons toujours nos efforts pour préserver notre troupeau d'une pareille corruption. Ce n'est point par nos mérites que vous avez été conservés jusqu'à présent dans la foi et dans la religion catholique, apostolique et romaine ; mais par la bonté et la miséricorde de Dieu qui vous y maintient en entier. Nous vous faisons savoir que nous ne trouvons pas de moyen plus convenable pour vous y conserver que de gouverner notre peuple, de veiller sur lui et de l'enseigner avec soin de la même manière que nos prédécesseurs ont fait depuis mille ans et plus ; ils ont fidèlement observé d'entretenir toujours les bonnes, louables et anciennes coutumes de la province et de notre diocèse, entre autres celle de se confesser une fois l'an à son propre curé, afin qu'il ait connaissance de votre intérieur et de votre conscience pour pouvoir en répondre à Dieu et à nous, et qu'il vous administre le saint jour de Pâques le Saint-Sacrement de l'autel, et celle d'entendre la messe paroissiale les dimanches et les fêtes les plus solennelles. Laquelle coutume a été de tout temps inviolablement gardée et observée dans notre diocèse, avec un progrès constant pour vos âmes et de consolation pour les ministres de Jésus-Christ. Pour le bon ordre de la discipline ecclésiastique, pour l'honneur et la décence de vos églises paroissiales dans lesquelles outre les services divins que vous y acquittez, vous y assistez au saint Sacrifice de la messe, on vous y annonce la parole de Dieu, on vous y enseigne comment vous devez vous conduire, soit en particulier, soit en votre famille, ou avec votre prochain. Votre curé vous avertit surtout comment vous devez passer la semaine, des fêtes, des jeûnes et abstinences qui s'y rencontrent, des prières particulières et des œuvres de miséricorde qu'il faut faire envers les malades, les captifs et les autres affligés. Comment vous devez répondre sur les empêchements du mariage lorsqu'on en publie les bans, et plusieurs autres choses qui servent à votre instruction et à l'éducation des bons chrétiens.

« Ce considéré et reconnaissant l'importance de cette coutume, ne voulant nullement qu'elle tombe de notre temps dans le mépris ou qu'elle soit négligée, nous avons jugé à propos de vous déclarer, comme nous vous le déclarons, en effet, que selon le très louable usage observé dans notre diocèse et par toute la province de Cambrai ci-devant de Reims, dont notre diocèse dépendait autrefois, lequel usage est prescrit dans nos Synodes et par ordonnances de nos prédécesseurs, dont quelques-unes ont plus de trois cents ans de date. Elles portent que vous êtes obligés de vous confesser une fois par an, savoir : à Pâques, à votre propre curé ou à d'autres avec sa permission, afin qu'après Pâques il puisse nous rendre compte de ceux qui y manquent ainsi que lui ordonnent les décrets ci-dessus.

« Nous vous déclarons pareillement que vous êtes tenus et obligés d'entendre la messe paroissiale le dimanche et fêtes solennelles à peine d'être poursuivis par nous ou par les hommes de notre officialité, si vous y avez man-

qué trois dimanches consécutifs, à moins que vous ne
vous absentiez pour quelque cause légitime. Comme aussi
si vous contrevenez au devoir de vous confesser au moins
à Pâques à votre curé ou à un autre avec sa permission ;
conformément aux mêmes décrets synodaux, et à cette
louable coutume qui est de temps immémorial et à
laquelle N. S. P. le Pape, ni ses prédécesseurs n'ont
nullement dérogé. Nous vous ordonnons et commandons pour la décharge de notre conscience et celle de
vos curés qui sont commis par nous pour la direction et
la conduite de vos âmes, d'agir sur ces points à l'avenir
comme par le passé. Quant aux dites confessions pascales et messes paroissiales, que vous avez à l'enseigner
à vos enfants et à les instruire ainsi que vos pères l'ont
fait à votre égard. De plus nous enjoignons très expressément et sérieusement aux prédicateurs de la parole de
Dieu dans notre diocèse de ne point prêcher, ni enseigner au peuple le contraire ; puisque de droit et par un
usage immémorial et par les statuts synodaux, il est
notoirement et indubitablement tenu à ces devoirs, sous
peine d'interdit de l'office de la prédication et autres que
nous réservons à notre choix et discrétion.

Fait en notre ville d'Arras sous notre signature et
notre cachet le quinze Mars 1594 :

> Mathieu MOULLART, Évêque d'Arras. »

Comme il avait été convenu, ce mandement fut lu non
seulement dans tout le diocèse d'Arras, mais aussi dans
toute la province de Cambrai. L'Archevêque se chargea
de le transmettre à la Cour de Rome, le six Avril 1594.
Il y joignit une longue lettre au Souverain Pontife dans
laquelle il disait en substance : « Les prêtres de la Compagnie de Jésus n'ignorent point quelle était à leur ar-

rivée dans les Pays-Bas la coutume des provinces de la
Belgique, pour les confessions pascales et l'assistance
aux offices des églises paroissiales les fêtes et dimanches. Elle leur a été notifiée et aux religieux mendiants
avant eux et ils s'y sont toujours conformés, malgré
leurs privilèges jusqu'à ce temps, qu'abusant de ces privilèges, ils ont porté leurs plaintes aux tribunaux séculiers pour cacher la vérité et surprendre les juges laïcs,
au mépris des évêques et des curés, ce n'est point nous
ni ceux-ci qui ont recours à la puissance séculière, mais
bien les réguliers qui en ont obtenu tout ce qu'ils ont
voulu, sans que les prélats et les pasteurs aient été entendus. Mais comme Votre Sainteté a daigné par sa charité paternelle écouter nos plaintes, elle verra combien
elles sont justes par les procès-verbaux, attestations,
statuts synodaux anciens et nouveaux qui prouvent l'authenticité de notre coutume.

« Un juge délégué de votre part (ce que nous souhaitons
ardemment) le reconnaîtrait encore mieux sur les lieux ;
par ce moyen mon vicaire que j'ai envoyé aux pieds de
Votre Sainteté reviendrait voyant l'affaire différée et sus-
pendue. Cependant les réguliers ont fait courir le bruit
que la cause avait été décidée en leur faveur, afin de
mieux en imposer au peuple ; quant à nous, nous avons
ordonné de notifier à nos diocésains selon l'ancien usage
de nos curés, qui, au commencement du Carême, avertis-
saient leurs paroissiens qu'ils devaient faire leur confession à eux ou à leurs députés et de fréquenter leurs églises paroissiales, nous commandons la même chose par
notre instruction pastorale, dont nous envoyons un exemplaire à Votre Sainteté. Nous sommes assuré que vous
n'y trouverez rien que de conforme au droit commun, à
la raison, et à la coutume, laquelle existe de temps immé-

morial et fut introduite dans ma province dès la naissance
de l'Église. Pendant que nous la maintenons nous ne faisons tort à personne puisque nous n'empêchons pas les
réguliers d'user de leurs privilèges et que le peuple aille
chez eux pourvu qu'il observe ce qui regarde la confession pascale et la messe paroissiale ainsi que nous
l'avons mandé à Votre Sainteté.

L'Archevêque se plaint ensuite du recours qu'on a eu
aux tribunaux séculiers à son insu de la part des réguliers pour suspendre l'exécution de ses lettres pastorales.
Il supplie ensuite Sa Sainteté « de daigner obvier à un tel
« mal, de peur que le peuple vienne à mépriser les Évê-
« ques et ses pasteurs après s'être donné la liberté de ne
« plus leur rendre le respect et la révérence qui leur sont
« dues ; nous sommes obligés de défendre cette cause
« qui est la nôtre aussi bien que celle du peuple de-
« vant Votre Sainteté et devant le Saint-Siège apos-
« tolique. Dans la crainte que si nous négligions
« ainsi notre devoir, Elle-même et Dieu ne m'en de-
« mandiez, et aux Évêques mes comprovinciaux, un
« compte exact, et n'en rendiez un jour un sévère juge-
« ment : que ce même Dieu et Seigneur tout puissant
« conserve longtemps à son église Votre Sainteté en par-
« faite santé : prosterné humblement, je baise vos pieds,
« très Saint-Père.

« Donné au palais épiscopal de la ville de Tournai,
« le six avril 1594. »

La fermeté artésienne de Moullart et l'opiniâtreté fla-
mande de Berlaymont firent impression à Rome sur l'esprit du Souverain Pontife. Clément VIII reconnut la
force des arguments présentés par les Évêques de la province de Cambrai et le chanoine François Buisseret qui
poursuivait à Rome le procès contre les Jésuites pouvait

écrire quelques jours plus tard : « Il est certain que de
droit la coutume immémoriale que nous soutenons n'est
point comprise dans les clauses générales énoncées dans
le bref aux Jésuites.» Clément VIII regrettait la maladresse
qu'on lui avait fait commettre en donnant un blâme di-
rect à l'Archevêque de Cambrai et à l'Évêque d'Arras
dans un bref en faveur des Jésuites. Pour faire oublier à
Louis de Berlaymont et Mathieu Moullart tout ce que ce
blâme avait eu de pénible pour eux, Clément VIII leur
adressa des lettres pour les louer de leur zèle et les chargeant de vouloir bien user de leur influence auprès des
curés pour les exhorter à ne pas se montrer trop exi-
geants, et d'autre part leur promettait d'écrire aux Jésuites pour leur enjoindre d'avoir à exhorter les fidèles
dans leurs prédications et leurs catéchismes, à fréquenter leurs paroisses les dimanches et y remplir le devoir
de la confession annuelle. Le Pape terminait en priant
l'Archevêque de Cambrai et l'Évêque d'Arras, au nom de
leur amour pour l'Église, de ne pas poursuivre davantage
ce procès.

Du moment que le Pape en appelait à la générosité
des Évêques de la province de Cambrai il pouvait être
sûr d'être entendu. Berlaymont et Moullart aussi obéissants que zélés, s'inclinèrent devant les désirs du Pape et
le procès en resta là.

CHAPITRE XLV

Arrivée des Capucins dans le diocèse.

Il ne faudrait pas conclure de ce long procès entre l'Évêque d'Arras et les Jésuites que Moullart fut l'adversaire de ces religieux ; il n'eut au contraire de repos que lorsqu'il eut doté sa ville épiscopale d'un collège de Jésuites. Moullart religieux lui-même aimait les religieux, mais il voulait qu'ils soient les auxiliaires du clergé séculier et non pas les desservants des curés. Le R^me d'Arras connaissant les heureux résultats des prédications des Capucins par toute la France, travailla à les attirer dans son diocèse. Grâce à ses démarches et à ses soins, les trois principales villes de son diocèse, Béthune, Douai et Arras, purent se glorifier de posséder un couvent de ces prédicateurs si populaires. Nous devons à la vérité de dire que le couvent des Capucins d'Arras fut construit avec les largesses de l'abbé de Saint-Vaast, Jean Sarrazin. Ce généreux prélat bâtit pour les Capucins un vaste couvent sur les débris de quarante maisons particulières qu'il avait achetées près de la porte d'Hagerue. De nombreux ouvriers furent mis à l'œuvre et bientôt s'élevèrent les bâtiments claustraux, vastes, élégants et entourés de beaux jardins dans lesquels s'engloba peu après la rue des Sarrazins, conduisant de la porte d'Hagerue au quartier Héronval.

En 1595, le 1er Octobre, Mathieu Moullart fut appelé pour faire la consécration de la chapelle sous le patronage de Saint-Jean-Baptiste. L'édifice était élégant, construit d'après le style gothique, mais n'ayant qu'une

seule nef. Les Capucins firent le plus grand bien dans
tout le diocèse, où ils devinrent très populaires. Dès leur
entrée à Arras en 1591, ils avaient produit sur le peuple
une profonde émotion. L'église des Capucins ne fut pas
la seule que Moullart eut la joie de voir s'élever dans sa
ville sous son glorieux épiscopat. L'église actuelle de
Saint-Jean-Baptiste, dont François Richardot avait bénit
la première pierre en 1571, ne fut terminée que vers la
fin du xvıᵉ siècle. Le pignon principal de l'église porte
encore à son sommet la date de 1584 ce qui laisse sup-
poser que l'Évêque d'Arras alla bénir quelques mois plus
tard l'église à peu près terminée. En 1596, Moullart eut
encore la consolation de bénir la nouvelle chapelle de
l'Hôtel-Dieu-en-Cité. Cet édifice est avec l'église Saint-
Jean-Baptiste à peu près tout ce qui nous reste comme
construction religieuse de l'époque de Moullart. La chapelle de l'ancien Hôtel-Dieu appartient aujourd'hui aux
sœurs de la Providence, elle a conservé ses baies en ogive
haûtes et étroites et porte malgré la date de sa construction tous les caractères de l'époque gothique. Le
cloître joint à la chapelle qui est du même temps
a conservé également ses voûtes ogivales avec ses
belles clefs sculptées, ses culs de lampes portant écusson et les dessins divers sur lesquels posent les arcs
doubleaux. Sur les murs de ce cloître, on voit encore cinq
panneaux de peintures murales représentant plusieurs
scènes évangéliques et des religieuses du monastère ; et
sur l'un d'entre eux on distingue encore les armes de
Moullart.

CHAPITRE XLVI

Le testament de Moullart.

Moullart allait atteindre sa soixantième année, tous les jours il sentait ses forces diminuer et il n'avait pas encore assuré la fondation de son séminaire à Douai par un testament en bonne et due forme. Un scrupule l'avait toujours arrêté jusque-là. Comme bénédictin il avait fait vœu de pauvreté, et il ne lui était plus permis de disposer de ses biens à sa volonté ; pour mettre fin à ses doutes, il sollicita du pape Clément VIII l'autorisation de faire un testament. Le Souverain Pontife heureux de trouver une occasion de pouvoir réparer le blâme qu'à contre cœur, il avait adressé à l'Évêque d'Arras dans son bref aux Jésuites, adressa à Mathieu Moullart un bref élogieux daté du 22 novembre 1594 qui commençait ainsi :

« Clémens VIII, venerabilis pater salutem et apostoli-
« cam benedictionem. Fraternitatis tuæ in nos et apos-
« tolicam Sedem fides et observantia et catholicæ reli-
« gionis zelus aliaque probata et virtutum merita
« quibus personam tuam illorum largitor altissimus insi-
« gnivit nos inducant ut te specialibus favoribus et
« gratiis libenter prosequamur, etc.

Le Souverain Pontife accordait la faveur sollicitée par l'Évêque. Avant d'user de ce bref Moullart demanda au roi Philippe II de vouloir bien confirmer la dispense accordée par le Pape. Le roi d'Espagne par une lettre datée du 24 Novembre 1595, accédait au désir du R^{me} d'Arras, à la condition unique, que toutes les difficultés qui pourraient surgir au sujet des dispositions des biens faites par Moullart, seraient jugées par les tribunaux ordinaires du roi. Rien n'arrêtait plus l'Évêque dans ses projets. Le 13 Janvier 1596 après une indisposition dont il n'augura rien de bon, il se hâta de rédiger de sa propre main son testament. Le voici en entier avec le codicile dans lequel il explique longuement ses volontés au sujet de la fondation de son séminaire à Douai.

TESTAMENT DE MATHIEU MOULLART

Au nom du Père, du Fils et du Saint-Esprit. Amen.

Je Mathieu Moullart par la permission divine Evêque d'Arras. Considérant rien n'être plus certain que la mort et rien n'être plus incertain que l'heure et le temps de la même, désirant obvier aux difficultés, débats et contentions qui se pourraient émouvoir après ma mort à cause du peu de bien qui se pourra laisser par mon trépas, et voulant pourvoir au salut de mon âme, et ne partir de ce monde sans laisser témoignage de la gratitude que Dieu m'a donnée vers sa Majesté divine, la cour céleste, l'église triomphante et militante et tous ceux auxquels je me retrouverais aucunement obligés et légitimement affectés. En usant de la faculté concédée par nostre S. Père le pape Clément VIII en date du 22 Décembre 1594 ; le placet de sa Majesté sur icelle obtenu sous la date de XXIV de Novembre 1595 cy joint. Fais sans préjudice à mon vœu de religion, la présente disposition de ma dernière volonté, laquelle j'entends devoir être de point en point observée. Et premièrement protestant de vouloir vivre et mourir en la foi et religion de notre mère la sainte Eglise unique sainte catholique et apostolique et requérant très humblement d'être en temps et lieu administré de tous les sacrements et munis de tous les armes d'Icelle, si avant que l'opportunité le permettra. Je recommande mon âme à Dieu mon créateur et rédempteur et à sa benoîte et très sacrée Mère, à mon ange et à Monsieur S. Mathieu et tout le reste de la cour céleste ; élisant ma sépulture en l'église-Notre Dame, au lieu que Messieurs mes confrères du chapitre estimeront plus convenir, auxquels par dessus mes funérailles dument fournies et accomplies, selon qu'à notre qualité appartient, la modestie sur toute chose gardée, et tous excès et superfluités totalement évités. Je donne cinq cents florins de xx patars chacun pour mon anniversaire à charge de délivrer à la trésorerie tous les ans xxx patars pour le luminaire fournissant aux autres charges selon de coutume et comme ils font pour feu Monsieur mon prédécesseur Richardot que Dieu ait dans sa gloire. A l'exemple duquel je legue aux chappelains et aux vicaires, maistre de chant et enfants de chœur, deux cents florins une fois, pour acheter rente, pour distribuer à savoir aux dits chapelains la rente de 100 florins, et au plus des autres l'autre rente d'un autre cent florins pour être distribué à mon anniversaire en la forme de mes prédécesseurs et selon que mes exécuteurs trouveront mieux convenir.

Item je donne aux trois couvents des mendiants de la ville d'Arras, de saint Dominique, saint François et Notre dame des Carmes chacun cent florins une fois, qui leur seront délivrés au jour qu'ils me feront un service après ma mort, fut devant le principal service de Notre Dame ou après à leur discrétion et de mes exécuteurs.

Item je donne xxv florins à celui que choissiront mes exécuteurs pour faire le sermon funèbre, et graces après la réfection du service faite ; lui en délivrant la moitié sou-

dain qu'ils auront choisi ; et l'autre moitié, le jour des
funérailles les dites grâces accomplies.

Item je donne aux Clarisses xxx florins, aux Augustines, Louez-Dieu, Chariotes, l'hôpital St-Jean, maison
Dieu en cité chacun xxv florins qui se délivreront au jour
qu'elles prendront pour prier Dieu pour mon âme.

Item je donne aux pauvres de la cité mille florins pour
mettre au cours de rente au denier seize à leur profit, à
l'administration des commis suivant l'ordonnance de mes
successeurs.

Item je donne à la fabrique Notre Dame (1) pour le
comble mille florins.

Item je donne et legatte au collège que j'entends ériger à Douai ma maison dudit Douai nommé de Hachicourt,
selon qu'elle se comprend et huit cents florins de rente au
denier seize. En marge : (J'entends donner mille florins au
lieu de huit cents qu'ay sur les états) qu'ai acheter et entends
paracheter sur les états d'Artois, jusque la concurrence
de huit cents florins par an. En marge : (L florins) à xx
bourses dudit collège chacun xL florins : en argent et
outre ce, chacun x rasières d'avoine et dix rasières de
blé, tel qu'il croît à Vitry sur les terres qu'ai acheté à ces
fins, ou que l'on paie sur la haute Mairie du dit Vitry.
Chargeant la dite haute Mairie, les dites terres et Moulins
du dit Vitry de deux cents mencauds ou rasières de blé
et deux cents rasières d'avoine pour fournir aux dites
bourses la mesure que dessus, chaque an, à la St André
et Chandeleur en la dite maison de Douai : comme le tout
s'éclaircira par l'érection du dit collège plus amplement.

Item je donne ma librairie et bibliothèque toute entière sans rien diminuer au dit collège.

(1) Le grenier de la cathédrale venait d'être détruit par un
incendie.

Item je donne à l'église Saint-Martin-sur-Cogeul lieu de ma naissance, la maison et héritage, ensemble les terres en dépendantes, qu'ai acheté des héritiers de feu mon oncle et parrain Abrame Pronier, à charge de faire dire une messe solennelle tous les vendredis ; et la semaine de la passion et sainte croix. La semaine péneuse le mercredi : pour l'obligation que le curé a le vendredi saint, en réciter lors la passion *Secundum Lucam*, tout au long, mais les autres vendredis ne sera le sacrifiant obligé prendre l'Évangile de la Passion, sauf en Carême (En marge) : que lors prendra la Passion, *Secundum Matthaeum* ; usant hors du dit carême de l'Évangile bref et ordinaire de sainte croix, ne soit que quelquefois en autre temps par dévotion il le veuille faire. Et à chaque des dites messes sera tenu faire une collecte pour mon âme et de mes parents et amis trépassés (En marge principalement les premiers vendredis du mois non empêchés de fêtes).

Il s'y sera la dite église tous les ans obligée faire un obit solennel pour moi et mes parents et amis décédés.

Sera aussi obligée la dite église, la veille de Paques donner aux ménages du dit Saint Martin un mencaud de blé tourné et cuit en pain blanc jusque au nombre de VI ménages, faisant les dits pains blancs en tel nombre que se trouveront les dits ménages la veille de Pâques, et a proportion du dit nombre, les dits pains fait du dit mencaud d'autant plus grands que le nombre sera petit, les distribuer après *Regina Cœli lœtare* chanté par le curé et le clerc, qui seront premiers partis, et avec le dit pain deux moutons gras, mis et tranchés en autant de pièces que le dit nombre des dits ménages portera : qui se distribueront avecque les dits pains pour le lendemain dîner, aussi bien aux pauvres qu'aux riches, qui voudront venir au dit *Regina* et le lendemain se trouver dans

l'église sur l'après souper prier Dieu pour les trépassés,
récitant le curé *Retribuere dignare* après le dit *Regina* :
Bien entendu que si de quelque ménage ne comparaissait
quelqu'un au nom de la famille au dit *Regina* solennellement chanté, il debvrait être privé cette année de sa portion de pain et mouton, ne fut excusé légitimement par
maladie ou semblable.

Item je légat à la dite église Saint-Martin deux cents
florins pour employer en ornements d'église.

Item je légat à ma très chère sœur Antoinette pour
les bons et agréables services que j'ai reçu d'elle, les
deux chastellerie de Citte qu'ai acheté de Monsieur
du Buz tout entièrement selon qu'elles se compren-
nent.

Item je lui donne la moitié contre notre sœur Marguerite qui aura l'autre de le dette que me doit mon neveu
Antoine Théry, sy ne m'a pas payé devant ma mort.

Item je donne à Adrien Walégré pour les services qu'il
m'a fait XVI florins, une fois, ne soit qu'il les ait reçu
devant ma mort ou autre advantagement equipollent que
lui pourrait faire pour le pouvoir.

Je donne à Jean Desormeaulx cent écus d'or au cas
qu'il ne soit pourvu devant ma mort (En marge). Il n'est
plus à mon service partant succédera Monsieur Hubert.

Item à Guillaume le portier, cent florins au cas qu'il
n'ait un pain Saint Nicolas devant ma mort.

Item je donne à Adrien le Page, une bourse de mon
dit collège dont j'entends qu'il jouira après ma mort. Or
que la maison ne fut encore accommodée pour y demeurer les boursiers, à condition de continuer ses études au
dit Douai.

Item à Godefroy, je donne le surplus du reste qu'il me
doit de l'achat (cela est widé par sa mort) de sa maison,

revoquant la donation de l'autre disposition pour qu'il a eu depuis un pain et s'y reçu notable faveur.

Item je légat à mon frère Antoine l'archidiacre d'Arras, mon nepveu Monsieur Antoine Escolatre, Monsieur Blondel notre scelleur chacune tasse de iiiixx florins moyennant qu'ils acceptent l'exécution de cette disposition testamentaire, selon que je les en prie et requiers bien instamment ; déclarant le surplus de mes facultés et biens permis à mon usage, toutes mes dettes loyales satisfaites, donner aux pauvres de Cité d'Arras et de Saint-Martin pour la moitié. L'aultre moitié cédant, comme pauvres et honnêtes à mes frères et sœurs et enfants des trépassés, tous ensemble faisant une tête, au lieu de leur père et mère défunts, jusqu'à mes petits neveux et leurs enfants. En faisant au nom de Dieu mes héritiers de tout ce que les mises dessus dites et ce qui en dépend fournies en pourra resté, et ce par égale portion (en marge tant aux dites pauvretés qui a mesdits pères et sœurs compris même mon frère Robert s'il est vivant) espérant esclaircir le tout sy Dieu me permet vivre encore quelque temps, sinon que mes dits exéquteurs pourront par ensemble adviser au plus près de la raison. Ayant expédié ces présentes hâtivement, craignant d'estres surpris et prévenu le xiii de Janvier 1596 et y fait par dessus ma signature opposer mon scel.

Mathieu MOULLART, Évêque d'Arras.

CHAPITRE LXVII

Fondation du Séminaire Moullart à Douai.

L'Évêque d'Arras terminait par ces mots « comme le tout s'éclaircira par l'érection du dit collège plus amplement » l'article de son testament concernant la fondation de son Séminaire à Douai. Mathieu Moullart crut prudent de ne pas faire attendre l'éclaircissement annoncé, et le jour même de la rédaction de son testament, c'est-à-dire le 13 Janvier 1596, Moullart le complétait par un codicille assez long où il entrait jusque dans les plus petits détails sur le fonctionnement de son Séminaire, le voici en entier (1).

« Moi frère Mathieu Moullart religieux profés et prêtre
« de l'ordre de Saint-Benoîst monastère de Saint-Ghis-
« lain diocèse de Cambrai en Hainaut autrefois abbé, et
« présentement par la grâce de Dieu, Évêque indigne à
« mon avis ; à tous ceux qui verront ou seront notifiés
« en temps par cet écrit ; je prie et j'atteste que j'ai plu-
« sieurs fois pensé et proposé, et enfin aujourd'hui
« j'atteste, que par la grâce de Dieu j'ai résolu de fonder
« dans l'Université de Douai, lieu de notre diocèse, un
« collège d'écoliers, et de mettre à l'usage de cette fon-
« dation, comme je me l'étais proposé d'abord, une
« maison par moi acquise pour faire le lieu et la rési-
« dence de ce collège avec tous les jardins y joints et
« en dépendants ; aussi avec la maison que jai dernière-

(1) Je n'ai retrouvé qu'une copie de ce codicille ; elle est évidemment défectueuse en plusieurs de ces parties.

« ment acheté à Vitry des héritiers de Jacques Gossel
« et ensemble avec les jardins y joints, et en dépendantes
« toutes et entièrement les terres labourables prairies et
« paturages achetés pour le même usage jusqu'aux en-
« virons de cent mencaux. En ôtant seulement les mesu-
« res de terre qui sont dans l'enclos du chateau acquis
« par nous, qui ne sont pas compris dans les cents me-
« sures,ainsi que j'atteste,les ayant laissées pour l'usage
« que le Seigneur Dieu voudra dans la suite m'inspirer.
« J'ai trouvé bon de joindre aux choses cidessus dési-
« gnées pour le dit collège suivant la faculté que je me
« suis réservée de la mairie de Vitry, le nombre de 300
« Mencauds de blé tel qu'il se dépouille dans le terroir
« de Vitry de la mesure du dit Vitry et ainsi qu'il est dû
« par la mairie ; et 200 Mencauds d'avoine, à telle condi-
« tion que cependant, si des terres par nous acquises et
« que acquérerons dans la suite, il ne se peut retirer un
« plus grand rendage des laboureurs et fermiers que de
« cent Mencauds, en sorte que cela aille jusquà cent cin-
« quante. L'on tirera de trois cents le nombre de vingt
« mencauds que nous avons déjà donnés passé du temps,
« en aumône aux Augustines demeurant auprès d'Arras ;
« et si nous venons à mourir avant qu'on puisse tirer de
« ces terres labourables et autres jointes, la quantité ci
« dessus exprimée, les vingt mencauds ci dessus dits des
« Augustines avec les trente mencauds de blé se devront
« et pourront prendre sur le revenu de la mairie. Outre
« cela nous avons assigné à ce collège, les plus clairs six
« mille quatre cents florins, savoir deux mille six cents
« ou sept cents qui nous sont dûs par notre neveu An-
« toine Théry en vertu de son contrat de mariage partie
« au nom de sa mère notre sœur Marguerite, et autre
« partie en son nom propre ; qu'il a pris à sa charge et

« qu'il a reconnu nous devoir légitimement comme il
« peut constater par le compte fait et arrêté avec eux et
« par le contrat de mariage. La recette se prendra sur
« des grains ou de l'argent qui nous est dû, passé du
« temps, de la recette de Vitry , comme il peut constater
« par la clôturé du compte du receveur M. Pierre Remis.
« En sorte qu'avec les six mille quatre cents florins on
« puisse constituer une rente de quatre cents florins
« annuellement sur les états d'Artois ou sur les autres
« cidevant dits, d'où l'on puisse tirer tous les ans au moins
« une rente de quatre cents florins.

« Notre intention au reste est de partager ainsi ce
« collège et le revenu en sorte qu'il y ait vingt bourses,
« en y comprenant le président, sa servante ou son valet
« qui doit prendre soin du ménage, au cas que l'on ne
« juge pas convenable de prendre une servante. Notre
« intention est de partager les revenus à tous les bour-
« siers en sorte qu'il y ait pour chacun, douze razières
« de blé, mesure de Douai et vingt florins, de manière
« pourtant que le président à cause de son valet ou de sa
« servante ait deux bourses ; et les dix-huit autres, nous
« les destinons à l'honneur des neuf ordres du Saint-
« Esprit et à la mémoire et au nom des neuf chœurs des
« bienheureux. Tellement qu'après l'appartement du pré-
« sident et du valet nous souhaitons que l'on bâtisse 18
« chambres, auparavant que les boursiers soient reçus :
« qui seront faites et disposées comme celles du collège
« métropolitain, ou comme celles d'un dortoir, d'une mai-
« son régulière et disposées de manière qu'à la droite,
« elles soient en mémoire du Saint-Esprit et à gauche
« sous le nom des âmes bienheureuses ; en sorte que
« d'un côté, il y aura des séraphins, des patriarches, des
« chérubins, et de l'autre côté il y aura des prophètes,

« des apôtres, des évangélistes ; les puissances, les ver-
« tus, les martyrs, les confesseurs et les dominations, les
« docteurs, les archanges, les vierges, les saints anges ;
« contenant le nom sur la porte de leur chambre à qui
« est dédié la chambre où demeurera ledit boursier ;
« afin qu'il puisse après Dieu, comme il convient, prendre
« celui qui est dédié à sa chambre pour patron de ses
« études et recommandant souvent l'âme du fondateur.

« Chaque boursier, après le président qui aura deux
« bourses à charge de payer les gages d'un valet ou
« d'une servante ; aura une bourse valant dix razières de
« blé mesure de Vitry et autant d'avoine avec 50 florins,
« pris des 1000 à nous dûs par les états d'Artois, et le
« double au président est 100 florins par an. De plus il
« recevra tout le produit du blé qui sera vendu au delà
« de cinq florins, et de l'avoine au delà de quarante
« patars, donnant la faculté à un chacun de vendre sans
« la permission du président et à la charge de contribuer
« aux greniers autant qu'il en faudra pour les aliments
« d'un chacun suivant les arbitrages que fera le prési-
« dent, comme un bon père de famille ; en prenant tel
« soin que la distraction de ces grains n'empêche pas
« l'excroissance de cinq florins pour le blé et de quarante
« patars pour l'avoine. Le président devra retenir les
« frais et réparations du collège et ne prendra pour son
« droit de recette que 20 patars.

« Ceux que l'on doit entretenir en ce collège devront
« être reçus par deux prêtres des plus âgés de nos pa-
« rents, par l'Évêque du lieu ou son député et être exa-
« minés desquels tous : On pourra en prendre deux de
« notre chapitre et deux seront reçus à la présentation
« de l'abbé de Saint-Ghislain dont l'un pourra être reli-
« gieux ; les autres pourront être reçus suivant leurs

« qualités par l'examen avec concours, si ce n'est que
« sans concours on en trouve d'idoine. Nous entendons
« aussi qu'on reçoive autant que faire se pourra trois
« religieux mendiants des plus beaux esprits de notre
« diocèse, dont le président a érigé une bourse en au-
« mônes tous les ans ; pourvu qu'il les visite et profitent
« fort et qu'ils résident soit dans le couvent de leur ordre,
« soit dans un collège par une dispense légitime.

« A l'égard des quatre de notre coparenté, ils rece-
« vront dispenses des dits proviseurs pour être pendant
« deux ans dans l'ample université de Louvain ou de
« Rome, ou une autre qui ne soit pas suspecte d'hérésie
« ou d'Athéisme.

« Personne ne recevra nos bourses et ne pourra les
« continuer, qu'il n'ait fait la profession de foi du Con-
« cile de Trente ; et nous privons tous ceux qui sont non
« seulement convaincus d'hérésie, mais même ceux qui
« sont grièvement suspectés probablement, quoique non
« violemment. Nous voulons qu'ils entendent tous les
« jours la messe dévotement et qu'ils aillent les jours
« solennels aux églises paroissiales pour assister à l'office
« divin, si ce n'est qu'ils soient envoyés à d'autres églises
« par le président pour certain autre sujet. Nous ne vou-
« lons pas que l'on reçoive d'autres boursiers que les en-
« fants légitimes : et que ceux qui ne paraîtront pas dis-
« posés aux études de théologie ou de droit canon, et
« ceux qui n'y seront pas propres en seront privés.

« Qu'on ne reçoive point de moins âgé que de seize
« ans, excepté ceux de ma parenté, qui à l'âge de douze
« ans pourront être reçus. Le président assignera à
« tous, des écoles pour y aller et des statuts propres,
« ce qui se fera avec le conseil des proviseurs qu'il chan-
« gera suivant le temps.

« Les proviseurs ouïront les comptes tous les ans et
« au défaut d'ecclésiastiques prêtres de notre parenté,
« il en succédera un autre, si on en trouve un idoine, si
« ce n'est que le prévost de Saint-Pierre à Douai suf-
« fise ; à moins que les députés de Mgr l'Évêque n'y
« veuillent aller.

« Nous voulons qu'ils mangent tous dans le même
« réfectoire, si ce n'est que la maladie l'empêche ou quel-
« qu'autre cas ; que l'on fasse lecture de livres catho-
« liques édifiants suivant le temps jusqu'à ce que l'on
« se lève de table : et, étant debout, réciter tous les suffra-
« ges suivant la coutume des religieux et après le psaume
« *Laudate Dominum omnes gentes*, on ajoutera l'orai-
« son *Retribuere dignare, Domine, nobis bona facien-*
« *tibus... post mortem vitam æternam.*

« Peut aussi le président se faire secourir par des
« boursiers idoines partout ou selon qu'il trouvera lui
« être utile et nécessaire, de sorte cependant qu'il ne les
« détourne point de leurs études, ensuite il pourra en
« prendre plusieurs afin qu'ils puissent se soulager les
« uns les autres.

« Le reste qui regarde la piété et les études sera ré-
« glé par les états provinciaux du séminaire avec le
« Conseil des provinces. Lesquels j'entends être l'Évê-
« que d'Arras ou son député avec deux prêtres de notre
« parenté et à leur défaut le prévost de Saint Pierre
« de Douai avec quelques vieillards de notre parenté
« quoi qu'ils ne fussent point prêtres, pourvu qu'ils
« soient capables d'un tel office. Je nomme pour exécu-
« teurs du présent testament, M. Antoine Moullart,
« archidiacre et chanoine de l'Église d'Arras, M. Gui
« Boucquel, aussi archidiacre et chanoine de ladite

« Église et Antoine Moullart, protonotaire apostolique,
« chantre et chanoine de ladite Église d'Arras.

« Signé : Mathieu MOULLART,
« Évêque d'Arras. »

Le 13 Janvier 1596.

Par cet acte le Séminaire de Douai était fondé et put
s'ouvrir quelque temps après la mort de Moullart, ce qui
arriva en 1606. Malgré bien des contestations ce séminaire vécut deux cents ans jusqu'à la grande Révolution et donna au diocèse d'Arras des prêtres savants et
pieux.

CHAPITRE XLVIII

Nouvelle édition du Bréviaire d'Arras.

La réforme du calendrier par Grégoire XIII appelait
nécessairement une nouvelle édition de bréviaire d'Arras. Avant d'entreprendre ce vaste travail la question se
posa de savoir si on conserverait l'ancien bréviaire du
diocèse dont on était en possession depuis plus de deux
cents ans ; ou si l'on l'abandonnerait pour prendre le
bréviaire romain. Pie V, dans sa lettre imposant le bréviaire romain au monde catholique, laissait toutefois aux
diocèses en possession d'un bréviaire depuis plus de
deux cents ans, le choix entre le bréviaire romain et
celui dont ils jouissaient depuis plus de deux siècles.
Moullart était trop attaché à son pays, trop respectueux
des anciennes coutumes pour hésiter un instant. Il résolut de réimprimer l'ancien Bréviaire du diocèse d'Arras

en le mettant en harmonie avec la réforme du calendrier de Grégoire XIII. Après avoir pris conseil du premier prieur de l'abbaye de Saint-Vaast, don Noël Novion que la connaissance des rubriques avait rendu célèbre, Moullart publia son nouveau bréviaire chez Guillaume Larivière, typographe juré. En tête du bréviaire on lit :

Breviarum ad usum insignis ecclesiæ Atrebatensis
summa diligentia repurgatum
cum Kalendario novo juxta reformationem Gregorii XIII
Atrebati
apud Gulielimum Riverium typographum juratum
et
Robertum Mandluy sub signo nominis Jesu
MDXCV.

Le nouveau bréviaire d'Arras n'était pour ainsi dire qu'une réédition de l'ancien, aussi différait-il beaucoup du bréviaire romain ; c'est ainsi que les trois premières leçons des fêtes des saints à neuf leçons sont toujours historiques comme celles du second nocturne, et aussi bien souvent celles du troisième nocturne. On faisait la fête de l'Immaculée Conception, le 8 décembre et dans les leçons toutes historiques, on racontait l'origine miraculeuse de cette fête au temps de Guillaume le Conquérant. Par contre, la fête de saint Joseph ne se célébrait pas encore dans notre diocèse. La Dédicace des églises se solennisait le VII Juillet au jour anniversaire de la consécration de la cathédrale Notre-Dame en Cité. Les saints particuliers au diocèse n'étaient pas toujours ceux d'aujourd'hui. Saint Ainian, que nous ne fêtons plus, avait ses neuf leçons historiques dans le bréviaire de Moullart, qui célébrait en outre un grand nombre de translations de reliques aujourd'hui complètement tombées en oubli.

Ce bréviaire ne fut pas le seul livre religieux imprimé

à Arras sous l'épiscopat de Moullart. L'imprimerie commençait à se développer dans notre ville, et produisait un grand nombre de livres. Moullart pour obéir au Concile de Trente et pour écarter de son troupeau le venin de l'hérésie, nomma le curé de la Madeleine, Guillaume Gazet, censeur des livres imprimés à Arras. Un des livres religieux le plus considérable portant l'imprimatur de Guillaume Gazet est la vie et les œuvres de Jean Tauler, mystique du XIVᵉ siècle, imprimé à Arras, chez La Rivière, en 1595. Le censeur ecclésiastique choisi par Moullart se fit lui-même auteur et fit paraître à Arras, le 10 Novembre 1597 : la suite des Évêques d'Arras et l'histoire de la sainte Manne, livre dont Guillaume Gazet fait hommage à Mathieu Moullart dans une préface très élogieuse pour son Évêque. La renommée de l'Évêque d'Arras s'étendait bien au delà des limites de son diocèse, et du fond de la Belgique on lui faisait hommage de publications nouvelles, c'est ainsi, par exemple, qu'un Chanoine d'Anvers, Y Wanters Van Veringen, lui dédie la traduction du Traité de la Confession du P. Adriaenssens S. J., par à Papuis.

CHAPITRE XLIX

Élection de Jean Sarrazin à l'évêché de Cambrai.

L'Archevêque de Cambrai de Berlaincourt s'étant rendu à Bruxelles, pour les affaires de son diocèse, yfut surpris par la mort le 15 Février 1596. Philippe II jeta aussitôt les yeux sur Jean Sarrazin pour le siège de Cambrai. Le roi d'Espagne avait eu occasion de voir l'abbé de Saint-

Vaast en 1582, lors du voyage de Jean Sarrazin à Madrid
et dans cette circonstance, il avait pu apprécier la sa-
gesse et l'habileté de ce saint moine.

La nomination ne se fit pas attendre et le 6 mars 1596,
le Chapitre de Cambrai pouvait déjà ratifier, par un vote
unanime, le choix du roi. L'Évêque d'Arras, sitôt après
la mort de l'Archevêque de Cambrai, avait ordonné des
prières publiques pour le repos de son âme, et des pro-
cesssions pour demander au ciel un digne successeur au
siège de Cambrai. Sur ces entrefaites, la nouvelle de la
nomination de Jean Sarrazin arriva à Arras. Le Conseil
d'Artois en profita pour faire opposition à l'Évêque
d'Arras, et le 7 Mars il se réunissait pour avertir le
R^{me} d'Arras, qu'il n'y avait plus lieu de célébrer de processions publiques à l'occasion de la vacance de Cambrai,
l'élection de Jean Sarrazin étant déjà faite. Moullart,
cette fois, céda de bonne grâce. Dès le 20 Mars, le
Conseil d'État invitait l'Évêque d'Arras à hâter les formalités résultant de l'élection de Jean Sarrazin, pour que
celui-ci puisse se rendre au Conseil au plus tôt. Moullart
s'empressa d'obéir à cette invitation.

Jean Sarrazin, ayant donné procuration au curé de la
Madeleine, Guillaume Gazet, et à Pierre Nizart pour le
représenter auprès de l'Évêque dans l'information canonique dont il allait être l'objet ; le 5 Avril, qui était le
Vendredi avant le Dimanche des Rameaux, fut choisi
pour cette information sur la vie et les mœurs du nouvel
élu. L'examen eut lieu dans le palais épiscopal. Moullart
était assisté de François Buisseret, doyen du Chapitre, et
de P. Prud'homme, magnus minister de l'église de Cambrai. On y entendit un grand nombre de dépositions,
entr'autres celles de Thomas Cox Rythovius, prévost du
Chapitre d'Arras, du doyen du même corps Jean de Brune,

du gouverneur d'Arras, du pénitencier d'Arras, Maugré ;
ensuite on entendit Pierre Gambier, Jean Fauqueur, curé
de Saint-Géry, Ph. Deleval, procureur, Jérôme de France,
chevalier de la Toison d'Or, président du Conseil d'Artois, Jean Lambert, bourgeois, Philippe de Gaverelle,
prévost de Saint-Vaast, J. Briois, prévost au Conseil
d'Artois, Abel Cornet, procureur-général de la gouvernance, Pierre Dervillers, receveur-général des imposi-
tions : enfin vint une déposition spéciale de Jean Bourgeois et de Noël Novion, religieux de Saint-Vaast. Les
dépositions ne pouvaient qu'être favorables, elles le
furent si bien que Jean Sarrazin, en prenant l'archevêché
de Cambrai, obtint du Souverain Pontife l'autorisation
de garder la direction et l'administration de l'abbaye de
Saint-Vaast, à raison des maux qui désolaient depuis si
longtemps l'église de Cambrai.

Après les fêtes de Pâques ; le Jeudi 22 Avril, Moullart
voulut fêter le nouvel élu de Cambrai et la prise de la
ville de Calais sur les Français et les Anglais coalisés.
Voici comment le bénédictin Pronier, sous-prieur de
Saint-Vaast, témoin oculaire de cette fête, nous la raconte
dans son manuscrit sur les événements remarquables de
cette époque :

« Le xxiie en Avril de ladite année 1596, on fit ici
« Arras processions générales pour action de grâce
« au Seigneur Dieu de ce que nous avions gagné la ville
« de Calez (sic) sur le Béarnais, autrement prince de
« Béarn, qui se disait roi de France. Tout le clergé et
« les nobles avec tout le peuple étant de retour à N.-D.,
« un Révérend Père mendiant carme, fait la prédication
« en la messe ; auquel lieu devant la chaire preschoire
« estaient mis aucuns bancs en quarré pour y asseoir
« des plus apparats au milieu duquel y avait une seule

« kayelle à dos garni d'un coussin et d'un tapis sur le
« dossier pour Illustrissime et Révérendissime Évêque
« d'Arras ; mais le dit Seigneur fait tant d'honneur
« au dit Seigneur Révérendissime Abbé de Saint-Vaast
« esleu Illustrissime et Révérendissime Archevêque de
« Cambrai, que de lui présenter la dite kayelle : mais
« le dit Seigneur Illustrissime esleu refusa constamment
« cet honneur bien humblement, s'asseyant sur un des
« boutz des bancs déjà mentionnés. Pour cela, le dist
« Seigneur Révérendissime d'Arras ne désista de porter
« honneur à Sa Seigneurie, attendu qu'il fit apporter
« prestement encore une autre kayelle à dos qui fut cause
« que de rechef il s'efforcha de le faire asseoir pour la
« seconde fois et ce à son côté droit. Toutefois le dit
« Seigneur esleu se louant extrêmement de la place où
« il était, tournoya si bien qu'il s'assit à la seconde
« kayelle, mettant le Seigneur Révérendissime d'Arras
« à son droit côté.

« Ce même jour le dit Seigneur Illustrissime et Révé-
« rendissime esleu disna à l'Évêché à la table du dit
« Seigneur Révérendissime d'Arras, ou estaient aussi le
« grand Prieur et le sous-prieur de Saint-Vaast don
« Noël Novion et don Adrien Pronier, avec le Seigneur
« de Marles, gouverneur d'Arras, et une bonne partie
« de la noblesse qui avait assisté aux dites processions.
« Le Seigneur esleu Illustrissime était aussi en chef à
« table au bout de laquelle joint à son côté droit, était
« assis Monseigneur d'Arras. D'autre part, à son côté
« gauche, était assis Monseigneur de Marles, gouverneur
« de la ville et cité d'Arras et les autres selon leur
« qualité et grandeur. Touts étaient joyeux, personne ici
« n'était triste, ni mélancolique, tant de ceux qui étaient
« assis en table que de ceux qui y servaient. Les maîs-

« tres d'hôtel faisaient leur devoir d'asseoir les plats sur
« table et les commis aux buffets de verser le vin blanc
« et clairet, selon l'appétit d'un chacun, et en telle
« quantité qu'on en voulait avoir. Les principaux et les
« plus avancés en autorité ne mirent en oubli de boire
« la couppe de la santé de Sa Seigneurie Illustrissime
« élu. Autant en firent ceux qui étaient moindre en
« crédit et autorité. Que dirai-je en plus et davantage,
« un chacun tachait de faire bonne chaire au dit Seigneur
« Illustrissime et Révérendissime esleu. Les plats de
« viande apposés et mis sur table en faisaient tout
« autant, ses armes et dévises y étant élégamment repré-
« sentées en signe d'honneur, d'amitié et congratulation
« non pareille. Les nappes ostées de table et actions de
« grâce rendues au Seigneur Dieu. Après le repas de ce
« diner, et les remerciements faits a celui qui avait fait
« le festin et banquet, chacun se leva de sa place pour
« debout en devisant donner quelque récréation à l'esprit.
« Dont Sa Seigneurie Illustrissime esleu s'en alla appuyer
« parmy plutôt que s'asseoir sur un banc à dossier,
« proche la muraille de la salle du côté, des fenètres re-
« gardant le jardin épiscopal. Auquel lieu se trouva
« aussitôt devant la dite Seigneurie Monseigneur d'Ar-
« ras, debout et sans être couvert, une bonne espace de
« temps traitant d'affaires de conséquence. Cela fait, Sa
« Seigneurie voulut partir, prenant congé de son hoste
« qui l'avait si bien et honorablement festoyé ; dont il
« fut par lui convoyé jusqu'à la porte de son logis. Par
« ainsi un chacun se retira chez soi très joyeux et
« aussi content pour toutes ces bonnes nouvelles ; savoir
« être pourtant que nous avions gagné Calez, que nous
« avions ici bel Seigneur esleu Illustrissime et Révéren-

« dissime Archevêque et pareillement de cela qu'y avait
« fait tant bonne chaire.

On voit par ce récit que les multiples procès qui
s'étaient élevés entre l'abbé de Saint-Vaast et l'Évêque d'Arras n'avaient en rien altéré la vieille amitié
qui unissait depuis leur jeunesse Jean Sarrazin et Mathieu Moullart. Le nouvel Archevêque aurait sans doute
désiré recevoir la consécration épiscopale des mains de
l'Évêque d'Arras, dans la magnifique église de l'abbaye
de Saint-Vaast. Les convenances ne permirent pas l'ac-
complissement de ce projet et ce fut à Bruxelles, le
15 décembre 1596, des mains de Monseigneur le nonce
Octavio Frangipaire, que Jean Sarrazin reçut la consécration épiscopale, en présence de l'archiduc Albert.

CHAPITRE L

L'attaque d'Arras par Henri IV.

La France, à peine sortie des horreurs de la guerre
civile, entreprit une nouvelle lutte avec Philippe II.
Comme toujours l'Artois et la Picardie portèrent presque
tout le poids de la guerre, le diocèse d'Arras eut particulièrement à souffrir ; Arras fut même sur le point de
tomber aux mains des Français. C'est encore à son Évêque
que notre ville dut de pouvoir échapper à une nouvelle
invasion. Henri IV, accompagné du Maréchal de Byron,
tenta de s'emparer d'Arras par surprise. La ville
dormait tranquille croyant les Français bien éloignés :
Philippe II s'était en effet emparé d'Amiens et l'on pen-

sait le théâtre de la guerre reculé bien loin. Quand vers
les deux heures du matin, le 29 Mars 1597, profitant de la
nuit noire, alors que la lune venait de se coucher à l'ho-
rizon, Henri IV et Byron lancèrent contre les portes Méaulens et Baudimont une double attaque. Les portes étaient
fermées, mais dégarnies de défenseurs. Les Français s'en
approchant y attachèrent des pétards qui firent de grands
dégâts. A la porte Baudimont, le dommage fut immense ;
non seulement les premières barrières, mais le pont levis
de la porte principale cédèrent sous la violence de la déto-
nation ; il ne restait plus pour interdire aux français l'entrée de la cité que la porte qui fermait l'extrémité de la voûte
intérieure ; s'ils en eussent possédé les clefs, Henri IV et
Byron étaient maîtres d'Arras. Le bruit des pétards en
éclatant, avait néanmoins réveillé les bourgeois qui se
précipitèrent vers les portes pour se rendre compte de ce
qui se passait. L'Évêque ne fut pas le dernier arrivé sur
le théâtre de la lutte. Moullart, malgré ses soixante ans
malgré les ténèbres épaisses de la nuit et le froid de la
saison, sort de son palais, saute sur le premier cheval qui
lui tombe sous la main et s'en va au rempart organiser
la résistance, fait chercher de la paille ; puis, brûlante la
fait jeter dans les fossés afin qu'à sa clarté on découvre
l'ennemi. Les éclairs du feu firent voir l'imminence du
danger, la porte Baudimont est presqu'emportée ; et l'ennemi, qui occupe déjà le dessous des voûtes de la porte,
se joue des coups des assiégés et attaque violemment la
dernière porte qui lui résiste. Moullart, voyant l'extrême
péril loin de perdre courage, anime les bourgeois, recommande à Dieu sa pauvre cité et fait appeler Charles de
Longueval, comte de Bucquoy, capitaine courageux, qui
de bonheur se trouvait à Arras avec une petite troupe. Il
arrive, on lance contre l'agresseur de vives harquebou-

zades. Les Français sont blessés en masse. Cette résistance inattendue les étonne et avant le lever du soleil ils
s'enfuient avec précipitation craignant d'être entourés et
anéantis au petit jour.

Arras conserva longtemps le souvenir de cette délivrance et en reconnaissance, les magistrats décrétèrent
une procession qui se fit durant quarante-trois ans au
jour anniversaire de l'attaque des Français. La ville
d'Arras venait d'échapper à l'invasion et au pillage. Mais
la sécurité était perdue pour longtemps. L'archiduc voyant
que la cité d'Arras était à la merci d'un coup de main
de la France y envoya une garnison qu'on oublia de payer
à temps et qui commit les plus grands excès. Les gens
de la campagne se réfugiaient en grand nombre à Arras
et augmentaient dans de fortes proportions le prix des
denrées. Ces pauvres paysans étaient plus malheureux
encore que les bourgeois, obligés de fuir leur demeure
devant l'invasion étrangère ; des bandes de maraudeurs
tombaient sur leurs chaumières désertes, les mettaient au
pillage et ne se retiraient qu'après y avoir mis le feu.
Tant de maux émurent le cœur de Moullart et quand une
délégation vint le supplier de vouloir bien intervenir en
leur faveur auprès du Conseil d'État, Moullart, malgré
son grand âge, ne put résister ; et sans compter tout ce
qui lui en devait coûter de fatigues et de peines, se mit
en route pour Bruxelles avec la mission de prier l'archiduc de vouloir bien retirer la garnison qu'il avait envoyée
à Arras. Parti d'Arras vers la fin de Mai, Moullart arriva
à Bruxelles après quatre jours passés presqu'entièrement
à cheval : Sitôt arrivé il se hâta de remplir l'objet de sa
mission et de demander audience à l'archiduc Albert,
comme nous l'apprend la lettre suivante qu'il adresse à
Jean Sarrazin, archevêque de Cambrai, qui venait de

lui écrire pour lui demander l'autorisation de faire subir
les examens pour le concours des curés de son archi-
diocèse à l'Université de Douai au diocèse d'Arras.

De Bruxelles à Saint Guillaume près la Cour.

Monsieur et illustrissime et Révérendissime
      Archevêque,

Je réputerais à grand honneur de vous pouvoir assister et servir de toute ma possibilité en ce que vous aviez désiré de moi
comme l'un de vos plus humbles suffragants, mais comme les
affaires de ma pauvre cité à l'instance des membres d'Icelles
m'ont pressé de venir en ce lieu ; si voulions éviter d'être dé-
clamé ; n'ai pu finalement refuser m'y transporter et rendre sous
peine de n'être foulé aux pieds de ceux qui sont obligés nous
garder ; espérant que pourrons retourner de bref, nous ayant son
altesse promise dès samedi dernier du matin brief expédition et
lors retournes que seront trouvés à votre commandement et bon
plaisir si avant que notre poste pourra comprendre et souffrir.
Quant à faire votre concours pour l'examen des cures vacantes en
notre diocèse pourvu que soit apaisé et qu'il se puisse ainsi faire
par le texte du Concile sans préjudice et avec lettres de non préjudice tirés à conséquence et selon qu'en semblable se fait pour
éviter toute surprise, je serai bien aise que vous fussiez acco-
modé Me confiant que pour mon absence de mon chapitre et de
la plus part de ceux de mon conseil et vicariat spirituel vous nous
donnerez vos lettres en tel cas pertinentes de non préjudice et
pour cette fois seulement, afin de plus murement le tout avec le
temps examiné ; nous en puissions faire un acte pour valoir à la
postérité de toute indemnité, ne voulant cela en toute rondeur
d'amitié, qui me semble sans doute que le dit concours puisse se
faire hors du diocèse dont sont les curés ; qui sera l'endroit ou je
conclurai cette, par mes humbles recommandations à votre bonne
grâce, suppliant le Créateur vous maintenir toujours, Monsieur
Illustrissime et Reverendissime en sa faveur céleste et divine.
De Bruxelles à Saint-Guillaume près la Cour le 9 juin 1597.
l'entierement Votre ami et suffragant très affectionné
Mathieu MOULLART, Évêque d'Arras.

L'Évêque d'Arras, après avoir rempli sa mission, reprit
le chemin de sa ville épiscopale. Tout porte à croire que
Moullart n'obtint pas un complet succès de son voyage,
car les abus des soldats se prolongèrent comme nous
allons le voir.

14.

CHAPITRE LI

Difficultés de l'Évêque avec le comte de Lignes.

Le voyage de Moullart à Bruxelles n'eut pas le résultat qu'on en attendait, les troupes continuèrent de fatiguer les habitants par leurs désordres ce qui donna lieu à un grave conflit entre l'Evêque et le Chef des troupes, le Comte de Lignes. Voici comment Adrien Pronier nous le rapporte : « En cette saison durant le carême (1598) auparavant messieurs les prédicateurs Arras étaient fort animés criant contre les abus grands et insupportables que commettaient les soldats ; jusqu'à en taper, les chefs d'iceux (parlant en principes généraux toutefois sans spécifier et nommer personne qui en étaient aucunement cause). A raison de quoi, le Comte de Lignes, admis gouverneur général d'Artois en l'absence (car il avait été pris prisonnier à la guerre par les Français en une bataille qu'il perdit en proche des lisières de la Picardie, du Marquis de Warembon qui en était le chef et gouverneur légitime), appela quelques jours le gardien des frères mineurs de cette ville, homme très habile bien docte et qui donnait grand contentement à ceux qui, ordinairement l'oyaient en prédication principalement prêchant le carême à Saint-Nicolas en l'âtre et lui demanda ainsi : « Est-il vrai que vous ayez tenu tels et tels propos en vos discours en faisant la prédication en l'église de votre station en cité les Arras. Et le dit révérend père ayant répondu que Oui. A donc le dit sieur comte lui dit : « Rendez grâce à votre couronne votre

chaperon et à votre habit qu'avez et portez sur vous,
attendu que si je n'avais égard à iceux, tant maintenant
et à l'heure présente, je vous fourerai la dague au travers
le corps, car vous avez parlé et presché contre moi, ce
que vous ne deviez faire. Et l'autre à quoi répliqua :
« Monseigneur si j'ai parlé ou prêché contre vous, je ne
sais trop bien vrai que je ne vous ai ni autre jamais
nommé en mes prédications J'ai fait toujours (*Laus Deo*)
mon devoir de reprendre publiquement et généralement
les vices comme je puis et j'ai pu adviser. Et si vous
commettez les fautes que j'ai repris, ce a esté à vous que
mes propos ont été adressés sans que je le sçu. Mais si
vous ne les commettez, telles repréhensions ne vous
touchent et ne vous appartenaient ains à ceux qui les
commettent. » Cela ainsi dit d'une part et d'autre, ces
personnages se séparèrent d'ensemble sans dire ou faire
autre chose.

Trop bien, le dit seigneur, comte de Lignes, s'en alla-
t-il trouver Monseigneur d'Arras auquel il fit ses plaintes
contre le dit père gardien, afin qu'il lui eut imposé
silence et n'eut plus prêché à l'avenir.

Mais, mon dit seigneur le R^me^ fit réponse « qu'il
ne pouvait bonnement faire irrépréhender telle chose et
que le dit prédicateur et les autres de son état et calibre
faisaient ce que lui-même devait faire, et s'il ne voulait
qu'ils repréhendissent les uns, qu'il devait tant faire
qu'on ne les commit. » De cette réponse, le dit comte en
fut encore plus et davantage indigné et aigri, jusque là
que le dit seigneur R^me^ redoutait par après d'aller dîner
où il était prié, craignant d'y trouver le dit seigneur
comte.

Et peut-être fit-il ce que vous oirez prestement par
vengeance. Il estait ordonné (je ne sais par qui ni par

quel moyen) que Messieurs du chapitre de l'Eglise Cathédrale de Notre-Dame payeraient quelque somme de deniers pour être appliqués aux affaires publiques et pourtant que mesdits seigneurs faisaient peut-être les rétifs à payer : ledit comte fit saisir tout leur temporel, la propre veille de la Pâques fleurie, lorsqu'ils devaient être plus à repos et moins embrouillés d'affaires séculières pour vacquer tant plus librement aux choses divines, spirituelles et célestes.

De quoi, mesdits chanoines en furent fort indignés et principalement Monseigneur d'Arras et non sans cause. Non obstant et pour toutes ces choses, les prédicateurs ne se taisent pas. Mais comme s'ils eussent bu ensemble à la bouteille, aussi est-ce qu'ils avaient fort haleine pour crier plus haut qu'ils n'avaient jamais fait auparavant contre les dits abus, encore que le dit comte eut envoyé en court contre iceux aux fins de leur imposer silence. Il est bien vrai que le dit gardien fut demis de son état, mais c'estait belle ici fait, car il fut remis ailleurs en ce dit honneur.

Au surplus, on a remarqué que tôt après que le dit comte eut ainsi résisté aux prédicateurs et foulé les gens d'église, il fut vexé (*justo Dei judicio*) très infamement des petites vérolles quoiqu'il eut bien quarante ans de son âge et il perdait l'administration du gouvernement d'Artois quoiqu'il s'assurât en lettres gouverneur absolu et pour tout, car le dit marquis Warembon vient cependant à mourir. »

CHAPITRE LII

Mort de Jean Sarrazin et de Madame de Marles.

Ces démêlés avec le Comte de Lignes n'empêchèrent pas Mathieu Moullart de célébrer le xxix Mars 1598 par un dimanche, une procession générale pour rendre actions de grâces au bon Dieu de ce qu'il y avait un an, que par sa prière, la ville d'Arras avait très bien échappé d'être prise par les Français ; et aussi pour implorer la miséricorde du Seigneur du ciel et de la terre pour bientôt avoir la paix, Monseigneur le Révérendissime d'Arras, don Mathieu Moullart, quoique avec grande difficulté pour son infirmité corporelle, y porta le Saint-Sacrement de l'autel. La station se faisant à Notre-Dame, on ouy la messe de la dite Eglise, après la prédication on chanta le : *Te Deum laudamus.* Ce dimanche était le jour de Pâques clause. Le prédicateur, pour cette fois, était notre Maistre frère Estienne Le Olou, prieur des Jacobins de cette ville. Il parla sur la paix disant que « Dieu trouve toujours moyen de nous aider et, par conséquent, que nous devons mettre notre confiance en Dieu et ne jamais nous défier de sa miséricorde. »

Quelques jours après le vendredi xvii en avril 1598, le service d'enterrement de Madame la gouvernante, (espouse de Monsieur de Marles, gouverneur d'Arras, fort regrettée d'un chacun à cause de ses rares et excellentes vertus) fut fait à Arras, avec un grand deuil et pompe funèbre.

« Messire Mathieu Moullart, évêque d'Arras, chanta la

messe du service en la paroisse de Saint-Jean, Monsieur
du Mont-Saint Eloy chanta l'évangile et Vantan Serge,
abbé de Cerquan, l'espistre. La salle ou l'on prit le repas
ou dîner était esteinte et tendue tout de noir ; force flambeaux rendant la place claire, quelque cent cinquante
personnes estant assis à table, laquelle fut bien et noble-
ment servie de toutes sortes de mets, de poissons épissés et non épissés, les pastés de grises et blanches
pattes n'y étant avec le bon vin épargnés. Le dîner fut
continué jusque après quatre heures après-midi y compris
la harangue que fit le dit Révérendissime Evêque. »

Moullart fut fort éprouvé par la perte de cette dame dont
les bienfaits et la générosité s'étendaient sur toutes ses
œuvres.

Ce ne fut pas la seule mort que l'Evêque d'Arras eut
alors à déplorer. Jean Sarrazin qui occupait depuis 15
mois à peine le siège archiépiscopale de Cambrai s'étant
rendu à Bruxelles, pour rendre ses devoirs à l'archiduc
Albert et à la reine Isabelle, fille de Philippe II, fut sou-
dainement frappé et enlevé en peu de temps. Ce nouveau
coup de la mort alla droit au cœur de Moullart, l'Evêque
d'Arras perdait en effet dans la personne de Jean Sarrazin
non seulement son métropolitain mais son plus sûr conseil
et une de ses plus anciennes affections. Avec lui, il avait
partagé les persécutions des premiers jours de son épiscopat, et depuis Moullart l'avait toujours fait le confident
de ses joies et de ses peines.

Aussi quand le corps de Jean Sarrazin fut ramené dans
l'église de l'abbaye de Saint-Vaast, Moullart tint à l'honneur de célébrer le service funèbre et de dire, sur le corps
de Jean Sarrazin, les dernières prières de l'Eglise.

CHAPITRE LIII

Élection du nouvel abbé de Saint-Vaast.

Jean Sarrazin était mort depuis seulement quelques semaines, quand Philippe II nomma les trois commissaires chargés de présider à l'élection préparatoire du nouvel abbé de Saint-Vaast. Le choix du Roi se porta sur Mathieu Moullart, évêque d'Arras, sur l'abbé de Marchiennes et sur Ferdinand de Verreneman. Le 1er Avril 1598, les commissaires royaux se rendirent à l'abbaye de Saint-Vaast pour montrer leurs lettres royales. Pronier nous donne quelques détails sur la réception faite en cette circonstance à l'Evêque d'Arras. « Quand donc Monsieur d'Arras fut arrivé, dit-il, cependant qu'il faisait ses prières au chœur et qu'il se reposait las de son chemin qu'il était, étant personnage pesant de corps et d'ans comme étant gros et haut, âgé de soixante-deux ans » l'on sonna le chapitre, les moines s'en allèrent au devant les commissaires en faisant les lectures qu'on a coutume de faire. On chanta la messe après quoi les commissaires dînèrent en l'abbaye et après le dîner, tinrent une conférence avec les dignitaires de l'abbaye qui dura jusque cinq heures et dans laquelle ils s'entendirent sur la mission qu'ils devaient remplir. L'élection préparatoire fut lente à se faire et ne fut terminée que le Vendredi XII du mois de Juin 1598. Ce jour là, nous dit encore Pronier : « Messieurs les commis de court ayant au dit Saint-Vaast achevé de faire ce pourquoi ils étaient venus, immédiatement après-dîner une demi-heure devant vêpres, ils appelèrent tous les religieux venus vers eux en la même salle du logis abbatial ou ils avaient pris leur réfection ordinaire. Lesquels tous entrés au dit lieu et illec arrangés, Monsieur d'Arras, prenant la parole, harangua en cette sorte :

« Messieurs, qui êtes ici tous profés, vous monsieur de Marchiennes, vous monsieur Verrememan, et vous MM. le grand-prieur, sous-prieur et autres religieux de céans, vous devez entendre et savoir que par la grâce de Dieu, ce bon Dieu nous avons recueilli toutes les voix de vous autres pour choisir d'entre vous un qui soit en toute cette honorable et vénérable compagnie prélat et abbé, en cette inclyte et célèbre abbaye de Saint-Vaast. Je vous puis bien assurer que ledit choix ne manque pas, plusieurs étant dignes de cette administration. Mais comme l'expérience nous enseigne qu'après que les commissaires ont fait leurs devoirs en ce cas, aucuns (voir même plusieurs) ont accoutumé en aucuns lieux de briguer à l'intérêt pour parvenir à la dignité vacquante, promettant contre leur conscience et salut de leurs âmes des pensions *per fas et nefas*, à cause de quoi se plongeant au gouffre infâme de simonie, nous vous prions tous par la passion et mort de Jésus, par la place que prétendez avoir en paradis, à ce que personne de vous autres ne vienne à seconder en sorte quelqu'un, croyant fermement que nous nous sommes en ce négoce comporté selon Dieu et notre conscience, et que le roi vous donnera un d'entre vous pour vous régir et gouverner. Et quand bien même il adviendrait que vous auriez un autre, quelqu'il fut, vous le devriez choisir et honorer comme votre seigneur et prélat, vous étant donné du Saint-Père de Rome et de Sa Majesté Catholique des Espagnes. Et que

si nous entendons que faites du contraire et autrement
nous vous déclarons, que ce nous sera un grand crève-
cœur, qui ne sera sans l'escrire et notifier en cour. Mais
Dieu aidant, cela n'adviendra pas. Or cependant que
nous attendons ledit prélat vous devez vacquer à prières
et oraisons, à vivre virtueusement et honorer ceux qui
sont esleus en dignité sur vous autres, afin que vous
soyez plaisants et agréables au Seigneur et que receviez
de ses mains favorables et libérales, un tel prélat que
vous désiriez ou au moins tel que vous devriez désirer.

Cela ainsi dit et fait on sonna les Vêpres, les religieux
allèrent chanter à l'église et mesdits seigneurs se retirèrent chez eux. » Les sages paroles de Moullart portèrent leur fruit et tout resta dans l'ordre en l'abbaye
jusqu'à la nomination d'un des trois candidats élus par
les religieux. Philippe II nomma en effet à l'abbaye de
Saint-Vaast celui-là même que Jean Sarrazin lui avait
recommandé avant de mourir, Philippe de Cavrel. Les
moines de Saint-Vaast, présidés par Moullart, ratifièrent
le 23 novembre 1598 la nomination royale par une seconde élection. Dès le lendemain, le nouvel élu désigna
par un acte notarié Maximilien Van Lières, avocat au
conseil d'Artois, pour son procureur chargé de provoquer
et de soutenir auprès de l'évêque d'Arras l'information
canonique prescrite par la constitution de Grégoire XIV.
Van Lières s'empressa de s'acquitter de son mandat et
bientôt eut lieu l'information canonique sur les articles
proposés par l'évêque d'Arras. Philippe de Cavrel répondit amplement aux demandes de l'Évêque et donna sur
lui et sa famille de longs détails. Malgré tout le désir de
l'évêque d'Arras de hâter les formalités pour pouvoir
procéder bientôt à la bénédiction du nouvel élu de Saint-
Vaast, les choses tournèrent en longueur, et Philippe de

Cavrel ne put recevoir la bénédiction abbatiale qu'après
la mort de Moullart.

———

CHAPITRE LIV

Paix de Vervins. Voyage à Bruxelles.

Le lendemain des calendes de mars 1598, fut enfin
conclue la paix avec la France, désirée depuis si longtemps par les enfants de l'Artois. Ce ne fut toutefois que
trois mois plus tard, le 7 des ides de juin, que la procla-
mation de cette paix fut faite à Arras. On fit ce jour-là,
dans notre ville, des prières publiques solennelles, présidées par l'Évêque et auxquelles toute la population prit
une grande part. Pour remercier le ciel, on fit une procession générale comme il ne s'en était pas vu de longtemps à Arras ; les religieux de Saint-Vaast, sortis de
leur monastère à six heures du matin pour prendre part
à la cérémonie, n'y rentrèrent qu'à une heure après midi.
Toutes les principales reliques du pays y figuraient. On
remarquait en particulier celles de saint Vaast et de saint
Vindicien, de sainte Bertille et de la sainte Chandelle.
Comme on portait le Saint-Sacrement, on ne put user du
dais pour la sainte Chandelle, comme on le faisait de
coutume. Mais pour la distinguer des autres reliques,
l'Évêque fit porter deux torches ardentes à ses côtés.
Plusieurs abbés faisaient partie du cortège. Celui du Mont-
Saint-Éloi, Adrien Duquesnoy, suivait le corps de saint
Vindicien, la mitre en tête et en habits pontificaux. Quand
le cortège fut arrivé à la Cathédrale, le corps de saint

Vindicien fut déposé sur un autel pour le baiser et le vénérer. Les arquebusiers suivaient le corps de leur saint
patron avec des flambeaux, n'ayant pu obtenir l'honneur
de le porter.

Quand on eut remercié le ciel du bienfait de la paix,
les États d'Artois voulurent travailler à en faire profiter
le pays ; s'étant donc réunis le 16 juin, ils députèrent
l'Évêque d'Arras, le baron d'Auchy et le sieur Du Val à
Bruxelles, pour remercier d'abord l'archiduc Albert de
la paix qui venait de se faire, mais aussi pour le supplier
de vouloir bien débarrasser l'Artois des troupes étrangères « qui ne sont plus nécessaires au pays et de vouloir bien que les troupes de Doullens et des autres places
rendues aux Français par le traité de Vervins ne s'arres-
tent et ne séjournent en Artois. Craignant de ne pouvoir
subvenir à leur payement et leurs déprédations. »

Moullart se mit aussitôt en chemin et arriva à Bruxelles
au commencement de juillet. L'archiduc Albert le reçut
avec le plus grand respect et la plus grande joie, écouta
sa requête et s'empressa d'y faire droit. Dès le 15 juillet,
il donnait aux députés une réponse des plus favorables,
les chargeant de vouloir bien les transmettre aux États
d'Artois. Voici le début de cette réponse : « Son Altesse
a entendu avec un grand regret les fautes et les excès
(comme contient inclus écrit) causés par les soldats tenant garnison extraordinaire en Artois et partant son
intention d'y entièrement remédier, non seulement pour
les faire cesser à l'avenir et les très promptement retirer
dudit pays, mais aussi en se faire la raison. »

Moullart s'empressa de communiquer cette heureuse
nouvelle aux États d'Artois. L'assemblée fut si satisfaite
du succès de la mission de son Évêque que, dans sa
séance du 8 août 1598, elle choisit comme député le R^{me}

d'Arras pour aller à Bruxelles reconnaître l'infante Isabelle. Moullart accomplit aussitôt sa nouvelle mission. L'assemblée fut ouverte le 16 août à Bruxelles. Jean Richardot, au nom de l'archiduc, déduisit les motifs qui avaient déterminé le roi d'Espagne à se retirer et à donner en dot à sa fille les terres de par deçà. Les députés de l'Artois avaient pour mandat d'exiger que l'archiduc Albert promît d'entretenir tout ce que Sa Majesté Philippe II avait juré en général et en particulier lors de sa réception tant dans la ville d'Arras que dans les autres villes de l'Artois, notamment l'édit perpétuel du 17 février 1577 et le traité de réconciliation de septembre 1579, et cela jusqu'à ce que l'infante en personne, en faisant sa joyeuse entrée, réitérât elle-même ce serment. L'accord s'étant fait, l'archiduc prêta serment entre les mains des députés et réciproquement reçut celui des députés entre les siennes et s'engagea à faire ratifier son serment par l'infante. »

Le lendemain, l'archiduc donna un grand repas aux députés, puis s'en alla en Espagne pour épouser Isabelle. Moullart s'empressa, lui aussi, de rejoindre son diocèse; en y arrivant il eut la douleur d'apprendre qu'une mauvaise maladie avait sévi chez les pauvres sœurs Clarisses et que douze religieuses avaient succombé au fléau. L'Évêque s'empressa d'aller consoler les survivantes et et pour les encourager leur promit la prochaine reconstruction de leur monastère qui eut lieu, en effet, peu de temps après la mort de Moullart. Quelques jours plus tard, arriva à Arras la nouvelle de la mort de Philippe II, décédé le 14 Septembre 1598, au jour de la fête de l'Exaltation de la sainte Croix. Le service funèbre pour le roi défunt eut lieu à Arras, le 23 Octobre, pendant la réunion des États d'Artois. Cette assemblée vota le crédit nécessaire pour subvenir aux frais du banquet servi aux membres des États, après le service religieux. Le R^me d'Arras présida les funérailles du roi défunt et le banquet qui suivit.

CHAPITRE LV

Dernière année de l'épiscopat de Moullart.

Moullart voyait venir les infirmités avec les ans. Malgré son ardeur, l'Évêque d'Arras se vit obligé de se priver d'assister à plusieurs des réunions où il aurait dû paraître. C'est ainsi que le 17 Avril 1599, le Dimanche de la Pâque clause, Moullart ne put assister (nous dit Pronier) à cause de son indisposition et de son ancienneté, à la procession commémorative établie deux ans auparavant en souvenir de la délivrance de la ville. Cette procession n'avait pu se faire le dernier Dimanche de Mars à cause du mauvais temps et avait été remise jusqu'au Dimanche de Quasimodo. Quelques jours plus tard, l'Évêque fut plus heureux, il put assister le 9 du mois de Mai, à la station que firent les Jacobins dans l'église Cathédrale, à l'occasion d'une grande procession qu'ils firent au sujet de leur Synode général. Le sermon auquel assista Moullart, fut donné par le prieur des Dominicains de Valenciennes, natif de Saint-Omer. Le lendemain, c'est-à-dire le 10 Mai, l'Évêque qui depuis longtemps cherchait à établir un Collège de Jésuites dans la ville épiscopale, assista à une réunion dans laquelle on prit la résolution définitive d'appeler cinq Jésuites pour le Collège de la rue aux Ours. Moullart abandonna dans ce but le legs à lui fait en 1594, par Antoine Devos, argentier de la ville. Les gardiens des Capucins d'Arras et de Béthune, ainsi que le Président du Conseil d'Artois, qui étaient les co-exécuteurs de Moullart pour cet argentier, ratifièrent la décision prise par l'Évêque. On écrivit en conséquence aux Pères de la Compagnie de Jésus, qui désignèrent quelques-uns des leurs, pour enseigner à Arras les humanités en cinq classes. L'établissement tenu dans la rue aux Ours par Antoine Meyer, dans la maison portant l'enseigne *La pointe à Couteau*, fut dès lors abandonnée aux membres de la célèbre Compagnie qui, trouvant la maison de Meyer trop étroite, construisirent bientôt avec l'aide de Philippe de Cavrel, un nouveau collège près de la rue des Capucins. La vigilance de Moullart, malgré ses infirmités, s'étendait encore à tout ; après avoir assuré l'établissement des Jésuites, nous le voyons se préoccuper de la santé publique et du curage du fossé de Bronne, dont les émanations funestes pouvaient compromettre la santé publique. Voici la lettre qu'il adresse à ce sujet au Gouverneur de la ville.

Arras, le 6 Mai 1599.

Monsieur le Gouverneur,

Vu que passé une bonne espace pour les guerres, nous n'avons osé tirer les eaux de notre vivier et fossé de Bronne, craignant préjudicier la forteresse de notre cité, et considérant que la paix, par la grâce de Dieu, continue et se ferme de plus en plus, il me semble que ferait bien de faire pécher le dit fossé ou étang de Bronne pendant ces courtes nuits, de tant plus que l'année passée venant de grandes chaleurs, l'eau s'étant espuantie, plusieurs corruptions et mauvaises odeurs se sont engendrés au notable accroissement de la contagion qui semble recommencer et pululer en cette année, cause pourquoi, pour satisfaire à notre devoir de vous avertir, ai fait ce mot, vous signifiant, que au cas que ne trouvant danger pour le fait de la guerre et de la dite forteresse, que nous puissions tirer les eaux par notre ventelle comme jadis de tout temps a été fait ; et outre le bien de justice que ferez nous laissant jouir de notre ancienne possession, causerez que s'éviteront plusieurs corruptions et puanteurs peut être contagieuses, et si nous ferez singulier plaisir : qui sera l'endroit ou je conclurai cette, par mes très affectueuses et humbles recommandations à votre bonne grâce et de Madame votre compagne suppliant notre Sauveur vous maintenir toujours en la sienne sainte et divine.

De notre cité d'Arras, le 6 Mai 1599.

Comme nous l'avons dit, douze religieuses Clarisses étaient mortes l'année précédente durant les grandes chaleurs, Moullart ne voulait pas qu'on pût attribuer à sa négligence le retour de pareils malheurs et, avec le consentement du Gouverneur, fit opérer ce travail urgent.

CHAPITRE LVI

Retour de l'archiduc ; nouveau voyage
de Moullart à Bruxelles.

Cependant l'Archiduc, après avoir traversé l'Italie, s'était rendu en Espagne pour célébrer son union avec la princesse Isabelle. Quand les fêtes furent terminées en Espagne, l'archiduc Albert songea au retour et gagna les Pays-Bas, en passant de nouveau par l'Italie. Moullart ayant eu connaissance du prochain retour de ses Souverains, s'empressa de donner à ses diocésains des nouvelles de leur archiduc, et d'ordonner des prières pour leur heureux retour. La lettre latine que Moullart

adressa, à cette occasion, à tous les religieux et religieuses
de son diocèse nous montre l'affection de Moullart pour
les nouveaux souverains. Les États d'Artois connaissant
les sentiments de l'Évêque d'Arras, voulurent lui donner
l'occasion de les manifester publiquement et le nommèrent avec l'Abbé de Saint-Vaast et le chanoine de la
Cathédrale, Louis de Cambres, députés ecclésiastiques,
pour aller saluer à Bruxelles les archiducs et leur offrir
avec les députés de la noblesse et de la bourgeoisie, le
présent de 40.000 livres offert par les États d'Artois.
Don Pronier nous donne quelques détails sur cette ambassade. « La délégation (dit-il), partit d'Arras le jour de
saint Augustin, 27 août, et arriva au dit Bruxelles le
Lundi en suivant, ayant été trois jours en chemin. A Bruxelles, pendant trois jours entiers, sur le soir, se fit
grandissime nombre de feux de joie avec fuzets, cano-
nades, trompettes et tambours, jusqu'à 12 heures de
nuit. »

Après donc que toutes ces magnificences furent faites
et achevées, l'élu de Saint-Vaast porta la parole au nom
des députés des trois membres des États du pays d'Artois le 7 du dit mois de Septembre veille de la Nativité de
Notre-Dame, par l'indisposition de Monseigneur d'Arras,
et à la seconde audience le dimanche en suivant 12 du
dit mois.

Le dit seigneur Évêque s'étant mis en chemin pour
retourner à Arras ayant en sa compagnie l'écuyer de
Bonnières, seigneur de Souastre, dont il arriva en son
logis épiscopal le jeudi XVI pour se disposer à donner les
ordres, le samedi 18. L'esleu de Saint-Vaast resta à
Bruxelles pour les affaires de son abbaye et ne rentra à
Arras que le 23 Septembre. » Moullart sentait ses
forces diminuer tous les jours, et malgré cela son

ardeur restait la même. Cependant ses amis s'inquiétaient
et quand l'Évêque d'Arras leur manifesta son intention
de prêcher lui-même l'Avent dans la Cathédrale comme il
aimait à le faire, ils firent tout pour l'en empêcher. Moullart céda à ces justes sollicitations. Toutefois il voulut
encore donner lui-même les ordres aux Quatre-Temps
de l'Avent, deux sous-diacres de l'abbaye de Saint-Vaast
et un prêtre nommé Clerman de cette même abbaye
furent ordonnés avec un grand nombre d'autres. Si Moullart vieillissait, le siècle touchait à sa fin, et selon une
ancienne coutume le Souverain Pontife accorda à cette
occasion l'indulgence du jubilé à l'univers catholique.
Moullart s'empressa de faire connaître cette faveur à ses
diocésains et ordonna à ses Vicaires généraux de la publier.
Le 9 Septembre 1599, les vicaires de l'Évêque faisaient
paraître le Bref du Pape et le publiaient en y ajoutant seulement ces quelques lignes :

« Anno Domini 1599 die vero nona Septembris venerabiles ac discreti viri et domini vicarii generales in spiri-
tualibus ac temporibus R^{mi} in Christo, patris ac domini
episcopi Atrebatensis, in sequendo mandatum Sanctissimi
in Christo ac Domini B. Clementis divina providentia
papæ octavi ordinaverunt bullam supradictam indictionis
sancti jubilæi per pastores singulos et concionatores verbi
Dei quam primum in Diœcesi insinuari et prædicari. »

15.

CHAPITRE LVII

Visite des souverains à Arras.

L'archiduc Albert et l'archiduchesse, malgré les rigueurs de l'hiver visitaient les villes des Pays-Bas pour y faire leur joyeuse entrée et se montrer à leurs sujets. Le 13 Février 1600, le jour de dimanche gras, les souverains quittèrent Douai pour visiter Arras. Les souverains arrivèrent par la neige à la prévosté de Saint-Michel vers deux heures de l'après-midi. Après s'y être réchauffés les souverains mangèrent un chapon qu'ils avaient emporté avec eux, de préférence aux œufs et au jambon qu'on leur avait préparés ; puis furent reçus et complimentés par l'Évêque d'Arras accompagné du gouverneur de la province, de plusieurs seigneurs et gentilshommes, au nombre de dix-huit ou vingt.

« Le lendemain 14, les archiducs allèrent à la Caché-
« drale où le R^me Évêque d'Arras sortant de l'Église
« avec tout le clergé du chapitre, tous revêtus de chapes ;
« le dit Seigneur Évêque *in pontificalibus*, vinrent en
« ordre au devant de leurs dites Altesses ; lesquelles
« entrèrent dans l'église Notre-Dame d'Arras, où fut
« grand messe solennelle. » Après la messe les archiducs devant faire le serment de maintenir les libertés et privilèges de la province, Matthieu Moullart leur adressa une remontrance au nom et de la part des États d'Artois, contenant en substance des louanges et des remerciements. Son discours fut assez court, dit Meyer, et pour cause, les archiducs et l'archiduchesse ne connaissant pas

le français. L'Évêque félicitait brièvement sa patrie si longtemps privée de la vue de ses princes de pouvoir enfin recevoir ses souverains ; la joie devait être d'autant plus grande, qu'ils apportaient la paix à des provinces si longtemps éprouvées par la guerre civile et la guerre étrangère. Le même jour après la grand'messe une grande cérémonie se fit sur le grand marché. L'Évêque d'Arras s'y rendit et y prit la parole après le discours de Jean Richardot. Moullart fit une remontrance au nom et de la part des États d'Artois contenant en substance quelques louanges et remerciements avec offre de services des sujets qui étaient disposés de leur prêter le serment de fidélité, et engagea tous les députés et tout le peuple à les fidèlement garder. Le R^{me} Évêque d'Arras donna le premier l'exemple et pour le prêter s'agenouilla sur un magnifique coussin de velours rouge cramoisi qu'on avait disposé à son intention. L'archiduc et sa femme quittèrent la ville le mercredi des Cendres pour se rendre à Cambrai, ils ne voulurent se mettre en route qu'après avoir entendu la messe et reçu les cendres avec toute leur suite, dans l'église de l'abbaye de Saint-Vaast où ils étaient descendus pendant leur séjour à Arras ; les pieux souverains avaient également voulu la veille de leur départ vénérer avec l'Évêque la relique du saint cierge. Pour honorer l'archiduc l'Évêque fit allumer en leur présence la sainte chandelle qui brûla en cette circonstance un fort long temps sans aucune diminution.

CHAPITRE LVIII

Dernier voyage à Bruxelles. Mort de Moullart.

Les nouveaux souverains ayant manifesté leur intention de réunir à Bruxelles les États Généraux du pays qui ne s'étaient pas assemblés depuis 15 ans, les États d'Artois se réunirent le 15 Avril afin de nommer les députés chargés de les représenter aux États. Moullart fut désigné comme l'un des députés de la province, l'Évêque, malgré le pressentiment des suites funestes de ce voyage, ne voulut pas refuser ce service à son pays et, vers la fin d'Avril, quitta Arras pour se rendre à Bruxelles. Voici en quels termes Ferry de Locres, dans son oraison funèbre de l'Évêque d'Arras, nous parle de ce dernier voyage : « Dernièrement, aux États Généraux célébrés en Brabant où, après avoir été ouy avec très paisible attention et secondé souvent de la plupart de l'assemblée pour ses très pertinentes raisons, vidé des points de très notables conséquences, larmoyé et gémy profondément de la dure et opiniastre cervelle d'aucun. Après avoir dit l'adieu à ses amis et parents, basty, arrêté et consumé son testament, prévu et prédit sa mort, qu'allant en Bruxelles ce serait pour son dernier voyage : qu'il ne retournerait jamais vif en Arras, espluché de près ses fautes, au miroir de sa conscience, célébré la sainte messe la journée devançante immédiatement son trépas, recommandé aux princes et seigneurs les affaires de notre religion et de la patrie ; invoqué le suffrage des saints et saintes, imploré les grâces, faveurs, et miséricordes célestes, plein d'âge, chargé de bénédictions, aimé des grands, vénéré des princes. désiré et craint d'un chacun, bref accompagné de toutes les grâces qualités et perfections d'un très parfait prélat, a donné congé à son corps de retourner en terre d'où il était sorti et à son âme de s'envoler droit aux cieux. »

Moullart s'éteignit le 2 juillet 1600, entre midi et une heure, en la fête de la Visitation de notre Dame qu'il avait toujours dévotement servie et le jour même de la défaite des troupes catholiques à Nieuport. Le bon Dieu voulut épargner à l'Évêque d'Arras la nouvelle de ce désastre qui eût encore assombri ses dernières pensées. La nouvelle de la mort de Mathieu Moullart arriva rapidement à Arras. La ville se couvrit aussitôt d'un voile de deuil et se prépara à recevoir avec honneur sa dépouille mortelle. A Bruxelles, on s'empressa d'embaumer le corps de l'Évêque d'Arras et de s'occuper de son transport à Arras. Le voyage fut pénible, il fallut une semaine entière pour faire ce long trajet et ce fut seulement le 11 Juillet, par un dimanche, que le corps du vénérable Évêque arriva à Arras par la porte Méaulens.

« Là, les Capucins, les Cordeliers, les Carmes, les Dominicains et les Trinitaires furent, avec le clergé des paroisses de la ville Cité et faubourg au devant du corps. » Adrien Pronier nous a conservé le souvenir des honneurs rendus à Moullart ; il est assez curieux. Malheureusement le récit commence par une lacune, le voici : « Quoy tous les assistants étaient plongés et baignés en larmes. Quand donc cette procession luctueuse fut entré en la cité, Messieurs de Notre-Dame, qui étaient venus processionnellement au deuvant dudit corps de leur Révérendissime Évêque jusqu'à la maison à l'enseigne des *Maillets* appartenant à Messieurs du Mont Saint-Éloy et que jusque laquelle Messieurs les chanoines sont accoutumés de

venir au devant de leur Révérendissime Évêque, lorsque
fait son entrée chez eux en la Cité, le recueillir avec pareille dévotion que les précédents : dont tous ensemble le
conduisirent en la forme que dit est jusque en dedans la
chapelle de l'Évêché : auquel lieu on le laisse reposer
quelque temps. Toute la dite assemblée se retira non
sans avoir la larme à l'œil. »

CHAPITRE LIX

Honneurs rendus à sa dépouille mortelle.

« Ce corps mort et trépassé donc étant sur deux tré-
teaux en la dite chapelle couverte d'un palle mortuaire et
ayant quatre cierges (pesant chacun environ quatre livres)
ardents à ses quatre coins lorsqu'on célébrait messe
pour la refrigerance de son âme audit lieu (car autant de
gens d'Église prêtres qui y arrivait pour y célébrer et dire
messe personne d'entre eux n'était esconduit, ains avait
célébré ce jour la messe, et ne se retirait dudit lieu qu'il
ne fut contenté de ses peines et travaux. Et commençait-
on quelquefois tout depuis cinq heures du matin jusqu'à
midi. Et quand on ne célébrait pas, on se contentait d'un
ou deux cierges ardents sur ledit autel sans allumer les
dits grands cierges semblablement.

Certaines personnes de dévotion le veillayent continuellement, c'étaient deux grises sœurs de l'hopital des
chariottes de la ville d'Arras. La première desquelles était
même sœur Péronne Ransart laquelle était garde ordinaire dudit Seigneur Révérendissime, lorsqu'il était malade

il y a quelque douze ans ou environ ; et l'autre était une jeune, et si elles s'absentaient pour dîner ou autrement, une ou deux femmes honnettes laïques et non mi religieuses entraient en leur place.

De ce quoi tardait tant à le mettre en terre, c'estait pour ce que la cour s'était saisi du temporel du dit Seigneur R^me Évêque d'Arras défunt, dont le dit Seigneur chantre de la dite église s'était transporté à Bruxelles. Mais lors ne pouvait avoir bonne audience pour ce qu'on était par trop empêché de chercher les moyens expéditifs afin de refrener l'orgueil et audace insuportable des Hollandais et Zélandais qu'au lieu de vouloir s'entendre en appointement de paix offerte amiablement par leur sérénissime, demandaient des conditions telles, qu'on ne devait, même ne pouvait leur accorder. Et si outre cela s'étaient épandus comme et ainsi que des sauterelles sur toute la surface de la terre, tant envers Bruges, Gand qu'autres villes de ces marches et quartiers afin de les assiéger, subjuguer et entièrement vaincre s'ils pouvaient, dont en plusieurs endroits tout le peuple soufrait devant et arrière d'eux.

Et pendant que les choses se pratiquaient de cette sorte et façon on ne mettait en oubli de faire tous les devoirs nécessaires à l'endroit du corps du deffunt. Messieurs les docteurs apoticaires et chirurgiens l'allèrent visiter le xii du mois de Juillet de la dite année, pour faire preuve s'il était suffisamment embaumé, pour le garder encore de là a quelque temps. Et ce qu'ils trouvèrent de défaut en lui, ils l'amendèrent à leur entier possible et comme ils se purent adviser y appliquant les remèdes propres et nécessaires le tout selon qu'ils étaient en usage de faire par leur art tant de médecine que de chirurgie. Il était si puissant qu'on ne l'eut su bouger

sinon avec des engins encore eut-on des affaires et de la
peine assez. Mais toutes ces choses ne profitèrent que
bien peu ou rien ; en la fin on fut contraint de le
mettre avec force bon vinaigre de vin en un cercueil de
plomb. »

CHAPITRE LX

L'Évêque de Namur célèbre les funérailles de Mathieu Moullart.

« Mais pour retourner à Monsieur d'Arras défunt (1),
les parents s'apercevant que toutes choses tiraient en
longueur et qu'ils ne savaient avoir de court main-levée
sitôt comme ils eussent bien voulu et désiré, ils arrestè-
rent ensemble de faire la fin et de bientôt célébrer les
obsèques et funérailles dudit Seigneur R^{me} Évêque, messire Mathieu Moullart. Et pour mieux faire ces choses
que laisser, ils envoyèrent maître Charles Moullart chanoine de l'église Cathédrale de Notre-Dame de la cité en
Arras, neveu du Seigneur Reverendissime défunt à Monseigneur le Reverendissime de Namur afin de le prier
bien humblement à ce qu'il eut daigné de faire tant d'honneur au dit Seigneur défunt, que de venir célébrer et
faire ses funérailles et obsèques en la dite cité d'Arras,
le jour de saint Germain dernier de Juillet de la dite
année 1600. Ce qu'il accorda de faire de très bon cœur
et ainsi fit il comme vous entendrez si après. Mais le

(1) Pronier écrivant son journal au jour le jour intercale
d'autres récits au milieu de sa narration.

dit maître Charles n'eut toutes ses aises en l'exécution
de cette ambassade ; car entre Bruxelles et Namur en
allant, il tomba entre les mains d'aucuns pillards, en un
bois, qui lui enlevèrent et son cheval et tout ce qu'il
portait et l'attachèrent par après à un arbre ou il fut un
long espace de temps, jusqu'à ce que le Seigneur Dieu
eut pitié de lui permettant qu'il se put délier lui-même
et délivrer de cette peine et tourment. »

Avant de continuer le récit d'Adrien Pronier nous
devons placer ici un incident qui n'est pas à l'honneur de
l'abbé de Saint-Ghislain et que rapporte ainsi don
Ursmer Berlière dans la *Revue bénédictine*: « L'abbé
Hazart de Saint-Ghislain n'apprit qu'assez tard la mort
de son ancien supérieur. Le 10 Juillet, il écrivait aux
exécuteurs testamentaires de Moullart pour se plaindre
du silence qu'on avait gardé vis à vis de lui. Les exécuteurs, répondirent du palais épiscopal d'Arras le 15
Juillet que Messieurs les députés d'Artois qui étaient à
Bruxelles avaient trouvé à propos d'emporter le corps du
défunt le plus secrètement possible hors la province du
Haynaut, pour obvier aux suites facheuses qui naissent
ordinairement de semblables transports. C'est pourquoi,
ils avaient résolu de ne mander sitôt sa mort ; mais d'envoyer à cet abbé un proche parent du défunt pour l'assurer de l'affection singulière que cet Évêque avait toujours eu pour l'abbaye de Ghislain. Puis ils priaient Hazart
d'honorer de sa présence les funérailles à Arras au jour
où on lui marquerait. Entre temps, Antoine Moullart non
pas l'archidiacre, mais le chanoine neveu de l'Évêque,
vint à Saint-Ghislain et dit à l'abbé que quoique son oncle
n'eut rien laissé par son testament à son monastère, sinon
une bourse à la disposition de l'abbé de Saint-Ghislain
dans son séminaire à Douai, il avait cependant souhaité

avant de mourir que son cœur y fût inhumé comme dans
un lieu qu'il avait toujours affectionné plus que tout
autre, mais Hazard attaché à la prospérité temporelle de
son abbaye ne savait comment concilier cette affection
avec le silence de son testament. Comment expliquer cet
oubli de Moullart à l'endroit de son monastère auquel il
était redevable de son éducation et de son élévation, alors
qu'il se montrait si généreux pour tant d'autres ? La communauté froissée de cet oubli, déclina l'offre du chanoine
Moullart et adressa par l'intermédiaire de son abbé sa
réponse aux exécuteurs testamentaires. Elle exprimait
l'étonnement le plus vif pour la grande affection dont
l'Évêque honorait l'abbaye et le silence gardé à son
endroit par le testament et rappelait ce que le monastère
avait fait pour l'élévation de son ancien abbé. « Partant
(ajoutait Hazard) ferez bien de ne séparer son cœur d'arrière son corps, ne fut que vous prouviez que par son
testament il en aurait ainsi disposé : ce que vous ne sau-
riez persuader, si ne nous monstrez qu'il aurait legaté
quelque bonne somme à sa mère et à sa nourrice la
maison de Saint-Ghislain. Quant à l'âme de mon dit Seigneur défunt de notre part ne manquerons en messes,
prières, aumônes de faire notre devoir, de Saint-Ghislain
le 21 Juillet 1600 : » Sur le necrologe de l'abbaye de
Saint-Ghislain on écrivit à la date du 2 Juillet : *Mathœus
episcopus nostræ congregationis.*

Mais reprenons le récit d'Adrien Pronier où nous
l'avons laissé : « Quand donc le dit Seigneur de Namur
jugea qu'il était temps qu'il se mit en chemin pour exécuter ce que dessus, il ne faillit de servir à son devoir ;
mais si heureusement que par la grâce de Dieu qu'il
arriva à Arras en santé le samedi xxiv du mois de
Juillet après douze heures sonnées à midi. Mais ce ne

fut sans que les domestiques et le dit maître Charles
allassent au devant en coche dudit Seigneur R^{me} défunt
accompagnés de plusieurs gens notables, dont approchant de la dite ville d'Arras le dit sieur R^{me} laissa son
cheval mettant pied à terre, afin de se mettre à son aise
au dit coche. Et en tel équipage entra-t-il en l'Évêché.

Or, en attendant le lundi prochainement venant, après
auquel on devait faire ce service, le dit R^{me} de Namur
étudiait à se refléchir et faire sermons et harangues qu'il
avait entrepris de faire tant à l'église après l'offertoire de
la messe, qu'après table. Donc pour se donner quelque
relâche et récréation à son esprit, entendant que le maître
des enfants de chœur était accoutumé de venir tous les
jours après vespres chantées à Notre-Dame en la dite
chapelle, accompagné des dits enfants, pour y chanter
en faux bourdon les psaumes du *Miserere mei, Deus secundum magnam misericordiam tuam* et le *De Profun-
dis*, il eut envie en ce jour de s'y trouver ; dont il en reçut
un tel contentement d'esprit ainsi qu'il le disait que c'est
chose impossible de le pouvoir exprimer par le moyen de
la plume. Ainsi ces dévotions étaient-elles dévotieusement
et magnifiquement faites et chantées par les dits chantres ajoutant sur la fin quelques petits et menus suffrages
à basse voix et sous silence prononcés par leur maître de
chant.

Ce même samedi après Vêpres Messieurs l'allèrent
bienvenner savoir est ; Monsieur Maugré prévost, Monsieur de Brune doyen, et Monsieur Riringus, docteur en
médecine et receveur de la fabrique de la dite église
représentant le corps de Messieurs du chapitre. Dont les
bienvenues et caresses faites d'une part et d'autres avec
alacrité de cœur et de courage, ne fut sans laisser une
incredebile joie ès cœurs et âmes des deux parties, se

retirant chacun chez soi ; et quand ce vint le dimanche qui était le lendemain, il ne faillit de célébrer pour l'âme dudit R^me personnage trépassé au nom duquel il était venu célébrer. »

CHAPITRE LXI

Décoration funèbre de la Cathédrale.

« Dimanche qui était le 30 Juillet 1600 ; on sonna plus hautement que de coutume, aussi chanta on les Vigiles ce jour-là du service de Monsieur d'Arras. La chapelle luctueuse et ardente était sise au mitant du chœur, chargée de cierges de demi-livre allumés, qui étaient en nombre d'environ 250. Mais sur toutes les autres il y en avait VIII qui étaient mis aux quatre côtés pesant chacun quelque trois livres. Par ainsi chaque coin de la dite chapelle avaient deux desdits grands cierges allumés. Et pourtant qu'elle était bastie et dressée en pointe de diamant, aussi y avait-il au sommet d'icelle, un autre grand cierge allumé, qui terminait et finissait tout ce bâtiment de chandelles de cire ardente. Le fronteau de drap entourant les quatre faces de la dite chapelle en dessous les dits cierges et au mitant de chacune des dites faces y avait un blason mortuaire. Et a chacuns des coins de la dite chapelle un des huit grands cierges de cire est orné de deux blasons. Tout le chœur était tendu de drap de velours. C'est à savoir de deux largeurs de drap et d'une largeur de velours mis sur la partie supérieure du dit drap : tout au bout du dit chœur en dedans ; ou ne sont les formes de Messieurs les chanoines. Mais la dossière des dites formes était tendue en dedans d'une largeur de drap, une largeur de velours mis dessus en dehors. Du côté d'en haut et au fronteau des dites formes y avait encore une autre largeur de drap, mais sans velours.

Et à l'endroit du trin et pulpitre, en dedans chœur cela était aussi tendu de deux ou trois largeurs de drap ; les velours y étant attachés comme dessus. Et ces tentures de drap et de velours étaient semées d'une part et d'autres d'armoiries funèbres. Toutes les basses formes, tous les bancs et sièges au dit chœur étaient pareillement couverts et tapissés de drap noir. Et pour ne mettre en oubli le grand autel (que je devais avoir écrit premier), il était aussi tendu tout de noir, les armoiries du Seigneur Révérendissime evèque défunt étant attachées et mises en grand volume faites en lozange.

Le chœur donc étant accommodé de cette façon on chantait les vigiles du service de ce grand et magnifique personnage décédé. Tout le clergé y était, le plus petit jusqu'au plus grand. Tous faisaient le devoir de chanter et de prier pour le refrigère de l'âme du Seigneur R^{me} défunt. Monsieur de Namur s'y trouva aussi en son accoutrement commun et ordinaire. Il était en l'état que solait tenir ordinairement à la grand messe mon dit S^r R^{me} d'Arras lorsqu'il vivait. Je ne veux icy amuser faisant un long reçit de ceux qui vinrent à l'église de Notre-Dame, pour être présents aux dites vigiles : car l'église était a peu près pleine de gens non seulement de cette ville et de la cité, mais aussi des faubourgs et des villages d'icy à l'entour et aussi de bien loin. »

Avant de continuer le récit de Pronier, il convient d'ajouter ici les renseignements complémentaires que nous donne le père Ignace sur cette cérémonie des vigiles.

Le chantre et le sous chantre tinrent le chœur en surplis aux vigiles ; derrière eux était la chapelle ardente. La première leçon fut chantée par le chanoine Mercier, la 2ᵉ par Vanhire, la 3ᵉ par Herby, la 4ᵉ par Duquesnoy, la 5ᵉ par Gonidus, la 6ᵉ par Vausselle, la 7ᵉ par l'écolâtre Rithovius, la 8ᵉ par le doyen Jean de Brune. Tous chanoines ; la 9ᵉ et dernière par l'Évêque de Namur. Les trois premiers répons furent chantés par les vicaires de la Cathédrale, les trois du deuxième nocturne par les chapelains. Le septième par les grands Vicaires et le huitième par les chanoines.

Les dignités et chanoines étaient en leur place ordinaire, le deuil au côté gauche entre le doyen et l'écolâtre. Le gouverneur de Marles le conduisait.

Les abbés, les conseillers d'Artois et les autres personnes qualifiées occupaient le reste des hautes formes, les chapelains étaient dans les basses inférieures ; il y avait des bancs pour les curés et les ecclésiastiques des paroisses. Des laïcs étaient aussi sur des bancs de l'un et l'autre côté de la partie supérieure du chœur.

Mais reprenons le récit d'Adrien Pronier.

CHAPITRE LXII

Service funèbre.

« Le lendemain par un lundi qui était le dernier de Juillet, il y eut grandissime affluence, tant de prélats, chanoines, abbés, prieurs, moines, que de seigneurs et

autres gens notables des villes et des champs qui furent
priés honorablement de venir au service de Mons. d'Arras,
et y furent. Et de tant plus fut honorée cette assemblée
funèbre que lors on tenait ici à Saint-Vaast les États du
pays et Comté d'Artois. Lesquels tous furent aussi à ce
service, hormis messieurs les révérends Pères en Dieu
d'Anchin et de Marchiennes. Messieurs l'esleu grand-
prieur et sous-prieur de Saint-Vaast furent premièrement
priés par Messieurs les deux archidiacres de N.-D., le
mercredi auparavant et puis le samedi suivant par les
prieurs et porte-chapes ordinaires. — De grand matin
mondit seigneur l'esleu partit de son logis abbatial pour
aller à l'évêché, non tant pour se trouver de bonne heure
à l'assemblée mortuaire, que pour avoir le moyen de
donner le bonjour à Monsieur de Namur, et par après de
traiter d'affaires de conséquence du pays avec lui. Monseigneur le grand prieur don Noël de Novion et sous
prieur don Adrien Pronier, partirent de Saint-Vaast
ensemble pour droit marcher à ce funus, après les huit
heures. Mais ils arrivèrent un petit tard attendu qu'eux
étant parvenus au portail du clos N.-D. du côté de l'hotel
Dieu, ils virent la procession du clergé qui commençait à
mettre le pied dedans le portail d'icelle église par le
même côté maintenant dit. Car on n'était entré en icelle
par le portail du côté du clocher, afin de donner plus
d'ouverture et faire plus grand honneur à toute cette
assemblée funèbre. Aussi quand elle passait il y avait là
une infinité de peuple rangé qui le regardait. Mesdits
sieurs grand prieur et sous prieur s'appercevant de cela
firent redoubler le pas à leur porte-masse d'argent qui
les précédait, afin de ne perdre temps. Eux donc étant
parvenus au lieu où était le dit peuple arrangé, le dit
bedeau se fit faire place pour entrer en l'église. Aussi

mesdits sieurs de Saint-Vaast marchaient contre mont
entre mesdits sieurs les chanoines et le dit peuple assemblé et debout, pour illec tout voir la pompe funèbre.

Cependant qu'ils marchaient de telle sorte et manière
leurs yeux n'étaient oisifs, ains faisaient diligemment
leur devoir de regarder comme le tout allait. Ce qui fut
cause qu'ils virent tout le clergé marcher ainsi que dit
est, et après eux marchaient certaines personnes vénérables acoustrées de vêtements de deuil fussent ou officiers principaux dudit seigneur R^me défunt ou ses parents propres et amis. Et tous ceux là n'avaient leurs
mains vides, ains chacun d'eux portait par grande
tristesse, ruisseaux de larmes découlant de leurs yeux,
un coussin carré noir d'environ trois quartiers ou tout au
plus d'une aune. Et sur ce coussin l'un portait les chaus-
sures et l'autre les chaussettes épiscopales; l'un portait
les mitaines et digitalles, aussi faisait l'autre les an-
neaux. L'un portait les dalmatiques et l'autre autre
chose. Et à bref parler et pour ne le faire plus long l'un
portait la crosse et un autre la mitre. Après ceci un
grand et puissant homme accoutré de tout point en deuil
marchait portant haut élevé et à la vue de tout le monde
les armes du dit sieur R^me défunt tirées sur bois en
platte peinture et en forme de lozange. O que ces choses
étaient tristes et lamentables à voir. Mais principalement quand huit hommes d'églises (c'étaient chanoines
prêtres) qui revêtus et habillés d'aubes parées de noir,
chacun d'eux ayant une étole croisée sur la poitrine marchaient deux deux, mais à lents pas, tenant et portant
entre eux la bière et le corps de Monsieur le R^me Évêque
d'Arras défunt (que je prie Dieu qu'il l'ait en sa gloire).

« Mais avec combien de peine était-ce, car à chaque
fois et bien souvent il fallait faire des pauses, reprendre

son haleine pour le trop et très grande pesanteur d'iceluy corps trépassé, sans mettre en compte une infinité de secours et aides, qu'on avait de l'un et l'autre. Après ceux-ci marchaient les encensoires et chandeliers deux deux, puis le sous-diacre et après le diacre, finalement les deux archidiacres qui portaient le tapis d'honneur devant Monseigneur le R^{me} dudit Namur étant *in pontificalibus*. La mitre sur la tête et la crosse étant portée devant lui par son chapelain. Après cela vous eussiez vu le frère (qui était prévost de la Cité-lez-Arras) du dit S^r R^{me} défunt et marchant en deuil conduit par Monsieur de Marles, gouverneur de cette ville d'Arras. Après lui, marchait seul maître Charles Moullart, diacre et chanoine de la dite église cathédrale de Notre-Dame, habilé de son surplis et de sa chape noire. Et celui-ci était le fils de l'un des frères de Mondit Seigneur d'Arras trépassé. Et puis après, tous les autres plus proches parents suivaient consécutivement en très bel ordre.

Or, cependant que cette bien ordonnée jusque-là, procession funèbre marchant et entrant en l'église, tout le reste n'était que confusion, le séculier voulant marcher devant l'ecclésiastique et l'ecclésiastique devant le séculier. Le président avec Messieurs les conseillers de la Chambre d'Artois devant M^{rs} les prélats et abbés et eux devant mes dits sieurs de la Chambre; semblablement Messieurs les chanoines des villes prochaines qui étaient venus aux États voulaient pareillemeut marcher après les abbés devant Messieurs de Saint-Vaast maintenant dits et nommés, et au contraire eux voulaient marcher devant eux qui n'étaient de cette ville. De façon qu'on marchait pêle-mêle et tout en trouble. Toutefois mesdits Messieurs de Saint-Vaast firent si bien que leur bedeau marchait toujours au plus près des derniers de Messieurs

les abbés et par ainsi servaient-ils honorablement leur
état et grandeur.

« Et cependant qu'on allait en cette sorte et façon, il
advient que Monsieur Gazet, curé de la Madeleine,
s'approcha de Monsieur le grand-prieur qui lui dit :
« Qu'est cecy Monsieur le pasteur? Quelle ordre y a-t-il
en ce lieu ? » et l'autre fit réponse : « Monsieur le prieur
ne vous émerveillez en ce temps de cela car *optimus ordo
nullus ordo* » et ceci ne fut plus tôt dit, qu'on entra en
chœur à la foule, l'un d'un côté et l'autre de l'autre, ainsi
qu'un chacun pouvait adviser Monsieur l'élu étant un
des premiers du costé et coin de l'Évêque étant toujours
au dessus de Monsieur du Mont-Saint-Éloy. Mais il a été
observé d'aucuns que ces Messieurs du dehors qui voulaient être préférés à mesdits sieurs de Saint-Vaast ont
été sans honneur au chœur de N.-D. et du contraire
mesdits de Saint-Vaast y ont été avec respect et honneur.
Comment ceci? vous l'entendez incontinent. Mais un petit
de patience. Sitôt que le premier deuil avec son conducteur fut entré au chœur, il déclina à main gauche et la
plupart des autres plus apparents allèrent de l'autre côté ;
fut ecclésiastique fut autre et Messieurs de Cambray, de
Saint-Omer, d'Aire bien hativement entrèrent devant
Messieurs de Saint-Vaast aux hautes formes du côté et
rang du doyen, aucuns passant sans aucun respect devant le deuil et son conducteur ; et les autres entrant
audit lieu par le milieu et mitant des formes du côté
d'en bas et s'en allèrent tous prendre leur siège sur la
fin des dittes formes d'en haut du côté du grand autel.

« En contraire mesdits sieurs de Saint-Vaast se joindi-
rent à peu près parmi le deuil, ou ils furent encensés et
grandement honorés à leur tour et ces Messieurs les
chanoines du dehors ne le furent aucunement ; et de cela

ils en furent bien étonnés, comme il y a grande appa-
rence. Car quand ce vint au sortir, sans difficulté mesdits
de Saint-Vaast marchèrent avec leur bedeau, immédiatement après Messieurs les abbés, y ayant meilleur
ordre au retourner qu'au aller. Mais aussi quelle raison
y eut il eu, que Messieurs les chanoines du dehors eussent précédé Messieurs de Saint-Vaast qui étaient *in
habitu et tonsura* et eux n'ayant que leur manteau et
chapeau? Et puis si mesdits sieurs chanoines faisaient
tant d'honneur à Messieurs les abbés de Mont-Saint-
Éloy et de Marœuil que de les laisser aller devant eux à
service funèbre épiscopal et mesdits sieurs de Saint-
Vaast allaient au-dessus et de sur de mesdits sieurs abbés
aux processions générales dernièrement célébrées à
Arras à raison de la paix y publier et célébrer, combien
à plus forte raison mesdits sieurs les chanoines devaient-
ils avoir en respect mesdits sieurs de Saint-Vaast; et
M. le grand-prieur et Monsieur le sous-prieur. Mais
c'est assez traité et parlé de ces affaires par ainsi puisqu'on est entré en chœur et que chacun conviés après le
deuil y a sa place, ainsi que dit est. Parlons de Messieurs
les chanoines de la dite église cathédrale de Notre-Dame
et de maintes autres choses dignes de considération.

CHAPITRE LXIII

Comme le corps de Monsieur d'Arras défunt fut premièrement mis en la chapelle ardente pour y reposer, pendant qu'on y chantait la messe de son service, et finalement enterré devant le grand autel.

Les premiers qui entrèrent au chœur, de tous ceux qui étaient de ce convoi funèbre, furent messieurs les chanoines de la Cité avec tous ceux de leur suite cléricale. Et tinrent tel ordre entre eux, tant ès hautes que ès basses formes, qu'ils se serrèrent l'un près de l'autre tant grands que petits comme ils se purent adviser afin de faire plus grande place à tous autres messieurs qui n'étaient de leurs corps, mais vénérables personnes conviées à ce magnifique et remarquable service. Le corps du trépassé fut mis et colloqué dedans la dite chapelle ardente, à son côté dextre y avait une longue table, une autre de même étant à son côté senestre où furent mis la plus grande partie de ces coussins noirs. Desquels cy dessus nous avons parlé avec les choses qui étaient portées dessus, et sur l'autre furent mis encore deux coussins et sur iceux la crosse et la mittre.

Toutes ces choses donc étant ainsi mises en ordre congru et décent, messieurs les chantres commencèrent à entonner le triste et douloureux *Requiem*. Cette messe fut chantée en musique qu'avait composée le maître de chant de la dite église nommée (1), mais qui était telle qu'elle provoquait une infinité de gens plutôt à lar-

(1) Ici un blanc dans le manuscrit de Pronier.

moyer que bien peu de personnes à gaudire et rire. Monsieur le Révérendissime de Namur fournissait à son devoir ainsi qu'il se pouvait adviser pour l'entier parachèvement de la messe dudit service. Mais que dirais-je du peuple qui y assista par grande dévotion, afin de prier Dieu pour l'âme du trépassé . En dedans l'église et dedans le chœur, en dedans les chapelles et dedans les carolles et nefs, tout était à peu près plein de gens jusqu'au grand autel. Et quand est des vaussures d'icelle église, elles étaient toutes couvertes de gens allant et venant, voir et aussi relevant leurs places comme si c'eut été un marché ou bien place publique de justice. Et la plupart de tous ces gens regardaient de haut en bas pour voir et contempler ce qui se faisait au dit chœur, non sans grand péril de leur corps ; de façon que plusieurs de ceux d'en bas qui les regardaient avaient tous leurs cheveux hérisonnés de crainte qu'ils avaient que mal ne leur advint. Mais, Dieu merci, le tout alla bien. Et comme tout le monde était aussi attentif à voir et ouïr tout ce qui se faisait, ains est ce que M. de Namur ne voulait manquer à son devoir qu'il ne parachevat tout entièrement ce qui concernait son devoir et office. Car quant au fait de la prédication, qu'il fit après l'offertoire il y demeura plus de deux heures d'horloge, la plupart duquel temps fut consommé à réciter les louanges sacrées d'un tant et signalé pontife et Évêque d'Arras. Et entre autres (pour en dire une) qu'il trompeta si hautement et publiquement, fut que quand il eut été élu coadjuteur de l'église et abbaye de Saint-Ghislain en Haynaut, il déclara toujours constamment qu'il n'était en sorte quelconque digne d'une telle administration et charge. De façon que quand l'abbé fut mort et qu'il devait entrer en la place du défunt jamais ne voulut entreprendre une telle charge ; de sorte

et manière qu'il fallut faire une autre élection pour un
futur abbé. Mais de rechef lui étant élu par contrainte,
accepta ce qu'il eut voulu quitter, voir s'il n'eut tenu
qu'à lui. »

Voilà tout ce que nous apprend Adrien Pronier de ce
long discours qui dura deux longues heures : d'un témoin
auriculaire qui entre dans de si longs détails sur des faits
bien futiles, on pouvait espérer de plus nombreuses citations. Le P. Ignace qui nous parle de cette oraison funèbre nous donne le texte choisi par le Révérendissime de
Namur. Ce sont ces paroles du chapitre v de saint Mathieu : *Vos estis sal terræ, lux mundi et civitas supra
montem posita.* C'est tout ce qui nous reste de ce long
discours qui aurait fourni des éléments précieux pour
l'histoire de Mathieu Moullart. Mais poursuivons le récit
d'Adrien Pronier.

« Devant ce sermon on fit offrande. Tous messieurs les
chanoines y furent en chacun d'eux portant un coppon
de cire ardente, monsieur le Prevost du Chapitre Maugré marchait le premier. Après lui allait M. le doyen de
Brune qui portait une étole pendante devant lui, à ses
deux côtés contre bas et auquel appartenait la dite offrande comme au curé de mes dits sieurs les chanoines ;
voir même lui eut-elle aussi appartenu, quand bien même
mon dit Seigneur de Namur eut été Révérendissime Évêque d'Arras, faisant ce même devoir qu'il faisait pour un
autre. Par ainsi le chapelain de Monsieur d'Arras dernièrement eut tort de dire qu'à lui appartenait l'offrande
céan dedans ; quand son maître y célébra les funérailles
de Mgr notre R^{me} prélat et Archevêque de Cambrai, de
tout temps telles offrandes appartenant au sacristain du
dit Saint-Vaast. Et ces choses ont été ainsi pratiquées en
la dite église car Mgr Richardot en son temps aussi

R^me Évêque d'Arras célébrant à Saint-Vaast les funérailles de Mgr le vicomte de Gand (de Melun était-ce), son
chapelain voulut avoir l'offrande qui était d'un grand
cierge et d'un pièce d'or fichée dedans iceluy. Mais don
Jean Bourgeois qui était lors sacristain de cette église
de Saint-Vaast et qui la reçut lui en garda bien ; aussi
à vrai dire si Mgr l'Évêque célébrant la messe à l'autel de l'église cathédrale de Notre-Dame de laquelle
il est Évêque, les offrandes ne sont à lui ni à son chapelain, quel droit aura-t il de les avoir en une église exempte,
en laquelle il n'a aucune juridiction. Et s'il ne les a pas,
de quel droit son chapelain les aura-t-il ? Et si le chapelain de Mgr de Namur n'a pas les offrandes à Notre-Dame
pourquoi le chapelain de Mgr d'Arras les aura-t-il à
Saint-Vaast ? Mais ceci soit dit comme en passant, et
si retournons vitement au lieu duquel nous sommes
partis.

Donc M. le Prévost alla le premier à l'offrande puis
après lui M. le Doyen et consécutivement selon leur ordre
et degré ; tous les autres messieurs y allèrent. Cela ainsi
fait, ceux qui au convoi funèbre avaient porté les enseignes épiscopaux ainsi que nous avons déclaré, et les
avaient ainsi mis sur deux tables jointement mises proche
le trépassé ; aussi les vinrent-ils la chercher et de ce
lieu marchèrent-ils droit à l'offrande. Et après qu'ils
avaient fait leur devoir d'offrir, ils déclinaient tous l'un
après l'autre du côté droit de l'autel, et puis s'en allaient
décharger sur l'autel qui est derrière le grand autel du
chœur. Après que tout cela fut fait en cette forme et
façon ; le prieur porte chape (on appelle ordinairement
un tel homme maître d'autel du deuil) et faisant une bien
profonde révérence à mon dit Seigneur de Marles gouverneur d'Arras, lui bailla un grand cierge de cire allumé,

pour aller aussi à l'offrande. Il sortit donc de sa place
conduisant le deuil à l'offrande, mais le dit porte chape
marchait devant eux et portant magnifiquement ce grand
tableau en forme de lozange auquel étaient tirées et dé-
peintes les armoiries de feu M. d'Arras Mathieu Moullart
en son temps premièrement vénérable abbé de Saint-
Ghislain et finalement R^{me} Évêque d'Arras (Après que
tout ceci fut fait le sermon fut fait par après ainsi que
nous avons dit). Lequel avait pour son dicton : *Ardore
consentaneo.*

La messe chantée et parachevée ces huit chanoines
revêtus d'aubes et d'étoles comme ils avaient été auparavant vinrent aborder le dit trépassé, quatre d'un côté et quatre de l'autre. On n'encensa pas le corps et si ne tournoya-
t-on autour de lui comme on fit à Saint-Vaast. Mais plu-
sieur répons des trépassés étant mis sus et entonnés par
les chantres, maintenant quatre de ces huit chantaient le
verset et puis les quatre autres un autre. Et continuaient
ainsi de chanter rang à rang et l'un après l'autre, tant
que tout fut parachevé. Et ce chant étant ainsi manié,
provoquait à pleurs et larmes voir les plus durs et moins
pitoyables qui lors étaient en ce lieu. Cependant que ces
choses se passaient de telle façon Mgr le R^{me} de Namur
était assis en Pontificat non en haut siège de l'Évêque,
auquel il se met lorsqu'il officie les jours nataux et autres
bons jours, mais en bas et hors d'iceluy. Et quantefois
qu'il devait faire quelque devoir pour le dit seigneur Révérendissime trépassé, il le faisait et avant que la mittre
lui dut être ôtée, son chapelain venait lui ôter par derrière,
étant sur le dit haut siège épiscopal.

Et quand toutes ces prières furent chantées hautement,
Messieurs les habitués en aubes parées de noir et croisées
d'étoles de même couleur, vinrent empoigner la bière sur

laquelle gisait le corps du défunt, et de ce pas l'emportèrent au lieu de sa sépulture ; qui était une fosse faite et creusée entre le grand autel et l'arbre de cire du dit chœur. Et parmi cette fosse en dedans terre on voit des personnages signalés célèbres, qui jadis y furent ensépulturés avec pompe et solennité funèbre, ainsi qu'à leur grandeur appartenait. »

Ici le manuscrit de don Pronier présente un blanc des deux tiers de la page. L'auteur du manuscrit se proposait sans doute d'exposer la qualité de ces illustres personnages. Heureusement un manuscrit sur l'histoire d'Artois, écrit au siècle dernier, comble cette lacune et nous apprend qu'en faisant la fosse de Moullart, on trouva un cercueil de pierre avec une lame de plomb portant cette inscription :

Anno Domini MCLXXXI obiit Elisabeth uxor Philippi Flandriæ Veromandiæ comitis filia vero Rodolphi Veromandiæ comitis in præsenti sepulcro requiescit.

C'était la sépulture de la comtesse Élisabeth de laquelle se voit l'effigie devant l'hôpital Saint-Jean dont elle est la fondatrice (*manuscrit de M. Loir*).

Mais terminons le récit de Pronier.

« Monsieur d'Arras donc défunt fut mis en terre avec une infinité de prières et oraisons, accompagnées de pleurs et de larmes, qui tombaient des yeux de plusieurs comme si c'eussent été clairs coulant ruisseaux d'eau de fontaine ; pour lui servir d'habitation et demeure en attendant le jour du jugement futur et advenir, auquel il devait aller prendre possession du grand et somptueux palais du paradis condigne (certes) salaire à ses services autrefois fait et opérés en ce monde à l'honneur de Dieu, profit et utilité de son église Atrebatine, et bonne exemplarité de tous ses prochains sujets. Et pour laisser

quelque marque à la postérité qu'un tel personnage était
là inhumé : on ensevelit avec lui une partie de ses enseignes épiscopaux maintenant dits avec une lame de cuivre
dans laquelle était gravé et écrit tout ce fait. Enfin final,
quand tous ces derniers devoirs lui furent faits et exhibés,
l'ayant recommandé à Dieu de rechef par le moyen d'un
Requiescat in pace prononcé d'une voix vraiment triste et
lamentable le Clergé conduit le deuil avec toute sa suite
funèbre, droit au logis épiscopal, passant au long de la
nef et sortant de l'église par le portail en dessous le
cloître étant plus d'une heure après midi. Et chaque chanoine pour ses salaires du dit service ayant reçu xl s. et
le doyen le double, et les vicaires, chapelains, chantres,
enfants de chœur et autres reçurent pareillement leur
salaire à l'avenant de ce que dit est. Mais puisqu'il était
si tard quand on eut fait parlons de la table et du dîner.

CHAPITRE LXIV

**Comment après le service, Messieurs les convives
dînèrent en la grande salle épiscopale.**

Pour avoir été long à l'église, il ne faut pas douter que
plusieurs fussent à la malaise et pour cette occasion
étant à la prairie, ils prirent quelque peu le frais. Cependant que le maître d'hôtel et cuisiniers s'apprêtaient
pour faire leurs devoirs à l'endroit de la table. Un prenait son soulas à deviser à quelques affaires qui lui était
à plaisir, et un autre à quelqu'autre chose faire. Messieurs
le grand Prieur et sous Prieur de Saint-Vaast se dé-

pouillèrent de leurs amuches et frocs et chacun d'eux mis sa cornette en taffetas sur son col par devant tombant contre terre. Mais mon dit seigneur élu n'avait que faire de se dépouiller de son froc et de son amuche, attendu qu'à tous ses devoirs faire il avait été toujours et était encore lors avec sa cornette. Toute la dite grande salle était tapissée à peu près tout à l'entour de deux largeurs de drap noir. La première table était dressée tout depuis le porche dudit lieu du côté des fenestres, qui regardent la dite prairie, jusqu'au mur suivant. Et à ce bout là était assis en chef de table mon dit seigneur R^{me} de Namur ; Messieurs les prélats étant assis du rang et côté de deuil, maintes honorables personnes laïques mêlées entre eux, et vis-à-vis d'eux étaient pareillement assis honorables personnes ecclésiastiques, si comme chanoines, pasteurs et autres personnes de longue robe. Il y avait encore une seconde table, mais non pas si longue que la première, laquelle était dressée tout depuis l'autre côté du dit porche, jusque contre l'arcure devant la chapelle de l'évêché. Et encore une autre table y avait-il, dans cette même salle, faite en triangle, du côté où on est accoutumé de tenir et faire les plaids. Et toutes ces tables étaient remplies de gens qui avaient assisté par grande dévotion à ce service. A la première étaient assises soixante-huit personnes, à la seconde et à la troisième quatre-vingt-dix-huit faisant en tout cent-soixante-six personnes assis en table dans cette grande salle.

Il y avait deux ou trois buffets chargés de... »

Là se termine brusquement le manuscrit d'Adrien Pronier. On doit le regretter car peut-être donnait-il, dans la suite du récit, la harangue prononcée à la fin du dîner par Jacques Blaise l'évêque de Namur. Heureusement tous les éloges funèbres, prononcés à l'occasion de la mort de l'Évêque d'Arras, ne sont pas perdus. Il nous en reste un remarquable prononcé dans l'église Saint-Nicolas, sur les fossés, par le curé de cette paroisse, Ferry de Locres.

CHAPITRE LXV

Extrait de l'éloge funèbre de l'Évêque d'Arras,
Mgr Moullart

L'oraison funèbre de Ferry de Locres est une longue thèse au sujet de l'épiscopat et contient peu de faits historiques relatifs à la vie de Moullart aussi en donnons-nous une simple analyse. Après avoir, da ns les premières pages de son discours, comparé Mathieu Moullart à Moïse et à Aaron, lance ce cri de douleur : « Notre guide-corps, guide-âme, très zélé défenseur de notre province, terreur des hérétiques, le désir des grands, délice du peuple, patron des ecclésiastiques, exemple des Évêques, l'oracle de la Belgique, le conseil des États ; notre pasteur, notre Évêque, notre bien, notre soulas, *ille, inquam, pater noster mortuus est,* un tel père que nous avions est mort. *Pater, mi Pater, mi currus Israël et auriga ejus.* Qui est celui d'entre nous autres, qui à ce triste départ ne pleure? Grande était notre joie, il y a 23 ans, quand vous fîtes votre entrée épiscopale en cette ville d'Arras, grand était l'applaudissement et l'allégresse de tous sexes, âges, conditions, états ; et combien doit être grande la tristesse, quand au lieu de vif vous êtes rentré mort ? »

Ferry de Locres parle ensuite de la mort de Jacob,

d'Absalon, de Lazare, d'Alexandre, d'Ephestrion, puis s'écrie : « Cruelle mort, mort impitoyable, insatiable qui nous a ravi d'emblé notre père commun, Père du clergé, père de la noblesse, père de la populace, père de cette ville, père de notre jeunesse, père de notre province, vous père de la patrie ; pleurez, ecclésiastiques, vous avez occasion. Pleurez, nobles, que le petit peuple ne soit pas exempt de tristesse. Couvre-toi, désolé Arras, couvre-toi d'un manteau de deuil, fais, pauvre Artois, distiller les larmes d'amertume par les canaux de tes yeux, que tout le pays se deuil ; car *Pater noster mortuus est* : *Pater*, Père, pour la grandeur de son office et état ; *Noster*, notre pour les innombrables bénéfices que nous avons reçus de lui. *Mortuus est*, il est mort, selon la commune condition des hommes, je pense mes désolés auditeurs que suffisamment vous entendez de qui je veux parler, sans que plus je vous le découvre, assez vous l'enseignent, ce triste son des cloches qui continue tant de jours, cette nouvelle parure de drap noir, ces luminaires, ces flambeaux, ces blasons, ces armoiries, cette crosse, cette mitre qu'avez vues tant de fois pontificalement portées parmi la ville, et ce mien exorde non ordinaire, assez vous témoignent quel est celui duquel je touche : C'est de notre très bon, très sage, très révérend, très vertueux Évêque messire Mathieu Moullart, lequel donné au monde (selon l'interprétation de son nom) pour toujours être entretenu à choses grandes et dernièrement député aux États tenus à Bruxelles pour s'allier le cœur de toutes les provinces belgiques avec leur prince naturel. Le 2e jour de ce présent mois de Juillet, ans de son âge 64, après avoir exercé les fonctions épiscopales plus de 23 ans, est passé du terroir des mortels aux célestes demeures de ceux qui ne meurent plus, ayant ici vécu assez pour sa gloire et s'il lui plaît assez pour son âge, mais peu pour nous autres peuples d'Arras qui sommes encore enveloppés de tant de misères, pour lesquelles déchasser, comme il se montrait très vaillant ; aussi tant plus volontiers je me suis résolu, bien qu'insuffisant, de déclarer en cette commune assemblée et rassemblée, une partie de ses louanges. Combien que, à vrai dire, il n'ait guère à faire de ce mien discours et ne m'est plus à craindre, ce qui advint un jour à quelque orateur, lequel ayant avec grandes sueurs traité du lot du valeureux Hercule et en faisant le récit auprès d'Anlaleidas, capitaine lacédémonien, ouit soudain : Τίς αὐτὸν κακίζει; qui en dit du mal ? lui voulant par là commander le silence. Toutefois, m'appuyant sur votre ordinaire humanité, et induit par les exemples de plusieurs qui très volontiers ont travaillé en semblable sujet. Non pour le défendre, qui, au milieu de tant de vertus et splendeur, n'a affaire d'apologie aucune ; mais bien pour cacheter et buriner dedans nos âmes une tant plus vive et jeune mémoire de sa personne. J'oserai discourir de la dignité épiscopale, des degrés par où on y parvient et y est parvenu Notre très bon Évêque : 1º comme il s'y est maintenu et des bénéfices qu'il nous a de toute force prodigués ; 11º et pour la fin ce sera de parler de sa très heureuse fin. Écoutez paisiblement. »

Après cet exorde l'orateur explique dans sa première partie que le mot Évêque signifie chose grande et avance ensuite que le prêtre surpasse les anges et les rois, que l'Évêque surpasse le prêtre, et que, par conséquent, leur dignité ne reçoit aucune comparaison. Ferry de Locres montre le crédit des Évêques auprès de Constantin et énumère leurs titres divers.

Dans le deuxième paragraphe l'orateur explique comment on peut parvenir à l'épiscopat.

Cinq voies, dit-il, pour arriver à l'épiscopat : la richesse
une, l'ambition deux, la force trois, les faveurs du
prince quatre, la vertu cinq. Mathieu Moullart n'y est
pas parvenu par la richesse : « Ne soyez point étonné
(dit l'orateur), que je prends par les cheveux cette horri-
ble sorcière la richesse, etc. » puis il montre que ni
l'ambition, ni la force, ni l'entremise des grands, n'ont
été pour rien dans la promotion de Moullart à l'évêché
d'Arras. A ce sujet Ferry de Locres s'exprime ainsi :
« Une chose en ceci me console et ne vous doit avec moi
médiocrement récréer, mes amis ; que par la singulière
miséricorde de notre bon Dieu, nous sommes et avons
été gouvernés par princes et rois qui sur ce point n'ont
jamais voulu affoler leurs âmes ni entoxiquer la patrie.
Mais leur premier soin et sollicitude a été que nos diocèses fussent administrés par gens qualifiés de l'excellence et beauté de la vertu qui est le cinquième point qui
me reste à dire ; donc devons-nous bien espérer, voir
nous assurer, que, à l'exemple des diocèses de Cambray,
Tournay, Anvers, Saint-Omer, Namur, naguères provi-
sionnées de nouveaux Évêques qualifiés des marques de
vrai pasteur : nous aussi nous en recevrons un, en ce
notre désolé diocèse, supérieur ou au moins non infé-
rieur à ses antécesseurs : il fera en ses actions revi-
vre un Antoine Perrenot, un François Richardot, et que
ne dis-je un Mathieu Moulart, pour la perfection duquel
discourir se porte maintenant la parole. Un Mathieu donc
pour reprendre mon fil qui nous a été donné non par les
richesses et largitions.

Il était fils d'honnêtes laboureurs, natif du village de
Saint-Martin-en-Artois, et pauvre moine, selon le vœu
qu'il en avait fait et savait très bien que ce n'était pas
par telle porte qu'il fallait entrer... non par ambition, il

avait de quoi se contenter étant pour lors pourvu d'une
charge très honorable et première du Comité de Haynaut,
qu'elle est celle d'être abbé du monastère de Saint-Ghislain, dit auparavant Urigonde, fondé par Pépin, roi de
France et premier fondateur du lieu ; et appelé qu'il fut
canoniquement à la crosse d'Arras, il demanda temps
pour délibérer, s'il oserait entreprendre de porter un
fardeau si pesant en place frontière, couvant les troubles
et tempêtes qui depuis ont joué. Largement étendu, et
richement peuplé car « *Tantum pondere unusquisque
sustinere compellitur quantus in hoc mundo princi-
patus*, ou tant se redouble la charge que sont multiples
les sujets. »

L'orateur prouve ensuite que Moullart n'est arrivé à
l'épiscopat ni par la force ni par la faveur des princes,
puis il continue : « La cinquième voie est la meilleure,
Mathieu Moullart a franchi l'épiscopat par la cinquième,
par la science, car sans toucher aux lettres profanes que
jeune il a embrassées et connues très familièrement ;
après avoir longtemps puisé à ses sacrées eaux de la
sainte théologie sous l'incomparable docteur Martin
Rythove, premier Évêque du diocèse d'Ypres : il fut
créé licencié en cette première et maîtresse science.....
ayant ensemble acquis une grande partie de la connaissance du droit canon. Je dis prudence qui l'a fait en son
apuril recevoir le gouvernement des plus importantes
fonctions et offices de son abbaye... qu'il fut trouvé très
utile pour la prélature, de là pour les états des provinces
de Belgiques, de là pour cette ambassade en Espagne,
dont il s'acquitta tant heureusement à la grandissime
consolation et singulier profit de ses pays ayant illec et
ailleurs tant privement que publiquement harangué en

présence des princes et rois avec autant heureux succès
que de zèle, gravité et éloquence Française et latine

PAR SA PIÉTÉ ET SA VERTU

Je dis aussi la piété ; qui parmi les parfums et suaves
odeurs de la noblesse, ne s'oublia en rien de la solitude
monastique : faisant du monde un monastère. Quand
sortant de son cloitre pour le bien du public, il conversait
au monde et il aurait ennobli cette partie vivant Évêque
au milieu du monde, vous l'entendrez tantôt. Etant donc
condigne... que pouvait-on en attendre et espérer autre
chose qu'une très prompte volonté d'obéir à la voie de la
mère patrie ; qui par aventure dès lors parlait ainsi à
lui : « Afin que cy après tu ne me sois ingrat ains que
tu me reconnaisses, si tu me vois oppresser de détresse,
le venin me saisir, le fer me fendre et couper, contaminer
ma liberté, intéresser mes privilèges les hérétiques haus-
ser leurs crêtes, profaner mes églises, détruire mes autels, mépriser mes sacrements, rompre mes images,
fouler mes reliquaires, brûler mes monastères, déchasser
mes religieux, violer mes vierges et mon ancienne foi
s'avoisiner au naufrage. Je te veux bien, mon très aimé
Moullart : que par le seul respect de ta personne et
prud'hommie sans avoir aucun égard à moi qui suis ta
très bonne mère, je t'ai voulu promouvoir de dégrès
en dégrès et te donner la place première et la plus
auguste de ma province. Et quant à te prier que pour
la reconnaissance que tu m'en dois, il te plaise ni
t'épargner en aucune rencontre qui put préjudicier à mes
antiques honneurs ; et surtout à celui duquel moi-même
je me prise de n'avoir jamais depuis ton antecesseur
saint Vaast porté autres armes et étendarts que ceux
dont sera toujours connue l'Église catholique. »

Après avoir fait tenir ce langage à la patrie, s'adressant à Moullart, à l'heure de son élévation au siège d'Arras, Ferry de Locres montre que l'Évêque doit se comporter comme chrétien et comme prévost, puis il ajoute : « Notre bon Évêque s'est comporté à l'endroit de sa personne comme chrétien ; par sa continence, par son austérité de vie, par sa dévotion au service de Dieu. Il s'est comporté à l'endroit de son troupeau en Évêque, par sa diligence, en la lecture des lettres saintes ; par son zèle en la prédication de la parole de Dieu, par son hospitalité, par sa haine des hérétiques, par son intégrité à l'endroit de ses sujets, par sa libéralité par la tuition et défense de la liberté ecclésiastique, par la vaillance sur son troupeau, par la diligence à effectuer ce qui dépendait de son état : bref, par les périls où il s'est très volontiers offert, pour le zèle et charité incroyable qu'il nous portait paternellement et à sa patrie, d'où enfin s'est ensuivie sa très lamentable mort.

Par sa continence n'ayant été depuis son berceau jusqu'à son tombeau jamais suspecté d'impudence quelconque. Être continent appartient à un Évêque; mais obtenir cette grâce de jamais en être soupçonné est par dessus un Évêque. Il a évité toute hantise et familiarité de femmes, voir de ses sœurs et nièces disant : « Que combien que les femmes parentes n'apportassent aucun soupçon toutefois celles qui viendraient après elles le pourraient engendrer... » Après avoir montré sa continence, l'orateur parle de l'austérité de sa vie ; accompagnant son jeûne très fréquent d'une haire très âpre au dessus de tout le monde jusque sa mort, quand en ont été trouvées trois secrètement cachées auprès de sa couche. Très saint accoutrement, très noble bride de la sensualité, chastieur de notre chair ! maître de son

orgueil ! honoré de saint Jean-Baptiste, révéré de tant
d'ermites ! que pouvait la chair gagner en notre très
pudique prélat, vu que tu la poursuivais de si près ?
de toi chargea ses anciennes épaules Jacob,...» Res-
pha, Achab, Béthulie sont ensuite citées en exemple.

Ferry de Locres passe ensuite à la piété de Moullart :
« Par sa dévotion au service de Dieu, il ne s'est jamais
passé une journée qu'il ne lut très dévotieusement avec
son chapelain ses heures canoniales ; combien qui
opprimé de maladie. Il ne laissa jamais d'offrir le très
auguste sacrifice de la messe, pour le salut de son peuple
tant que la santé lui a permis. Quasi tous les jours son
église cathédrale était de lui saluée et fréquentée, si-
gnamment aux matines. Toutes les processions publiques
(non obstant sa grandissime débilité et très pesante vieil-
liesse) il n'y fallait. Par sa diligence en la lecture des
lettres saintes. Car il ne se leva guères de table qu'il ne
se retire en sa chambre commandant son chapelain qu'il
lui lut quelques chapitres des épîtres de saint Paul
arme et bouclier des âmes chrestiennes : par où il s'acquit une familiarité très grande de la très grande de la
très profonde théologie apostolique ; tant que il tenait le
texte entier en sa mémoire pour en user quand le temps
le demanderait.....

Son zèle en la prédication de la parole de Dieu, qu'il
vous a tant de fois et de si bonne âme annoncée, peuple
d'Arras, avec une incroyable moisson qui est survenue de
cette divine semence. Le voulant encore faire en avent
dernier, combien qu'il fut tout rompu de maladies, n'eut
été la très humble remontrance que lui en firent ses amis...

Par son hospitalité ayant toujours sa maison ouverte
pour les pauvres et sa propre table ouverte pour les pasteurs réfugiés et expatriés en ces dernières misères de la

guerre très sanglante. Ouverte aussi pour d'autres gens
d'église diseteux et pour tous pauvres religieux, remar-
quant en ce, ses feux parents aussi très hospitaliers et
comme commun réfectionnaire de mendiants.

Par sa haine contre les hérétiques, ne permettant pas
un seul comme tel demeurer en tout le diocèse ; a fondé
à cette fin un séminaire pour après être suffisamment
instruit, combattre l'hérésie. Vous vous apperceverez par
adventure qu'en cette partie il a montré qu'il ne faut pro-
diguer les biens et revenus des évêchés ailleurs qu'aux
fruits et utilité de l'église ? Oui..... par son intégrité, re-
cevant le plus petit comme le plus grand, par sa libéralité, qu'il exerçait très secrètement de son vivant envers
les pauvres ménages, hôpitaux, prisonniers, veuves,
orphelins, églises, monastères..,... par la tuition, défense
et garantissement de la liberté ecclésiastique, ne voulant
absolument plier à aucune proposition ou requête qui
semblait lui contrarier et préjudicier ; par sa veillance
sur son troupeau comme le soleil royalement assis au
milieu des astres, ainsi notre clairvoyant Évêque a toujours résidé au milieu de son diocèse et tenu la main forte
que rien n'y alla chancelant..... par sa diligence et particulièrement en ce que l'espace de vingt-trois ans, il n'a
jamais laissé d'administrer le sacrement des ordres
sacrés ce qu'il a réitéré cent trente-huit fois ou environ
en son épiscopat, qui n'est chose de petite estime eu
égard à sa vieillesse, maladie, pesanteur, et débilité de son
corps, et aux autres incommodités ou besognes que lui
envoyait journellement la Belgique, non tant pour l'esti-
mation de son degré et dignité que de l'excellence et
vivacité de son esprit, solide jugement et extraordinaire
expérience.

Et finalement par son zèle tant envers son troupeau

que sa patrie, et qu'il n'a caché en l'attentat nocturne
des français sur cette ville d'Arras il y a trois ans
passés ; en ses voyages et fatigues aux états provinciaux
et généraux des Pays-Bas, par ses remontrances qu'il y
a fait maintes fois avec un zèle assaisonné du sel de discrétion, ne dissimulant la vérité : quand aussi il n'appartenait de dissimuler et flatter au détriment ou de la
patrie en général ou de quelque province en particulier :
pour quelle cause il a mérité d'être en son vivant appelé
père de la patrie dernièrement aux états généraux en
Brabant. »

Ferry de Locres place ici le récit de la mort de Moullart que nous avons reproduit plus haut, puis termine
son discours par cette éloquente péroraison : « Ha glorieuse âme, tu te retires de nous et ne nous laisses pour
tout réconfort que ta charnelle prison ton corps. Est-ce
ainsi que tu nous abandonnes en ces périls en ces abboys
et hurlements des lions rugissants autour de ton troupeau,
tu nous étais idoine ainçois nécessaire pour métamor-
phoser cette fière et orgueilleuse Hollande de loup furieux
qu'elle est en brebis, et pour telle affaire tu avais entamé
la brèche et porté la salutaire parole, *tanquam magni
consilii Angelus :* A quoi tous aspirants quasi nous res-
pirions, pourtant que tu inspirais (organe de l'Esprit-
Saint), je ne sais quoi de grand pour réduire à l'obéissance de l'Église et de leurs princes ces âmes marinières
proies au grand Léviathan qui semblait n'attendre d'autre procureur que toi. Mais nous voici privés de ce réconfort, et ensemble de toutes tes paternelles bénédictions.
La cruelle filandière ne s'est pas su contenir qu'avec son
fatal ciseau elle ne coupa une si divine trame. Elle n'a
visé aux choses que tu allais toujours advisant pour un
général advancement du peuple. Elle n'a pas pris garde

si tu portais au plus haut fait de ton âme le conseil et avis
des provinces si ta mémoire était l'arsenal des ordonnances
passées assemblées publiques pour les affaires du pays.
Si la vive lumière de ton jugement savait discerner entre
les sincères et masquées paroles des forains ambassa-
deurs, si les assurer en franchise hors de toute ambi-
guité : elle ne s'est souciée si à un seul jet d'œil, tu tenais
tout le clergé en bride, si au tonnerre de ta bouche tu
étonnais les méchants, si l'hérésie n'a osé croupir en ton
diocèse pour ta seule présence, si tu étais le niveau
exemplaire et patron de toute bienséance et conversation
vertueuse. Hé que ne faut-il dire ce matin ? on ne dira
plus, ô regretté Moullart, on ne dira plus, heureuse province d'Artois ! heureux diocèse d'un si brave prélat qui
te garantit et démêle de questions infinies ! Mais bien
nous autres dirons et souvent avec sanglots et regrets :
« *Ubi est quem diligit anima nostra, fortitudo nostra,
refugium nostrum adjutor fortis ; salus nostra deliciæ
nostræ propugnaculum et consolatio gentis.* »

Mais quoi faut-il que nous désespérions de toute assistance et réconfort ? Jamais, mes amis. Sa charité, son
zèle, son amour sera plus fervent et bruslant envers
nous autres lui étant bienheureux ; (*caritas non excidit*).
Si le daignons bénéficier de quelque chose ; un bénéfice
demande l'autre. Et quelle chose peut être celle que nous
lui pouvons donner pour attendre de lui réciproque ? Ce
seront vos assidues prières et ce trois fois auguste sacrifice de la messe qui lui servira pour l'entière expiation
de toutes ses fautes. Et comme indigne ministre je me
prépare à ces très saints devoirs ; allumez tous, je
vous prie, en vos âmes une amoureuse dévotion pour
m'aider.»

Bien que l'oraison funèbre de Mathieu Moullart par-

Ferry de Locres soit la seule qui soit parvenue jusqu'à nous, il est certain que dans toutes les chapelles et églises non seulement de la ville mais de tout le diocèse, on célébra des services pour l'Évêque et que dans beaucoup de ces églises des discours furent prononcés à sa louange. Le souvenir de ce grand Évêque resta profondément gravé dans la mémoire de ses contemporains, qui quelque temps après sa mort songèrent à lui élever un monument dans la cathédrale même où il avait voulu reposer.

CHAPITRE LXVI

Monument élevé en son honneur

Quand le Gouvernement eut donné main levée de la saisie des biens de Moullart, les exécuteurs testamentaires se mirent en devoir de remplir les volontés du défunt. Ils firent consciencieusement leur devoir et tous les legs du testament furent distribués aux ayant-droits. Hélas! la Révolution de 1789 détruisit presque toutes les œuvres fondées par Moullart et seul le Bureau de bienfaisance de Saint-Martin-sur-Cojeul possède encore quelques biens, derniers restes de la succession de Moullart. L'Évêque d'Arras n'avait oublié qu'une seule chose dans son testament, c'était ce qui concernait son monument funèbre. Les héritiers de Moullart voulurent réparer cet oubli et résolurent d'élever dans la cathédrale Notre-Dame d'Arras un monument grandiose. Si des mains dévastatrices ne nous permettent plus d'admirer ce ma-

gnifique monument de marbre sur lequel on voyait Moullart à genoux priant devant son saint patron, l'apôtre
Mathieu, ayant à ses pieds un ange d'un tiers de sa hauteur selon que l'iconographie chrétienne a coutume de
représenter ce grand évangéliste ; du moins nous possé-
dons encore l'acte notarié, passé entre les héritiers de
Moullart et Thomas Thieuller, qui nous en donne une
description détaillée ; l'exécution fut à la hauteur du
plan, si l'on en croit Moreri et le père Ignace qui
tous deux purent le juger *de visu* et déclarent que ce
monument était une des merveilles de notre ancienne
cathédrale, qui cependant en possédait tant d'autres.
Voici le devis de ce beau travail.

Marché à Thomas Thieuller, tailleur d'images pour
l'érection de l'épitaphe de feu R^me^Mathieu Moullart en son
vivant Évêque d'Arras, en l'église Notre-Dame dudit Arras.

Comparurent en leurs personnes, vénérables seigneurs
messires Antoine Moullart, grand archidiacre d'Arras,
Géry Boucquel, archidiacre d'Ostrevent, Antoine Moullart, chantre, tous prêtres et chanoines de l'église cathédrale Notre-Dame d'Arras, exécuteurs testamentaires
de défunt Reverendissime seigneur Messire Mathieu Moul-
lard lui vivant Évêque d'Arras. Charles Moullart, diacre
chanoine de cette église, Adrien Moullart, bailly d'Eaucourt, Damoiselle Antoinette Moullart, veuve de feu
Hugues de Gouy, Antoine Théry, receveur argentier de
cette ville, fils de feu Jean Thery et damoiselle Marguerite Moullart, demeurant en cette cité. Tous proches
parents dudit feu sieur R^me^ d'une part. — Martin Thomas Thieuller, tailleur d'images, Madeleine Morel, sa
femme et Françoise Rougès, veuve de feu Martin Morel,
demeurant Arras d'autre part, — et reconnaissant lesdits comparants respectivement és qualités que dessus ;

la dite Madeleine, suffisamment autorisée de son dit
mari quant à ce ; laquelle autorité elle a reçue en elle
agréablement et sans contrainte, si comme elle a déclaré
aux notaires de leurs altesses soussignés ; que parmi et
moyennant la somme de deux mille cent florins Artois,
que les dits prêtres comparants en ladite qualité ont
promis et promettent payer et fournir auxdits seconds
comparants leurs hoirs ou ayant cause, à savoir promptement quatre cents florins : et le surplus fait à fait que
l'œuvre, dont ci-après sera fait mention, par avant ;
dont lesdits seconds comparants se sont tenus et se tien-
nent pour contents. Les dits seconds comparants ont
promis et promettent construire et ériger une épitaphe en
la ditte église selon les portraits, conditions et devis cy
après particulièrement déclarés.

En premier, le soubassement sera fait de marbre noir
avec moulures poussées à l'environ, et sous ledit soubassement y aura une frise de pierre de ransse et sur elle
un estragal de marbre noir sur quoi seront trois colonnes
de pierre de ransse avec les bases et chapiteaux d'albâtre et entre les dittes colonnes deux compartiments du
dit marbre, où seront enclavés deux ovalles d'albâtre
pour y faire les écriteaux ou armoiries du dit feu, selon
que sera trouvé convenir ; sur lesquelles colonnes y aura
un architrave de marbre et au-dessus une basse de
pierre de ransse sur lequel y aura un aide-architrave et
sur lui une frise de pierre de ransse, au-dessus de
laquelle frise se posera une table de marbre, étant dès
maintenant en la possession du dit Thieuller, appartenant
à l'exécution du dit feu, sur laquelle sera posée la représentation de saint Mathieu avec un ange, lequel aura six
pieds de haut et l'ange deux pieds avec la représentation
du dit feu sieur Reverendissime en habits pontificaux

enrichis, de quatre pieds et demie de haut. Item quatre anges aux quatre coins d'icelle table, assis, couchés ou debouts, le tout d'albastre et pour plus soutenir le dit tombeau, il y aura quatre anges en gaignes. Les figures d'albastres et les gaignes de marbre noir, et pour plus grand enrichissement dudit œuvre, y aura aux deux côtés dudit tombeau deux pieds destals de pierre blanches, où seront enclavées deux histoires d'albâtre, telles qu'il plaira auxdits sieurs exécuteurs ; sur lesquels pieds destals y aura une figure posée sur un cul de lampe et au côté des dites figures s'élèvera une arche en pierre en ancepanier, et au-dessous deux figures en deux niches d'albastre portant deux pieds et demi de haut chacune ; et aux deux coins du dit arche deux anges couchés ; sur lequel arche y aura un architrave de marbre avec retour et audessous une frise d'antique albastre ; et audessus d'icelle une corniche avec son retour ; au milieu un cul de lampe d'albastre, sur lequel retour y aura un ange d'albastre tenant les armoiries du dit feu sieur Rme, et au côté de la dite corniche deux chevrons brisés avec enrichissement comme le requiert l'œuvre avec deux figures couchées sur les chevrons. Sur lequel enrichissement sera posée une histoire telle qu'il plaira aux dits sieurs exécuteurs, avec soubassement et aux côtés deux colonnes auprès desquelles seront deux anges en forme de feuillage, et sur les dites colonnes il y aura un architrave, frise et corniche avec leurs retours à l'endroit des dittes colonnes et sur iceux retours deux figures avec un couronnement au derrière d'icelles, et moulures rondes en forme de cheverons brisés avec têtes d'anges et sans feuillages. – Et sur le dit couronnement sera posé au milieu du retour une figure telle qu'il plaira aux dits exécuteurs avec un dôme au derrière porté par six colonnes

auquel dôme aura architrave frise et corniche au-dessus,
couronnement avec piramides, et pardessus encore un
autre dôme au sommet duquel sera posé un pélican ou
autre figure.

De laquelle œuvre lesdits seconds comparants seront
tenus en faire autant que cy dessus est spécifié en dehors
du chœur de ladite église, en la place désignée, sauf
l'architrave, frise et corniche au dessus de l'arche en ancepanier qu'ils pourront faire de pierre de Pronville. Toutefois de même couleur que celle du côté du chœur,
comme tout le reste de la dite œuvre n'ayant été spécifié
d'autre matière. — Finalement seront tenus lesdits seconds comparants de fournir et livrer partout pierre
d'albastre sans aucune tache rouge, grise ou noire, mais
blanche et pour le moins telle que celle de l'épitaphe de
feu monsieur l'archidiacre de Roza, et jointement fournir
toutes les dites pierres de ransse, marbres et Pronville,
lustrées et polies bien et suffisamment tant en beauté que
bonté.

Et aura la dite œuvre 28 pieds de haut, pied d'Arras
et dix pieds de long et cinq de large entre deux pilliers,
ou neuf pieds et demi sans toucher et atteindre les dits
pilliers, si ainsi est trouvé convenir, seront aussi tenus
de poser, dresser et achever la dite œuvre à leur dépens
en la dite église, avec les ferrures et plomb qui demeureront à la charge des dits prêtres comparants, et comme
en dedans la veille de Notre-Dame de demi août de
l'an 1603. A peine de cent florins et la valeur du marbre
qui lui a été livré, valable 30 florins, et rendre la dite
œuvre bonne et suffisante au dire de gens en ce connaissant aux dépens desdits seconds comparants. Et outre
de bailler bonne et sure caution à l'apaisement desdits
sieurs exécuteurs et autres prêtres comparants ; tant

pour les deniers qu'ils recevront que pour la suffisance
de la dite œuvre et autres domages et intérêts à quoi ils
pourraient être soumis.

Par dessus ce qui est dit, les dits seconds comparans
seront aussi soumis ; fournir et accommoder le pied de la
clôture du dit épitaphe en dehors du dit chœur de la dite
pierre de Pronville avec enrichissement à jour ; et un
marbre noir de cinq pieds en lozange pour mettre sur le
lieu de la sépulture du dit feu sieur R^{me}, avec écriteaux
et armoiries selon que leur seront baïlliés, aussi à leur
dépens.

Et pour ce que dessus est dit tenir, entretenir et du
tout accomplir par les dits seconds comparants et chacun
d'eux, payer et fournir par les dits premiers comparants
par la manière dite avec pour rendre tous dépens domages et intérêts qui s'en pourraient suivre. Obligeant
les dits comparants respectivement les dits prêtres comparants, tous leurs biens de la dite exécution ; et les dit,
seconds comparants tous leurs biens, terres et héritage s
présent et avenir, accordant main assise pour sûreté de
tout ce que dessus, et aux dépens des dits seconds comparants ; élisant le domicile en la maison rouge à Arras,
consentant que tous exploits de justice qui faits y seront
soient bons et valables ; renonçant par les dits Moullart
et Boucquel, *in verbo sacerdotis*, et les autres par leur
foi et serment à toutes choses contraires à ces présentes.

Fait et passé en la cité d'Arras, le premier jour de Juin
mil six cent deux, par devant notaires de leurs Altesses
soussignés avec les dits comparants A. D., serie H,
folio 101, verso. »

Comme on le voit, les héritiers de Moullart firent les
choses grandement et voulurent pour celui qui avait jeté
un si grand lustre sur leur famille, un monument digne

d'un si grand héros. Quand le monument fut érigé, ils firent placer sur le soubassement en marbre noir l'inscrip_tion suivante :

M. O. D. O. M.

Ad reverendissimi in Christo patris DD. Matthæi Moullart quondam Atrebatensis episcopi memoriam ob sedulam ecclesiarum administrationem et præclara illius in rep. Christiana merita prudentia pietatis justitiæ charitatis et zeli incomparabilis dotes hoc præsens grati animi monumentum hæredes posuerunt.

Obiit 2 Julii 1600
Jacet in medio chori hujus.
Grati estote lectores.

CHAPITRE LXVII

Iconographie.

Malgré toutes nos recherches, nous n'avons pu découvrir ce que devint ce monument lors de la destruction de la cathédrale, peut-être le retrouverait-on dans une église ou dans un musée de Belgique.

Bien qu'il ne nous reste rien de ce monument de la cathédrale d'Arras, les traits de Moullart nous sont néanmoins encore connus et conservés ; plusieurs tableaux exécutés du vivant ou à la mort de l'illustre Evêque sont parvenus jusqu'à nous. Nous en connaissons encore six.

Les Bénédictins anglais de Douai possèdent un portrait

de Moullart en costume de prélat ; c'est celui qui a été reproduit en tête de cet ouvrage.

A l'Évêché d'Arras, on en conserve deux ; l'un dans le grand salon représente Moullart sur son lit de mort ; l'autre, dans la chambre du conseil, représente le buste de Moullart en costume de bénédictin couvert de sa barette. Les armes de l'évêque sont placées à la gauche du tableau vers le sommet et une inscription circulaire encadre l'image de l'évêque : elle porte en langue latine : Matthieu Moullart, abbé de Saint-Ghislain, évêque d'Arras, mort le 2 juillet 1600, âgé de 64 ans.

L'église de Saint-Martin-sur-Cojeul possède aussi un tableau de Moullart. C'est une copie d'un autre tableau que possède encore M. Cuvelier de Beaurains. Dans ces deux tableaux, les armoiries de l'évêque se trouvent à gauche. elles représentent une herse sur fond d'azur, dans le bas de l'écusson et dans le haut deux têtes de chevaux affrontées et bridées sur fond blanc. Il n'y a pas d'inscription.

Enfin, M. Auguste Delaby à Douai possède un petit tableau représentant l'Évêque en habits pontificaux couché sur son lit de mort. Dans le fond, on aperçoit un Christ en croix de chaque côté duquel se trouve un cierge allumé portant un écusson aux armes du défunt qui sont tiercées en fasce au premier d'argent chargé de deux têtes et cols de chevaux de sable affrontés, au deuxième d'or plein, au troisième d'azur à une herse d'or.

D'après tous ces tableaux, Moullart avait le front élevé, le nez fort, les yeux vifs et bons et portait, selon l'usage du temps, toute sa barbe. Les cheveux et la barbe sont gris. En un mot, la tête de Moullart présente un type que l'on rencontre encore souvent parmi les

habitants de l'Artois ; ce qui n'a rien d'étonnant puisque sa famille est originaire de cette province.

Puissent un jour, les descendants de ses frères, aidés
de tous les habitants de l'Artois retrouver les restes
de leur oncle illustre et les honorer d'un nouveau
monument digne du premier. En attendant ce jour heureux, notre ville s'honorerait en attribuant à l'une des
rues qui vont s'ouvrir sur l'emplacement des anciens
remparts de la cité, le nom de celui qui les parcourut
tant de fois, au milieu des acclamatious de tout le peuple
d'Arras et qui fit rejaillir tant de gloire sur notre vieille
cité !

NOTES ET RÉFÉRENCES

CHAPITRE PREMIER

Tous les auteurs qui ont écrit jusqu'ici sur la famille de Moullart, même M. de Ternas, comptent neuf enfants à Jean Moullart. Don Ursmer Berlière oublie Antoine. M. Robitaille omet Guillaume, ainsi que M. de Ternas. En réalité, Jean Moullart eut dix enfants peut-être davantage. Références: Les centièmes de 1569, village de Saint-Martin. Testament de Moullart. Histoire de l'abbaye d'Anchin. Le registre au bourgeois d'Arras.

CHAPITRE II

Un plan très bien fait de Saint-Martin conservé avec sa légende aux archives départementales nous indique la maison où est né Mathieu Moullart ; elle est proche du presbytère dont elle n'est séparée que par un seul manoir.

CHAPITRE III

Cf. Annales du Haynaut par Vinchant. Hist. de l'Abbaye d'Anchin, par Lescalier, ch. XXIX.

CHAPITRES IV, V, VI, VII, VIII, IX, X

Cf. Don Ursmer Berlière, *Revue bénédictine* de Maredsous, juin et juillet 1894, 2ᵉ correspondance du cardinal de Granvelle : l'ouvrage se trouve à la bibliothèque d'Arras. Les tables alphabétiques des noms placés à la fin de chaque volume permettent de retrouver facilement les lettres où l'on parle de Mathieu Moullart. 3ᵒ Les annales du Haynaut, par Vinchant (à la bibliothèque d'Arras). 4ᵒ Annales de Saint-Ghislain. 5ᵒ Les pièces de la députation en Espagne ont été publiées par Devillers, bulletin de la Commission royale d'Histoire de Belgique, 5ᵉ série, VI, 21-80, en 1896. 6ᵒ Le nécrologe de Saint-Vaast, article Jean Sarrazin. La *Revue bénédictine* des Bénédictins anglais de Douai. Année 1896.

CHAPITRE XI

Cf. Archives de l'Evêché, pièce contenant le procès-verbal de l'élection faite par le Chapitre. Wion ; lignum vitæ. Raissius.

CHAPITRES XII et XIII

Cf. La réforme en Artois, par l'abbé Bled. La chronique gérardine des évêques d'Arras, arch. dép.

CHAPITRE XIV

Cf. Don Ursmer Berlière, les annales de Saint-Ghislain, par D. Baudry.

CHAPITRE XV

Cf. Les mémoriaux d'Arras, année 1577. Ferry de Locres. Foppens. Le Père Ignace.

CHAPITRE XVI

Cf. Registre des Etats d'Artois, année 1577. Wallerand Obert. Archives municipales de Douai. BB. 44. folio. 84.

CHAPITRE XVII

Histoire de l'abbaye d'Anchin, par Escalier. François de Bar, Manuscrit de la Bibliothèque de Douai.

CHAPITRE XVIII

Cf. Wallerand Obert et tous ceux qui ont raconté l'émeute des Verts-Vertus.

CHAPITRE XIX

Cf. Histoire de l'abbaye d'Anchin. La réforme en Artois, par l'abbé Bled. Don Ursmer Beslière. Les Mémoriaux d'Arras.

CHAPITRE XX

Cf. Histoire de l'abbaye du Mont-Saint-Eloi. La réforme en Artois, par l'abbé Bled Registre des Etats d'Artois. Histoire de l'abbaye de Saint-Vaast.

CHAPITRE XXI

Cf. Registre des Etats d'Artois (Archives départementales).

CHAPITRE XXII

Cf. Histoire de l'abbaye d'Anchin, par Escalier.

CHAPITRE XXIII

Cf. 1° La réforme en Artois, par l'abbé Bled ; 2° Histoire de l'abbaye de Saint-Vaast, chapitre sur Jean Sarrazin ; 3° Histoire de l'abbaye d'Anchin ; 4° Correspondance de Granvelle.

CHAPITRE XXV

Cf. Archives départementales, série B. 700, pièce 20, 26,28 ; 2° Décrets du Synode de 1584 (bibliothèque d'Arras). Article de M. Robitaille dans les mémoires de l'Académie d'Arras, année 1876.

CHAPITRE XXVI

Cf. 1° Don Ursmer Berlière ; 2° Les annales de Saint-Ghislain de Don Baudry.

CHAPITRE XXVII

Cf. Don Pronier Adrien. Manuscrit 301 de la bibliothèque d'Arras. Le premier chanoine nommé par Moullart fut le célèbre poète Robert Obry.

CHAPITRE XXVIII

Cf. Inventaire de l'abbaye de Saint-Vaast, par M. Loriquet. Série H. 137. 60-75-33.

CHAPITRE XXIX

Cf. Arch. départ. Fond de l'évêché.

CHAPITRE XXX

Cf. 1° Arch. départ. Fond du séminaire ; 2° Décrets pour le Synode de 1584 ; 3° Histoire de l'abbaye d'Anchin.

CHAPITRE XXXI

Cf. Arch. départ. Fond 137.
Cf. Décrets du Synode de 1584 (Bib. d'Arras).

CHAPITRE XXXII

Cf. Arch. départ. Registre du Conseil d'Artois. v, vi, vii et 45.

CHAPITRE XXXIII

Cf. 1° Gazet. Hist. ecclésiastique des Pays-Bas ; 2° Histoire de l'abbaye d'Anchin ; et 3° l'Histoire de l'abbaye de Saint-Vaast. Archives dep. fond. H. *p issim*.

CHAPITRE XXXIV

Cf. Affaires ecclésiastiques de la province de Reims, par Mgr Gousset.

CHAPITRE XXXV

Cf. 1° don Gosse, histoire de l'abbaye d'Arrouaise ; 2° Escalier, histoire de l'abbaye d'Anchin. Père Ignace, *passim*.

CHAPITRE XXXVI

Cf. 1° Histoire de l'abbaye d'Anchin ; 2° Manusc. de François de Bar, B. de Douai.

CHAPITRE XXXVII

Cf. 1° Les affaires ecclésiastiques de la province de Reims (Bibliothèque du Grand Séminaire); 2° Histoire de l'abbaye d'Anchin.

CHAPITRE XXXVIII

Cf. 1° Arch. départ., fond H, 137 ; 2° Les affaires ecclésiastiques de la province de Reims.

CHAPITRE XXXIX

Moullart bénit encore à la fin de 1588 dans l'église Saint-Jacques de Valenciennes, le nouvel abbé d'Hasnon, Pierre Blondeau, et en 1597, dans son palais Arras, Pierre de Boisrond, abbé d'Hénin-Liétard.Cf. Père Ignace. Histoire de l'abbaye d'Arrouaise. Histoire de l'abbaye du Mont-Saint-Eloy.

CHAPITRE XL

Cf. 1° Hist. ecclés. des Pays-Bas, par Gazet; 2° Histoire des évêques de Saint-Omer, par l'abbé Bled ; 3° Bulletin de la Société, Hist. de Tournai, VI, p. 166 : 4° La Correspondance de Granvelle. François Richardot, par l'abbé Duflos.

CHAPITRE XLI

Cf. Les affaires ecclésiastiques de la province de Reims, par Mgr Gousset.

CHAPITRE XLII

Cf. Histoire de l'abbaye d'Anchin.
Cf. Arch. dép., registres aux placards VI.

CHAPITRE XLIII

Cf. 1° Arch. dép., fond du chapitre (cité carton A) ; 2° Fanien, Hist. du Chap. d'Arras

CHAPITRE XLIV

Cf. 1° Père Ignace, Dict. III, p. 994, Mémoire VII, p. 567, Rec. 4, page 2 ; 2° Archives départementales, registre aux placards du Conseil d'Artois.

CHAPITRE XLV

Cf. Père Ignace, Rec. IV, p. 6. Don Pronier

Moullart alla également à Douai consacrer la nouvelle église des Capucins.

Cf. Père Ignace, article capucins à Arras et à Douai.

CHAPITRE XLVI

Cf. Arch. dép., le testament écrit de la main même de Moullart se trouve série L, liasse n° 149.

CHAPITRE XLVII

Cf. Ach. dép., fond de l'évêché.

CHAPITRE XLVIII

Cf. Bréviaire de Moullart (Bib. d'Arras).

CHAPITRE XLIX

Cf. don Pronier, manuscrit 372 de la Bib. d'Arras, page 52 et suiv.

CHAPITRE L

Cf. Philippe Meyer, histoire de la province, manuscrit de la Bib. d'Arras, et les autres Historiens de cette époque.

CHAPITRE LI

Cf. Arch. départ., série H.
Cf. don Pronier, manuscrit 301, pages 1 et 2 (Bib. d'Arras).

CHAPITRE LII et LIII

Cf. don Pronier, manuscrit 301, *passim*. Noël Novion, grand prieur de Saint-Vaast, fut inscrit le premier des trois religieux présentés au Souverain pour la première dignité de l'abbaye.

CHAPITRE LIV

Cf. Arch. dép., registre des Etats d'Artois.

CHAPITRE LV

Cf. 1° Arch. dép., série B, registre 770, 2° Monsieur Proyart, l'enseignement à Arras.

CHAPITRE LVI

Cf. 1° don Pronier, man. 301. 2° Arch. dép , registre des Etats d'Artois.

CHAPITPE LVII

Cf. 1° Les mémoriaux de la ville d'Arras ; 2° don Pronier, man. 301.

CHAPITRE LVIII

Cf. 1° Archives du départ., registre des Etats d'Artois ; 2° Ferry
de Locres, Oraison funèbre de Moullart, bib. d'Arras.

CHAPITRES LIX, LX, LXI, LXII, LXIII et LXIV

Cf. 1° don Pronier, manuscrit 301 ; 2° Père Ignace, mémoires i,
pag. 617 ; 3° don Ursmer Berlière. Annales de St-Ghislain,
D. Baudry.

CHAPITRE LXV

Cf. Ferry de Locres, Oraison funèbre de Moullart.

CHAPITRE LXVI

Cf. Arch. dép., registre aux marchés, folio 101 ; 2° Moreri ; 3° Père
Ignace. Vandercoster acheta la cathédrale 313,200 fr. et
revendit en Belgique la plupart des monuments qu'elle
renfermait.

CHAPITRE LXVII

Cf. Mémoires de l'Académie d'Arras, 2ᵉ série, n° 8.

Le corps de Mathieu Moullart serait difficilement retrouvé bien
que l'on connaisse l'endroit exact où il fut déposé, (c'est-à-
dire sous la sacristie actuelle de l'église St-Nicolas-en-Cité.) En
effet les tombeaux de presque tous les évêques d'Arras ont été
fouillés en 1793 d'après un ordre de Bouchotte, ministre de la
guerre en date du 2 décembre de la même année, et les cercueils
de plomb ont été enlevés à l'exception de quelques-uns. Lors de
la construction de l'église St-Nicolas, on en retrouva quatre, à
savoir: ceux des évêques Frémaut, Etienne Moreau, Guy-de-Sève,
et Jean Bonneguise. Les ossements trouvés dans les caveaux des
prélats et recueillis avec soin, furent replacés avec les cercueils
en plomb, sous le sanctuaire de l'église de St-Nicolas-en-Cité
batie sur l'emplacement de l'ancienne cathédrale.

APPENDICES

Mathæus Medullartius, Benedictus, sacræ theologiœ licenciatus
Dei et apostolicæ Sedis gratia episcopus atrebatensis, universo
clero ac populo suorum civitatis et diœcesis in Domino salutem.

Etsi munere divino ad episcopalem hanc provinciam vocatis
nihil nobis fuerit priusquam pro modulo nostro comparare ; nos
omnino nostraque omnia adminime segniter obeunda quæcumque
munia nostram vocationem concernantia, hocque fuerit perpetuo
tenacissimi cordi nostro inflxum, nihil penitus prætermittendum
eorumque episcopatus nostri regimen et administrationem pros-
perare, animarumque nobis divinitus commissarum salutem pro-
movere aliquo usque viderentur. Nihilominus summo cum dolore
hactenus nostri temporis calamitosam conditionem deplorare coacti
sumus quodquam plurimis conatibus nostris ita obstiterit, ut non
modo animarum saluti morumque reformationi opportune plera-
que ac conjura prætermittere, verum etiam necessaria quædam
proh dolor adhuc differc debuerimus. Atque interea ipsa necessaria quæ a Spiritu Sancto Sess 24 cap. 2 Concilii Tridentini : de
celebrandis synodis, pro moderandis moribus corrigendis exces-
sibus, controversiis componendis et alia juxta sacrosanctam cano-
num dispositionem peragendis adeo salubriter sancita fuerunt.
Neutiquam ut optassemus generaliter et solemniter exequi potue-
rimus ; sed ipsa tempestatum qualitate ab abventu nostro ad hunc
episcopatum, usque huc grassantium, pensitata dilataque quo-
rumdam vivorum prudentia et conciliis ; fuerimns contenti annuali
illa et simplici dumtaxat Synodo, quæ uniuscujusque curriculo
anni ex nostræ diœcesis more archidiaconorum nostrorum archi-
presbyterorum ac decanorum Christianitatis et id genus aliquot
sacerdotum et pastorum conventu coalescere consuevit atque per-
fici. Nullatenus siquidem consultum indicabatur nonnullos prælatos et monasteriorum collegiorumque superiores procul dissitos
ob pericula viarum et temporis injuriam advocari. Ut taceamus
quod nostri regiminis prioribus annis res populorum eo cense-
retur esse loco, ut vix et perquam ægre posset ferre cætum præ-
latorum aliorumque procerum ecclesiasticorum talem qualem
Synodus diœcesana. Utcumque solemnior requirere dignoscitur.
Accedat etiam quod per hujusmodi pericula undequaque eminentia,
valde foret arduum et difficile in executionem mandare quæ in
Synodo statuta fuissent, vanum enim semper arbitrati sumus
edicere quod in praxim deducere minime valeremus ; atqui vero
nunc divino favore et prestissimi regis nostri Philippi Regisque
gubernatoris auspiciis, limitibus catholicorum sic satis amplifica-

tis atque prorogatis, ut qui non ita pridem unius alteriusve provinciæ coarctabamus angustiis, jam per Nervos per Flandros perque Brabantes, Frisones ac Gueldros spatiosius multo expandamus, dilatemurque. Quinimo Cameracum hoc in bello jugiter nobis infaustissimum infensissimum Cristas deponere ac iras (suis viribus vanas) saltem ad tempus dissimulare videatur. Communicato mature Concilio una cum aliquot venerabilibus confratribus nostris et nonnullis prælatis nostræ diœcesis, tempus hoc sic satis opportunum et congruum judicavimus non esse prætereundum, præsertim quum tempora labantur tacitisque senescamus annis, ignari quid superventura pariat Dies. Nunc forsan in vita præsenti pacatoria sunt tempora nobis futura et conciliorum majorumque placetis conceptibusque nostris in lucem edendis et quod recta ratio tulerit in executionem mittendis·magis opportuna. Quocirca Beatæ Mariæ semper virginis beatorumque apostolorum sanctique Vedasti ac aliorum patronum hujus ecclesiæ nostræ confisi suffragiis, solemnem et generalem nostræ diœcesis Synodum juxta præfati Concilii Tridentini decreta et juris dispositionem, hac in eadem nostra cathedrali ecclesia in Dei nomine celebrare satagentes eamque ipsam harum serie litterarum aucthoritate a Deo data, judicenter dum ejus celebritate condicendum censuimus et condicimus dominicum qui erit decimus quartus Octobris sancto Calixto, sacer Dionysii festum immediate sequens. Atque idcirco nostros in Christo charissimos archidiaconos venerabiles etiam confratres et dominos præpositum decanum et alios ecclesiæ nostræ cathedralis in dignitate constitutos, ac canonicos, omnesque in universum prælatos capitulorum monasteriorum prioratuum præpositorum superiores ac personatuum personas. Archipresbyteros, decanos, pastores et quoscumque alios præfatæ Synodo de jure vel consuetudine debentes interesse convocantes et in XPI visceribus exhortantes illis ipsis omnibus et singulis in virtute sanctæ obedientiæ mandamus et sese sanctarum orationum jejuniorumque ac eleemosinarum aliorumque priorum operum exercitiis ad promerendam Spiritus Sancti gratiam idoneis accingant atque hujusmodi Synodi celebrandæ causa hic die sabbati dictum diem dominicum immediate præcedente, ante precum vespertinarum horam studeant adesse, quatenus de agentis sequentis diei in apertione ejusdem Synodi Concilio cum ipsis præsentibus præhabito, res divinitus inspirata, salubriter præscripta et fideliter obedienterque suscepta, laudabiliter inchoari, prospere continuari et feliciter consummari ad laudem Dei omnipotentis edificationem Ecclesiæ Christi et Christiani nominis exaltationem possit et valeat.

Ex edibus nostris episcopalibus, prima Septembris 1584.

Mandato et ordinatione præfati Rev^{mi} Dom^{mi} episcopi.

Souscription S. DE BRUNE.

Et au dos : Venerabili ac circumspecto Domino Priori ecclesiæ monasterii St Vedasti Atreba.

AUTEURS A CONSULTER

MANUSCRITS

Bibliothèque de la ville d'Arras.

Don Pronier, histoire des événements survenus à Arras en 1598-1600, n° 301. et Biographies des religieux contemporains n° 372.

Aubert Miræ, histoire des Pays-Bas, n° 423, p. 416.

Robert Obry, n° 230, poésie dédiée à Moullart, a sa joyeuse entrée.

Père Ignace, *Passim*, Wallerand Obert, n° 150, Pontus Payen, n° 464.

Bibliothèque de la ville de Douai.

François de Bar, histoire des Évêques d'Arras,

Statuts promulgués le 24 mai 1594, manusc. 812, p. 248.

François de Bar, histoire des abbayes du diocèse d'Arras.

ARCHIVES DÉPARTEMENTALES DU PAS-DE-CALAIS

Reg. des Etats d'Artois, séries B et C de l'année 1575 à 1600.

Registre du Conseil d'Artois, reg. aux *dictums* de l'année 1575 à 1600.

Chronique Gérardine, des évêques d'Arras. Salle des manuscrits.

Fond du Chapitre d'Arras, carton A.

Archives de Saint-Vaast, série H, n° 9, 60, 75 et *passim* dans la troisième partie de l'inventaire.

Registre des centièmes, année 1575, village de Saint-Martin.

Fond de l'évêché, procès entre l'Évêque d'Arras et l'administrateur du collège Moullart à Douai, pièce imprimée.

ARCHIVES DE LA VILLE D'ARRAS

Mémoriaux de l'an 1577. Registre aux bourgeois. Fond du Séminaire Moullart.

ARCHIVES DE L'ÉVÊCHÉ

Compte du Chapitre de la cathédrale d'Arras.

Procès-verbal de l'élection de Moullart par le Chapitre.

ARCHIVES MUNICIPALES DE DOUAI

BB. 44, folio 84 verso et suivants *et Passim*.

IMPRIMÉS

A lberti Mirœi Rerum belgicarum annales.

Bu :elin annales Gallo-Flandriæ, Bruxelles, 1625, in-folio.

Cardevacque (de) et Terninck, l'abbaye de Saint-Vaast, Arras, 1865.
          Id.   Histoire de l'abbaye de Saint-Éloy.

Correspondance du cardinal de Granvelle, publiée par M. Edmond
          Poullet, Bruxelles, 1877-1884.

Délices (les délices des Pays Bas), Bruxelles, 1700, in-12, 1 vol.

Devienne (Dom), Histoire d'Artois, 1784, in-8, 4 vol.

Escallier, l'abbaye d'Anchin-Lille, 1852, in-8, 1 vol.

Fanien, Histoire du Chapitre d'Arras. Arras, 1868.

Ferreolus Locrius (Ferry de Locre), Chronicon Belgicum.
          Id.   Oraison funèbre de Moullart, prononcée en
          l'église Saint-Nicolas-sur-les-Fossés. Arras 1600 in-16.

Forneron, Histoire de Philippe II, Paris, 1887.

Gachard, les États-Généraux.

Gazet (Guillaume), Histoire ecclésiastique des Pays-Bas. Arras,
          1615, in-4.

Juste (Théodore), les Pays-Bas sous Philippe II.

Histoire ecclésiastique de la province de Reims, par Mgr Gousset.

Histoire de l'abbaye d'Arrouaise, par don Gosse, page 290 et
          suivantes.

La Réforme en Artois, par l'abbé Bled.

Les Évèques de Saint-Omer, par l'abbé Bled.

Legentil, vieil Arras, appendice.

Don Baudry, Histoire de l'abbaye de Saint-Ghislain.

Kervyn, Documents historiques concernant les troubles des Pays-
          Bas, I, pag. 262, 268, 277, 278, 371.

Moreri, Dictionnaire.

Mosebus Cænobranchia Oigniacensis, 1598, page 102.

Namèche, le Règne de Philippe II et la Lutte religieuse dans les
          Pays-Bas au XVIᵉ siècle, Louvain; 1883.

Outreman (D'), Histoire de la ville et comté de Valenciennes.

Robitaille, Mémoires de l'Académie d'Arras, 1875, et Annuaire
          Raissius, Belgica, Christiana, XLI.

Strada de Bello Belgico, Anvers, 1640.

Swertius Rerum belgicarum, Annales, Francfort, 1620. in. fol.

Tailliar. Chronique de Douai. Douai, 1875-1877, in-8, 3 vol.

Wion, Bib. II, lignum vitæ, cap. XXXVII, page 285.

Don Ursmer Berlière, Revue bénédictine de Maredsous, année
          1594, Juin-Juillet.

La Revue anglaise des Bénédictins de Douai, année 1596, J. Bo-
          gard, Douai, 1579, in 8 de 16 folios.

Bulletin de la Société historique de Tournai, n° VI, p. 166.

J. Wanters van Vieringen, chan. d'Anvers, dédie à Mathieu
    Moullart la traduction latine du Traité de la Confession du
    Père Adriæenssens, S. J., faite par A. Papius et Dédicace,
    p. 3-9 (Bibl. de Gand).
Les Pièces de la Députation en Espagne ont été publiées par De-
    villers (Bulletin de la Commission royale d'histoire de Bel-
    gique, 5ᵉ série, VI, 21-80, en 1896.

———

En terminant ce travail c'est pour moi un devoir de témoigner toute ma reconnaissance à M. Dubois-Estobel de Douai qui m'a encouragé d'une manière particulière à faire paraître la vie de Mathieu Moullart,

M. Dubois appartient à la famille de l'illustre évêque d'Arras, par son aïeule maternelle Mᵐᵉ Catherine Gaquère, veuve Eugène Baudry : elle était petite fille de Jacques Gaquère, qui épousa Monique Moullart petite-nièce de l'évêque d'Arras.

Le portrait de Jacques Gaquère, avocat au Parlement et brasseur à Douai se trouve dans l'ancienne brasserie dite du Servin, Petite-Place à Douai. On voyait dans ses armes des branches de houblon avec la devise *Dat potiora Themis.*

TABLE DES MATIÈRES

Arras. — Imprimerie Sueur-Charruey, rue des Balances, 10.